Suleiman Samuel Cohen

Betrachtungen zu den
Gesprächen mit Ramana Maharshi

übersetzt von

Gabriele Ebert

Bibliografische Informationen der Deutschen Bibliothek
Die Deutsche Bibliothek verzeichnet diese Publikation in der Deutschen National-bibliografie; detaillierte bibliografische Daten sind im Internet über http://dnb.ddb.de abrufbar.

Vom Ramanashram autorisierte Übersetzung von:
S.S. Cohen: Reflections on Talks with Sri Ramana Maharshi, Tiruvannamalai, 2006
Herstellung und Verlag: BoD – Books on Demand, Norderstedt, 2024
ISBN 9783759769916

Inhaltsverzeichnis

Vorwort der Übersetzerin

S.S. (Suleiman Samuel) Cohen (1896-1980)[1] stammte aus einer armen Familie im Irak. Schon früh trieb es ihn auf der Suche nach der Wahrheit und einem spirituellen Meister nach Indien. Schließlich kam er zu Ramana Maharshi, bei dem er von 1936 bis zu dessen Tod 1950 blieb. Auch danach verließ er den Ramanashram nicht.

Cohen pflegte einen engen Umgang mit Sri Ramana und war sehr vertraut mit seinen Lehren, die er auch praktizierte. Über seine persönlichen Erfahrungen mit seinem Meister und die Ereignisse im Ashram schrieb er das Buch „Guru Ramana" (in deutscher Übersetzung mit demselben Titel), die vorliegenden Betrachtungen zu den Gesprächen, eine Abhandlung über *Advaita* mit dem Titel „Advaita Sadhana" und übersetzte Ramanas Vierzig Verse und das Srimad Bhagavatam ins Englische.

Die Gespräche mit Ramana Maharshi, die Munagala Venkataramiah, ein enger Verehrer des Maharshi, von 1935 bis 1939 aufgezeichnet hat, gelten als das Standardwerk über die mündlichen Belehrungen des Maharshi schlechthin. Es enthält in kurzen Schilderungen die Vorfälle im Ramanashram und ausführlich die Gespräche des Meisters mit den verschiedenen Besuchern und Anhängern, denen Venkataramiah beiwohnte.

Da dieses „Tagebuch" chronologisch geführt wurde, mischen sich darin alle möglichen Themen und Fragen der verschiedenen Verehrer und Besucher mit ihren jeweiligen Hintergründen und Erfahrungen und die entsprechenden Antworten des Maharshi. Cohen versucht hier, eine gewisse thematische Struktur zu schaffen. So können seine Betrachtungen als eine Art Leitfaden oder Handbuch zu den Gesprächen dienen und zugleich eine Anleitung für die spirituelle Praxis nach der Lehre Sri Ramanas sein. Durch den engen Kontakt mit dem Meister und seine eigenen Erfahrungen unter seiner Führung besaß Cohen die Kompetenz, solch einen Leitfaden zu erstellen. Trotzdem wird dem Leser sehr ans Herz gelegt, auch die umfangreichen Gespräche mit Ramana Maharshi zu lesen, da darin noch unendlich viel mehr zu

---

[1] Seine ausführliche Biografie ist enthalten in: Ebert: Ramana Maharshi und seine Schüler, Bd. 2

5

entdecken ist und da sie lebendig die Atmosphäre im Ashram jener Tage vermitteln.

Gabriele Ebert

Vorwort von S.S. Cohen

Es mag überflüssig sein, einen Kommentar zu Sri Ramana Bhagavans Worten zu schreiben, die an Klarheit nichts zu wünschen übrig lassen. Dennoch gibt es Tausende lernbegierige Sucher, die nicht das Privileg hatten, die Lehre direkt von den Lippen des Meisters zu hören, und die es als hilfreich empfinden und glücklich sind, eine Erklärung von denen zu erhalten, die sie gehört haben. Ihnen zuliebe habe ich aus dem umfangreichen Werk, den inzwischen weithin bekannten „Gesprächen mit Ramana Maharshi", solche Edelsteine herausgesucht, die meiner bescheidenen Meinung nach die Lehre gut und umfassend darstellen können, wobei ich jedem Zitat, „Text" genannt, meine eigenen Überlegungen als „Anmerkungen" hinzugefügt habe, um die Herkunft zu kennzeichnen. Darüber hinaus habe ich sie gesichtet und in Kapitel unterteilt, um das Studium jedes einzelnen Themas zu erleichtern.

Ich halte es für unerlässlich, hier kurz etwas über die Entstehungsgeschichte der „Gespräche mit Ramana Maharshi" zu sagen. Das Buch trägt den Namen „Gespräche", weil darin in Form eines Tagebuchs Gespräche aufgezeichnet wurden, die Besucher und Verehrer mit dem Meister über spirituelle Themen fast genau vier Jahre lang – von April 1935 bis Mai 1939 – geführt haben. In jenen Jahren hieß es „Das Tagebuch" („The Journal"). Etwa während der Hälfte dieses Zeitraums wurde es von Sri M. Venkataramiah, dem verstorbenen Swami Ramananda Saraswati, am Ende jedes einzelnen Gesprächs in der *Darshan*-Halle, bei dem er anwesend war, fortgeführt. Sri Bhagavan[1] antwortete so gut wie nie in Englisch, sondern immer in Tamil, wobei der Tagebuchschreiber oft selbst dem Fragesteller vor der gesamten Zuhörerschaft die Antwort ins Englische übersetzte. Aber Fragen in Telugu und Malayalam beantwortete Bhagavan in denselben Sprachen, und die Antworten in der letzteren Sprache sind für den Tagebuchschreiber, der kein Malayalam verstand, verloren gegangen.

Daher ist die Sprache dieses Tagebuchs die des Schreibers. Häufig ist es eine Paraphrase der Antworten des Meisters, gelegentlich seine eigenen Worte, die ins Englische übertragen wurden, denn es war unmöglich, im Nachhinein alles aufzuschreiben, was er gesagt hatte, oder mit ihm Schritt zu

---

[1] Ramana Maharshi wurde von seinen Verehrern allgemein als „Bhagavan" bezeichnet, was Herr, auch Gott bedeutet und eine Ehrenbezeugung ist.

halten, selbst wenn man die Antworten wortwörtlich an Ort und Stelle aufgeschrieben hätte. Was wir wollen, ist die Wahrheit, wie von Bhagavan dargelegt, und diese Wahrheit ist hier alles, was zählt.

Die Lehre Sri Bhagavans hat inzwischen weltweite Anerkennung erlangt und hat ernsthafte Sucher aus allen fünf Kontinenten angezogen, sowohl wegen ihrer frischen Einfachheit als auch wegen ihrer handfesten Rationalität, die sowohl den Kopf als auch das Herz anspricht. Sie lässt sich in dem alten Diktum „Erkenne dich selbst" oder „Suche den Suchenden" zusammenfassen, das der Meister in der einen oder anderen Form in praktisch jeder Antwort, die er gibt, dem Fragenden einzuschärfen versucht. Finde den Fragesteller, fordert er, und du wirst die Wahrheit erkennen, die alle deine Probleme löst und deine Zweifel beseitigt.

Frieden, unter welchem Namen und in welcher Form auch immer er auftritt – Glück, Wissen, Befreiung, Wahrheit usw. – ist das bewusste und unbewusste Ziel und der Zweck allen menschlichen Strebens, denn, so sagt uns der Meister, er ist das eigentliche Wesen unseres Seins, unseres Selbst. Das Streben nach sich selbst ist letztlich ein Streben nach Frieden, aus dem es kein Entkommen gibt. Es gibt kein Gefühl, keinen Gedanken, keine Handlung, die nicht auf dem Fundament des Selbst steht. Selbsterhaltung oder Selbstliebe ist der vorherrschende Instinkt in jedem Leben. Als Gott, der Herr, den Kindern Israels in der Wüste befahl, ihren Nächsten zu lieben wie sich selbst (Levitikus XIX, 18), meinte er, dass das höchste Gut, das ein Mensch einem anderen geben kann, darin besteht, ihn so sehr zu lieben, wie er sich selbst liebt, denn die Selbstliebe ist die stärkste aller Leidenschaften und die Grundlage aller Gefühle. Wir wissen von der Selbstaufopferung mancher Mutter für ihr Kind in höchster Gefahr und eines Patrioten für sein Land, aber die Befriedigung, die sich aus dieser Selbstaufopferung ergibt, gilt dem Selbst. „Mein Kind", „mein Land" stehen eindeutig für das ‚Ich' oder Selbst. Was geopfert wird, ist nur der Körper und nicht das Selbst, das niemals zerstört und geopfert werden kann, da es reines Wissen, reiner Geist ist.

Wir suchen daher das Selbst in allem, in jedem Umstand und in jedem Augenblick. Es ist die Eigenliebe oder Selbstsucht, die uns dazu bringt, zu begehren, zu arbeiten, zu lernen, zu konkurrieren, uns anzustrengen und Politiker, Verwalter, Wissenschaftler, Schwarzmarkthändler, Glücksspieler, Philanthrop, Patriot und schließlich Yogi zu werden. Es ist die Selbstliebe, die uns den Himmel erforschen lässt, die Erde umgraben und die Ozeane ausloten. Aber ach, da diese Selbstsuche unintelligent ist, erfolgt sie außerhalb des Selbst und hat daher nur wenig Erfolg, wenn überhaupt. Um das Selbst zu suchen, müssen wir uns dem Selbst zuwenden, nicht dem Nicht-Selbst.

Wenn die Menschen sich also mit ihren Problemen, Fragen und Beschwerden um den Meister scharen, weiß er, dass sie nur das Selbst suchen, und wendet sie dem Selbst zu.

„Ihr stellt all diese Fragen um eures Selbst willen", sagt er ihnen gewissermaßen. „All eure Bemühungen waren bisher auf das Wohl eures Selbst gerichtet. Versucht nun herauszufinden, ob dieses Wohl ein echtes Gut und dieses Selbst euer wahres Selbst ist. Ihr habt dieses Gut in der falschen Richtung gesucht, in falschen Dingen und an falschen Orten, weil ihr euch über eure eigene Identität geirrt habt. Was ihr für euch selbst gehalten habt, seid ihr gar nicht. Euer Instinkt der Selbstliebe hat sich mit eurer Sinneswahrnehmung vermischt und euch in diese Zwangslage gebracht. Ihr seid einem Schwindel zum Opfer gefallen, und um von ihm gerettet zu werden, habt ihr euch die Mühe gemacht, mit eurer Last von Sorgen und Elend als Gepäck in diesen Ashram zu kommen.

Was ihr jetzt tun solltet, ist zu lernen, was das Selbst ist, und es dann direkt zu suchen. Schweift nicht zu irrelevanten Angelegenheiten ab, zu Körpern, *Koshas*, Involution und Evolution, Geburt und Tod, zu übersinnlichen Visionen und Klängen usw., denn all das sind glamouröse Nebensächlichkeiten, die euch von der Wirklichkeit eurer selbst wegführen und euch in der Täuschung der Sinne festhalten, aus der ihr jetzt zu entkommen versucht. Wichtig ist nicht, was ihr wahrnehmt, denkt oder tut, sondern WAS IHR SEID."

Sinneswahrnehmungen, Vorstellungen, Empfindungen und Handlungen sind bloße Träume, bloße Bilder in dem Bewusstsein, das sie wahrnimmt. Sie steigen wie Träume vom Träumer auf, lenken seine Aufmerksamkeit für eine Weile ab und verschwinden darin. Sie verändern sich unaufhörlich, haben einen Anfang und ein Ende, aber der Denker und Wissende, der reine Intelligenz ist, bleibt ewig. Der Wissende ist also unzerstörbar. Das Licht der Erkenntnis kommt nur von ihm, dem Subjekt, niemals vom Objekt, vom Körper. Was wir also unser Selbst nennen, ist nicht der Körper, der geboren

9

wird, wächst und stirbt, der aus zahllosen inhomogenen Teilen besteht, die nicht denken, nicht suchen, nicht wahrnehmen und nicht verstehen. Wir sind die intelligente, unteilbare Einheit ‚Ich‘ – das Leben selbst – das den Körper durchdringt und benutzt, das sieht, aber nicht gesehen werden kann, hört, aber nicht gehört werden kann, riecht, aber nicht gerochen werden kann, erkennt, aber nicht erkannt werden kann, denn es ist immer ein Subjekt, niemals ein Objekt. Weil wir unser ‚Ich‘ nicht sehen, hören oder riechen können, verwechseln wir es mit dem Körper, den man sehen, hören und riechen kann. So wird der Selbstinstinkt, der ‚Ich‘-Sinn, mit den Sinneswahrnehmungen verwechselt und verliert sich in der Welt der sinnlichen Empfindungen, aus der ihn niemand retten kann, außer der höchste Führer, der göttliche Guru.

So ist der Wissende oder Träumende allein wirklich. Das Gewusste ist ein bloßer Traum. Dies fasst die Lehren der *Srutis* zusammen und deckt sich mit der Erfahrung von Sri Ramana Bhagavan.

Der Suche zu folgen, bis das Selbst verwirklicht ist, ist der Weg des *Jnana*, des höchsten Wissens, der Befreiung und der ewigen Glückseligkeit – ein Weg, den der Meister von allen Seiten betrachtet und in allen Einzelheiten erörtert hat. Er hat alles gesagt, was gesagt, und alles offenbart, was offenbart werden kann. Und was er nicht gesagt und offenbart hat, ist kaum wissenswert.

Dies also stillt den Hunger aller Wahrheitssuchenden. Der *Sadhaka* oder Yogi, der die Lehre erprobt, wird in ihr reichlich Material finden, das ihn auf seiner inneren Suche leitet. Was dem einen *Sadhaka* auf seinem Weg nach vorn hilft, mag einem anderen nicht helfen, aber jeder *Sadhaka* wird in ihr die Hinweise entdecken, die ihm am meisten helfen, für sich selbst die Methode zu finden, die am besten zu ihm passt und die ihn direkt zum Ziel führt. Wer darin nach langen, ausführlichen Vorträgen über die Regeln der Meditation und des *Samadhi* sucht, wie er es über die Gesetze der Physik und Mathematik gewohnt ist, wird vergeblich suchen, denn wir befassen uns hier nicht mit sinnlichen Problemen und Gleichungen der gewöhnlichen Welt der Flüssigkeiten und Festkörper, der Dauer und Dimensionen, sondern mit den Hindernissen des suchenden Geistes selbst, der seinen eigenen Urzustand erkennen will – Hindernisse, die niemand als derselbe Geist durch

Selbstuntersuchung und Selbstbeherrschung beseitigen kann, ohne die Hilfe irgendeines sinnlichen Mediums oder wissenschaftlichen Instruments.

Vellore, S.S.C.

Kapitel 1: Glück und Leid

1. „Wie kann man Leid vermeiden?"

Der Meister antwortet: „Hat das Leid eine Gestalt? Das Leid ist nur ein unerwünschter Gedanke. Der Geist (mind) ist nicht stark genug, um ihm zu widerstehen. Er kann durch die Verehrung Gottes gestärkt werden." 241[1]

Anmerkung: Bhagavan stößt gleich zu Beginn auf den Kern der menschlichen Probleme, die die Folgen der menschlichen Vergehen, Gedankenlosigkeit, Begierden, Sünden usw. sind, nämlich das Leid. Er versucht, den Menschen die Augen zu öffnen, indem er fragt: „Hat das Leid eine Gestalt?" Sicherlich ist das Leid kein fester, schwerer Gegenstand, der uns auf den Kopf fällt und vernichtet. Es ist ein rein geistiges Phänomen, ein bloßer Gedanke, den ein starker Geist mit ein wenig Anstrengung vertreiben kann. Doch leider ist der Geist der Menschen im Allgemeinen durch mangelnde Kontrolle, starke Anhaftung, Egoismus und Unwissenheit geschwächt, sodass er jedem Unglück, das ihm widerfährt, ausgeliefert ist. Bhagavan schlägt einige Methoden zur Stärkung des Geistes vor. Die Verehrung Gottes ist wahrscheinlich eine der einfachsten. Die Kontemplation des höchsten, reinsten und erhabensten Ideals erhebt den Geist und schließt alle anderen Gedanken aus, einschließlich derer, die das Leid verursachen. Nach und nach erlangt der Geist Reinheit und Ausgeglichenheit und damit dauerhaften Frieden, den kein Unglück erschüttern kann.

2. „Ich habe keinen Geistesfrieden. Etwas verhindert ihn – wahrscheinlich mein Schicksal."

Bhagavan antwortet: „Was ist Schicksal? Es gibt kein Schicksal. Gib dich hin, und alles wird gut. Wirf die ganze Verantwortung auf Gott. Trage die Last nicht selbst. Was kann dir das Schicksal dann anhaben?" 244

---

[1] Die Zahl bezeichnet die Talk-Nummer, der das Zitat entnommen ist.
Mit Geist ist in der Regel "mind" gemeint. Falls eine andere Bedeutung zugrunde liegt, wird sie in Klammer angefügt. (Anm. d. Übers.)

Anmerkung: Die Fragestellerin ist eine Dame, eine Maharani mit großem seelischem Kummer. Bhagavan ist gerührt. Er gibt den Trost, dass alles von Gott getragen wird und dass man seine ganze Last durch Hingabe auf Ihn werfen sollte. Dies scheint einen anderen Ton anzuschlagen als in der vorherigen Antwort, in der die Verehrung Gott empfohlen wurde. Hier geht es um Hingabe, was praktisch auf dasselbe hinausläuft wie die Verehrung durch Kontemplation. Kontemplation oder Meditation ist auch Hingabe, denn das Aufgeben aller Gedanken, außer denen der Meditation, ist ein Verzicht auf die ganze Welt. In der Tat ist das Aufhören des Denkens die größte Hingabe. Obwohl die Meditation nur für eine begrenzte Zeit am Tag aufrechterhalten werden kann, wird sie sehr kraftvoll, wenn sie über Jahre hinweg täglich wiederholt wird.

Mit „es gibt kein Schicksal" meint Bhagavan nicht, dass es kein *Prarabdha* gibt. Wir sind uns alle einig, dass es eines gibt. Er will damit sagen, dass das *Prarabdha* unbemerkt an uns vorbeizieht, sobald wir uns wirklich und wahrhaftig hingeben. Es erledigt sich selbst, während unser Geist in seine Gedanken an Gott vertieft ist. Denn das Schicksal ist so empfindungslos wie der Körper und hat daher keine Macht über den Geist, es sei denn, der Geist ist seinen eigenen Gedanken und Gefühlen verfallen wie beim gewöhnlichen Menschen.

3. „*Shiva* übergab *Vishnu* all Seine Besitztümer, durchstreifte die Wälder, die Wildnis und Friedhöfe und lebte von erbetelter Nahrung. Er fand, dass Nicht-Besitz auf der Skala des Glücks höher als Besitz steht. Das höhere Glück ist die Freiheit von Angst – der Angst, wie man den Besitz schützen und nutzen kann usw."[1] 225

Anmerkung: Dies ist nicht als Rat an uns zu verstehen, *Shiva* nachzuahmen, nämlich uns mit Asche zu beschmieren, in Krematorien oder auf Friedhöfen zu leben und unsere Nahrung zu erbetteln, um Glück zu erlangen, denn dann gäbe es auf den Friedhöfen mehr Lebende als Tote, und es gäbe mehr Bettler als Angebettelte. Wir müssen nur die Moral daraus ziehen, dass Besitztümer nicht zum Seelenfrieden beitragen, wie es in der letzten Textstelle am

---

[1] Es gibt viele Erzählungen über *Shiva*. Eine davon erzählt, dass er *Vishnu* seinen ganzen Besitz übergab, um als Asket durch die Wildnis zu streifen. (Anm. d. Übers.)

Beispiel der Maharani veranschaulicht wurde, die auf der Suche nach Frieden war.

Außerdem dürfen wir diese Geschichte nicht wörtlich nehmen. *Shiva* ist *Parameswara*, der Herr von Kailas, der höchste Yogi, der Seinen Anhängern Glückseligkeit und *Jnana* verleiht. Worin besteht für Ihn, den geborenen *Jnani*, die Notwendigkeit, irgendetwas aufzugeben, um *Jnana* und Glück zu erlangen? Mit oder ohne Besitz ist Er die höchste Glückseligkeit selbst. Diese Übergabe Seiner Besitztümer an *Vishnu* ist ein Schauspiel, das uns eine Lektion in Entsagung erteilen will, die allein zu ewigem Glück führt, genau das Gegenteil von angehäuftem Reichtum.

Darüber hinaus bringt das bloße Aufgeben von Besitztümern kein Glück, wenn der Geist weiterhin Amok läuft und sich selbst Schwierigkeiten schafft, die viel schlimmer sind als der Besitz. Die mentale Einstellung gegenüber dem Reichtum und der Welt muss sich ändern.

> 4. „Wenn das Glück auf den Besitz zurückzuführen ist, dann sollte es zunehmen und abnehmen, je nachdem, ob der Besitz zunimmt oder abnimmt, und es gäbe kein Glück, wenn man nichts besitzt. Aber ist das wahr? Bestätigt die Erfahrung dies?
>
> Im Tiefschlaf ist man ohne Besitz, auch ohne den eigenen Körper, und doch ist man dann höchst glücklich. Jeder wünscht sich den Tiefschlaf. Die Schlussfolgerung ist, dass das Glück dem eigenen Selbst innewohnt und nicht auf äußere Ursachen zurückzuführen ist. Man muss sein Selbst verwirklichen, um sich den Vorrat an ungetrübtem Glück zu erschließen." 3

Anmerkung: Das ist ganz einfach gesunder Menschenverstand. Das Glück des Schlafes ist für alle offensichtlich. Wir nennen ihn Ruhe, was ein anderes Wort für Komfort, für Frieden ist, ungeachtet der Tatsache, dass wir aller Besitztümer beraubt sind, einschließlich unseres Körpers. Diese Glückseligkeit des Schlafes ist das kostbarste Erbe des Menschen, der Tiere und der Pflanzen, die keinen Besitz oder Reichtum irgendeiner Art haben. Es ist eine Glückseligkeit, die nicht von äußeren Umständen oder Bedingungen kommt, sondern aus dem eigenen Innern – dem eigenen Wesen. Jedem nachdenklichen Menschen steht es offen, sich dessen selbst zu vergewissern, und es bedarf keiner großen Anstrengung, dazu zu gelangen.

5. „Was ist Glück? Liegt es im Selbst, im Objekt oder im Kontakt zwischen dem Subjekt und dem Objekt?"

Bhagavan: „Wenn wir mit einem begehrenswerten Objekt in Berührung kommen oder uns an es erinnern und wenn wir von unerwünschten Kontakten oder der Erinnerung daran frei sind, sagen wir, dass wir glücklich sind. Solches Glück ist relativ und wird besser als Vergnügen bezeichnet. Aber wir wollen absolutes und dauerhaftes Glück. Dieses liegt nicht in Objekten, sondern im Absoluten. Es ist Frieden, frei von Schmerz und Vergnügen. Es ist ein neutraler Zustand." 28

Anmerkung: Der Friede, der das wahre Glück kennzeichnet, ist weder Schmerz noch Vergnügen, denn beides sind aktive Zustände, die aus dem Kontakt des Subjekts mit dem Objekt sowie aus der Erinnerung daran hervorgehen, wozu das Subjekt aus sich selbst herausgehen muss, um das Objekt zu verfolgen, während der Frieden dem Wesen des Subjekts selbst innewohnt, wie wir es am Beispiel des Tiefschlafes bewiesen haben. Dieser Friede hat keine Beziehung zum Objekt, dem Nicht-Sein. SEIN ist Frieden, ist Glückseligkeit. Glückseligkeit ist also immer als unser eigenes Selbst vorhanden. Wir müssen nur sein – nicht denken oder tun –, um ewige Glückseligkeit zu genießen. Denn das Denken ist immer mit einem Sinnesobjekt verbunden – dem Körper oder anderen Körpern, – und niemals mit dem Selbst. Vergnügen, das das Ergebnis dieses Kontakts ist, muss zwangsläufig vergänglich sein, während die Glückseligkeit vom Wesen oder Selbst ausgeht, dem unveränderlichen, festen Subjekt, das der Denker aller Gedanken und der Ausführende aller Handlungen ist und zu jeder Zeit und unter allen Umständen dasselbe ist.

6. „Es gibt einen Zustand jenseits von Mühe und Mühelosigkeit. Bis er verwirklicht ist, ist Anstrengung notwendig. (Dies ist der Zustand von *Samadhi*, der glückselig ist.) Nachdem man diese Glückseligkeit auch nur einmal gekostet hat, wird man immer wieder versuchen, sie wiederzuerlangen. Nachdem man einmal die Glückseligkeit des Friedens erfahren hat, möchte man ihn nicht mehr missen oder sich anders engagieren. Es ist genauso schwierig für einen *Jnani*, sich mit Gedanken zu beschäftigen, wie für einen *Ajnani*, frei von Gedanken zu sein. Den *Jnani* beeinträchtigt keine Art von Aktivität. Sein Geist bleibt immer in ewigem Frieden." 141

Anmerkung: „Mühe und Mühelosigkeit" sind Tun und Untätigkeit, jenseits derer der Zustand des Seins steht, zu dessen Verwirklichung die Anstrengungen der Meditation, d.h. *Sadhana*, notwendig ist. Sobald man die Glückseligkeit einmal gekostet hat, kann sie weder vergessen noch aufgegeben werden. Mit anderen Worten: Sobald wir die Aktivitäten des Geistes, Denken, Fühlen usf., transzendieren, werden wir immer danach streben, sie zu transzendieren, um erneut das glückselige Sein zu kosten, bis wir Beständigkeit in letzterem erlangen. Dann wird das Denken so schwierig sein, wie es anfangs schwierig ist, es zu unterdrücken, mit dem Ergebnis, dass wir immer in Frieden bleiben werden, unabhängig davon, was wir tun oder nicht tun. Dies ist der *Sahaja Samadhi*-Zustand des *Jnani*, der ungetrübte Glückseligkeit ist. Selbst sein Handeln wird als Untätigkeit betrachtet, weil es mühelos ist.

> 7. „Das Universum existiert aufgrund des ‚Ich'-Gedankens. Wenn dieser endet, ist auch das Leid zu Ende. Die Person, die im Schlaf existiert, existiert auch jetzt im Wachzustand. Im Schlaf gibt es Glück, aber Leid im Wachsein. Im Schlaf gab es keinen ‚Ich'-Gedanken, aber jetzt im Wachzustand ist er da. Der Zustand des Glücks im Schlaf ist mühelos. Wir sollten daher danach streben, diesen Zustand auch jetzt zu erreichen. Das erfordert Anstrengung." 222

Anmerkung: Bhagavan wird nicht müde, uns die Wahrheit einzuschärfen, dass Glück nur aus dem Selbst kommt. Wenn immer der Gedanke an sich selbst, an ‚ich', auftaucht, gibt es auch eine Gedankenwelt – du, sie, er und eine Million anderer Dinge, – und wenn immer es eine Welt gibt, gibt es auch Leid. Das kann man als ein unumstößliches Gesetz betrachten. Die Welt ist also ein Zustand des Leids. Einer, der sich im Elend befindet, nimmt Drogen oder trinkt sich in den Schlaf, damit er sich selbst und sein Elend für einige Zeit in der Seligkeit des Schlafes vergessen kann, wo Freiheit von Gedanken und damit vom Leid herrscht. Nachdem er über sein Leid geschlafen hat, wacht der Betäubte auf, um es wieder aufzunehmen. Um also dauerhaft vom Leid frei zu sein, müssen wir unseren Schlaf fortsetzen, sogar im Wachzustand, in der Welt selbst. Dies ist das Ziel aller yogischen Praktiken und wird *Samadhi* genannt, was Schlaf im Wachzustand bedeutet oder *Sushupti* in *Jagrat*. Darauf müssen alle Anstrengungen gerichtet werden.

8. Das Eichhörnchen wartet auf eine Gelegenheit, aus seinem Käfig zu entweichen.

Der Meister bemerkt: „Alle wollen raus. Da ist keine Hürde zu hoch. Das Glück liegt im Inneren und nicht außerhalb." 229

Anmerkung: Der Meister liebt Analogien aus dem Alltag, und diese ist treffend und schön. Das Eichhörnchen ist der *Jiva*, der aus seinem „Zuhause" – dem Selbst oder dem Herzen – flieht, um den Schmerz und das Vergnügen der Welt der Vielfalt zu genießen, obwohl es Heimatlosigkeit bedeutet, ein Fremder in der Fremde zu sein.

„Alle wollen raus" trifft auf die große Mehrheit der Menschen zu, die sich lieber vom Schattenspiel der Welt täuschen lassen, als „zu Hause" in ihrer Ruhe und Stille zu bleiben.

Das kleine Eichhörnchen war ein Jungtier, das der Ashram in einem Käfig hielt, um es vor den räuberischen Katzen zu schützen. Jungtiere, die versehentlich aus ihren Nestern auf den Bäumen fielen und hilflos zurückblieben, wurden von Bhagavan aufgenommen, der sich um sie kümmerte, bis sie ausgewachsen waren und für sich selbst sorgen konnten. Dann ließ er sie frei.

9. „Seele, Geist, Ego sind bloße Worte. Sie sind keine wirklichen Wesenheiten. Bewusstheit ist die einzige Wahrheit. Ihr Wesen ist Glückseligkeit. Glückseligkeit allein existiert. Genießer und Genuss verschmelzen beide in ihr. Freude besteht darin, den Geist nach innen zu wenden und im Inneren zu halten, Schmerz darin, ihn nach außen zu schicken. Es gibt nur Freude. Die Abwesenheit von Freude wird Schmerz genannt. Das Wesen des Menschen ist Freude – Glückseligkeit." 244

Anmerkung: Bewusstsein, Selbst, Sein sind ein und dieselbe Realität. Wie wir bereits gesehen haben, ist das Selbst glückselig. Wir sind in unserem Wesen Glückseligkeit. Aber wenn wir „hinausstürmen", um die Metapher der letzten Anmerkung zu verwenden, wenn wir uns nach außen richten, den Körper für uns halten und ihm einen besonderen Namen geben, werden wir zu etwas anderem als wir selbst, zum Körper und seinem Namen. Dann sind wir keine Glückseligkeit mehr. Wir nehmen das Leiden des Körpers von Herrn So-und-so auf uns. Mit anderen Worten, wir glauben, das Nicht-Selbst zu sein, und stellen uns in gleicher Weise das Leiden und den Schmerz des Nicht-Selbst vor. Extrovertiertheit ist die Ursache für diese falsche Vorstellung. Anstatt innerlich auf den reinen und glückseligen Seher der Welt zu schauen, blicken wir nach außen auf die elends- und krankheitsbeladene Welt und auf den vergänglichen Körper des Sehers, den wir mit dem Seher selbst verwechseln.

„Seele, Geist, Ego sind nur Worte. Bewusstheit ist die einzige Wahrheit." Dies ist eine rechtzeitige Erinnerung daran, dass wir uns nicht in Begriffen verlieren sollten, die überhaupt keinen Sinn machen. Bhagavan ist außerordentlich praktisch. Niemand weiß, was Seele oder Ego ist, obwohl wir die Worte mechanisch wiederholen, aber jeder weiß, was Gewahrsein ist, was Bewusstsein und Unbewusstsein bedeuten, denn wir sehen täglich Menschen in einem unbewussten Zustand vor unseren Augen – im Schlaf, in Ohnmacht oder unter Anästhesie. Deshalb verwendet der Meister das Wort Bewusstsein für das Selbst und für alle seine Synonyme – Seele, Geist (spirit), Verstand (mind), Wissen, Intelligenz und sogar Ego, was eine falsche Bezeichnung für das Selbst ist.

> 10. „Dein Wesen ist Glück. Du sagst, dass dies nicht offensichtlich ist. Sieh, was dich an deinem wahren Wesen hindert. Es wird dir aufgezeigt, dass das Hindernis die falsche Identität ist. Beseitige den Irrtum. Der Patient muss selbst die Medizin einnehmen, um seine Krankheit zu heilen. Wenn, wie du sagst, der Patient zu schwach ist, um sich selbst zu helfen, dann muss er ruhig bleiben und dem Arzt freie Hand lassen. Das ist Mühelosigkeit." 295

Anmerkung: Die erste Hälfte dieses Textes wurde bereits behandelt. In Bezug auf den Patienten und die Medizin hatte der Fragesteller dafür plädiert, sich „bedingungslos in die Hände des Arztes zu begeben". Es liegt auf der Hand, dass der Guru das Selbst nicht im Namen des Schülers sehen kann, denn er sieht nur sein eigenes Selbst. Der Schüler muss seine geistige Einstellung ändern und selbst die vom Guru verordnete Medizin einnehmen, um die falsche Identifikation zu beseitigen. Es reicht nicht aus, sich auf seine Schwäche zu berufen und sich von der Verpflichtung, *Sadhana* zu üben, zu befreien, denn jeder kann das Gleiche tun und sich selbst von den Anstrengungen ausnehmen. Bhagavan schlägt vor, dass der Schüler sich vollständig dem Guru ergeben muss, wenn er „zu schwach" ist, um sich selbst anzustrengen. Diese Alternative scheint den meisten „schwachen" Suchern zu gefallen, denn sie befreit sie von der Notwendigkeit, sich anzustrengen. Die

Frage ist nun, ob dieser schwache Schüler stark genug ist, sich hinzugeben. Wenn er nicht in der Lage ist, eine kleine Anstrengung zu machen, um seinen Geist zu konzentrieren, woher will er dann die Kraft haben, die weitaus größere Anstrengung der Hingabe, die ständiges Erinnern erfordert, aufzubringen? Wenn der Fragesteller sich so „bedingungslos" hingegeben hätte, wie er glaubt, würde er nicht kommen und um Gnade bitten, sondern wäre selbst derjenige, der Gnade gewährt, nämlich ein Guru.

Im nächsten Dialog werden wir Bhagavans eigene Ansicht zu diesem Punkt hören. Ich gebe den ganzen Dialog in der Originalfassung wieder, um die oben genannten Punkte zu verdeutlichen.

Anfänger müssen sich von der Tatsache leiten lassen, dass keine Anstrengung, die sie auf diesem Weg machen, vergeblich ist. Jeder muss alle Stufen auf diesem Weg durchlaufen, um ein *Adhikari* zu werden, so wie jeder Mensch die Kindheit und Jugend durchlaufen muss, um zum Erwachsensein zu reifen.

11. F: „Kann ich die Gnade des Gurus erhalten?"

A: „Die Gnade ist immer da."

F: „Aber ich fühle sie nicht."

A: „Wenn man sich hingibt, wird man die Gnade verstehen."

F: „Ich habe mich mit Leib und Seele hingegeben. Ich bin der beste Richter meines Herzens. Dennoch fühle ich die Gnade nicht."

A: „Wenn du dich hingegeben hättest, wäre die Frage nicht aufgetaucht." 317

Anmerkung: Dass der Fragesteller ernsthaft und entschlossen ist, kann niemand leugnen. Er hat sich mit „Leib und Seele" hingegeben, worüber er „der beste Richter" ist. Warum lässt ihn dann die Gnade im Ungewissen? Ist die Gnade parteiisch oder das Selbst herzlos? Wir müssen entweder die Weisheit und Güte des Selbst oder die Vollständigkeit der Hingabe anzweifeln. Da ersteres undenkbar ist, muss der Fehler bei letzterem liegen. Bhagavans abschließende Antwort, dass die Bitte um Gnade „nicht aufgetaucht" wäre, wenn Hingabe erfolgt wäre, entlarvt die Illusion, unter der die meisten Menschen, die den Anspruch auf Hingabe erheben, auch wenn sie „mit Leib und

Seele" hinzufügen, in dem Handel stehen. Die Selbstanalyse, die gewissenhafte und ehrliche Untersuchung der eigenen Motive und der Geheimnisse des eigenen Herzens und Geistes, ist ein sehr wesentlicher Teil unseres *Sadhanas*, ein Hilfsmittel für *Vichara* und *Dhyana*. Sie beseitigt alle Täuschungen der Suchenden. Es sind sogar Personen bekannt, die sich einbilden, dass sie, wenn sie überzeugend mit dem Guru sprechen, von ihm alles bekommen können, was sie wollen. Die Selbstanalyse beseitigt diese Dummheit und bringt sie zu einer vernünftigen Sichtweise über die Rolle des Gurus im Verhältnis zum Schüler.

12. „Jeder Mensch strebt nach Glück, verwechselt aber das mit Leid verbundene Vergnügen mit Glück. Solches Glück ist vergänglich. Seine falschen Aktivitäten verschaffen ihm kurzlebiges Vergnügen. Leid und Vergnügen wechseln sich in der Welt ab. Was gibt es, auf das nicht Leid folgt? Der Mensch sucht es und lässt sich auf es ein. Unter leid- und lustbringenden Dingen zu unterscheiden und sich nur auf das glücksbringende Streben zu beschränken, ist *Vairagya* (Leidenschaftslosigkeit)." 302

Anmerkung: Ist das Ende dieses Textes eine gute Definition von *Vairagya*? Nicht unbedingt in seinem Verlauf, aber sicherlich in seinen Ergebnissen. Entsagung ist Glück. So etwas wie Glück gibt es nicht in der Welt, denn die Welt ist das Nicht-Selbst. Wie wir bereits bewiesen haben, ist das Selbst allein das unverfälschte Glück. Es ist ein Widerspruch, eine Tugend oder Eigenschaft in ihrem Gegenteil zu suchen, wie z.B. Liebe in Hass, Frieden in Angst, Licht in Dunkelheit etc. Das Glück in einem Bereich zu erwarten, der dem Glück feindlich gegenübersteht, nämlich in der Welt, ist eine vergebliche Erwartung. Dennoch beruhen die Aktivitäten aller Menschen auf dieser falschen Erwartung, und sie glauben, diese Rechnung müsste aufgehen. Diese Selbstvergiftung ist wie der Rausch des Opiumkonsumenten, der sich in eine künstliche Glückseligkeit hineindopt. Doch das Selbst setzt sich unaufhörlich durch, und von Zeit zu Zeit reift ein Mensch durch harte Schläge zur Erkenntnis seines beklagenswerten Zustands. Dies ist der *Vairagi*, der angehende *Mukta*, der danach strebt, sich von der Gewohnheit des Opiumkonsums zu heilen.

13. „Der Wunsch nach Glück ist ein Beweis für das immer vorhandene Glück des Selbst. Wie könnte sonst das Verlangen danach entstehen?

Wenn Kopfschmerzen für den Menschen natürlich wären, würde niemand versuchen, sie loszuwerden. Man wünscht sich nur das, was natürlich für einen ist. Glück, das natürlich ist, kann man nicht erwerben. Die ursprüngliche Glückseligkeit wird durch das Nicht-Selbst verdunkelt, das Nicht-Glück oder Unglück ist. Der Verlust des Unglücks ist gleichbedeutend mit dem Gewinn von Glück. Wenn das Leid beseitigt ist, wird die Glückseligkeit, die allgegenwärtig ist, als gewonnen bezeichnet. Glück vermischt mit Unglück ist nur Unglück." 619

Anmerkung: Vieles in diesem Text wurde bereits besprochen. Die erste Zeile ist sehr aufschlussreich. Dass jedes Lebewesen sein eigenes Wohlergehen wünscht, ist unumstößlich, denn es ist ein angeborener Instinkt, der dem Leben selbst innewohnt und der letztlich zur Wiederentdeckung seiner selbst als ewig glückselig führt.

Wenn das Glück unser eigenes Selbst ist, wie der Text erklärt, wie kann es dann sein, dass es uns in dieser Welt so sehr fehlt, dass wir so viel Mühe aufwenden müssen, um es zu erlangen? Die Antwort ist, dass wir zu keiner Zeit ohne es sind. Es ist jetzt und war immer als unser eigenes Wesen vorhanden. Aber, so erklärt Bhagavan, diese „ursprüngliche Glückseligkeit" wurde durch die scheinbar angenehme Welt verborgen, die die Sinne geschaffen haben. Die äußeren Objekte, das Nicht-Selbst, das sehr attraktiv ist, hat unsere Aufmerksamkeit in Anspruch genommen und uns von der Wahrnehmung des Selbst weggelockt. Doch Vergnügen, vermischt mit Leid, ist nichts als Leid. Beseitige die Schöpfung der Sinne, und die unvermischte Glückseligkeit offenbart sich. Es ist nicht nötig, nach dem Glück als solchem zu streben, sondern die künstlichen Vergnügungen der Welt zu beseitigen, die ihrem Wesen nach Leid sind, um in ewiger Glückseligkeit zu sein. Dies ist die Hauptaussage des Textes. „Der Verlust des Unglücks ist gleichbedeutend mit dem Gewinn von Glück."

Die Aussage, dass „man nur das begehrt, was natürlich ist", bedeutet nicht, dass etwas dem eigenen Wesen entspricht, nur weil man es begehrt. Das würde der Lehre einen anderen Anstrich geben. Damit ist gemeint: Wenn die Glückseligkeit nicht unsere Existenz wäre, warum sollten wir sie so sehnlichst wünschen? Es bedeutet auch, dass sogar unsere gewöhnlichen Sehnsüchte auf das Glück des Selbst abzielen.

14. „Warum muss es jetzt Leiden geben?“

Bhagavan: „Wenn es kein Leiden gäbe, wie könnte dann der Wunsch entstehen, glücklich zu sein? Wenn dieser Wunsch nicht entstünde, wie könnte dann die Suche nach dem Selbst erfolgreich sein? Was ist Glück? Ist es ein gesunder und schöner Körper oder regelmäßige Mahlzeiten und dergleichen? Selbst ein Kaiser hat endlose Mühen, auch wenn er gesund ist. Alles Leiden ist auf die falsche ‚Ich-bin-der-Körper‘-Vorstellung zurückzuführen. Sie loszuwerden, ist *Jnana*.“ 633

Anmerkung: Du verwöhnst den Körper mit allen Annehmlichkeiten – Gesundheit, die beste Nahrung und Pflege, Wohlstand, reichlich Freizeit, gutes Aussehen, körperliche Annehmlichkeiten usw. –, doch das verschafft kein Glück. Wenn überhaupt, dann vervielfacht es die Schwierigkeiten aus einer Reihe von offensichtlichen Gründen. Moralische Gesundheit allein, unabhängig von materiellen Annehmlichkeiten, führt zur Ruhe, denn sie bringt ein hohes Maß an Gleichgültigkeit gegenüber dem Körper mit sich. Je mehr wir also unsere Aufmerksamkeit und anhängliche Liebe für den Körper verringern, desto mehr nähern wir uns der Glückseligkeit des Selbst. Dies ist eine ständige Widerlegung des Glaubens, dass der Körper unser Selbst ist, und ein Augenöffner für diejenigen, die sich einerseits den Frieden des Geistes wünschen und andererseits ihren Körper mehr verehren als eine Abbildung Gottes.

Ist Leiden ein unausweichliches Übel? Bhagavan verneint. Es ist im Gegenteil ein Segen, denn es bringt zur Besinnung und zwingt uns, tiefgründig zu denken und die Suche nach der Befreiung vom Leiden zu beginnen.

Die drei Punkte, die dieser Text zweifelsfrei beweist, sind daher: (1) der Körper ist nicht der Mensch, (2) der Mensch ist von Natur aus ohne Leid und (3) das Leid, das eine Hinzufügung ist, kann durch Selbsterkenntnis beseitigt werden.

Kapitel 2: Leben, Tod und Wiedergeburt

1. Dem Meister wurde die Nachricht vom Tod eines Bekannten überbracht. Er bemerkte: „Gut. Die Toten sind in der Tat glücklich. Sie sind die lästige Überwucherung – den Körper – losgeworden. Der tote Mensch trauert nicht. Die Überlebenden trauern um ihn. Fürchten die Menschen den Schlaf? Im Gegenteil, sie umwerben ihn, und beim Aufwachen stellen sie fest, dass sie einen glücklichen Schlaf hatten. Doch der Schlaf ist nichts als ein vorübergehender Tod. Der Tod ist ein langer Schlaf." 64

Anmerkung: Bhagavan weist auf den offenkundigen Gegensatz in unserem Verhalten in den beiden Zuständen von Tod und Schlaf hin, die gleich sind, außer in Bezug auf die Dauer. Auch hierüber können wir nicht sehr sicher sein. Wir hassen den Tod, aber wir rennen mit aller Macht dem Schlaf hinterher, und zwar so sehr, dass wir, wenn wir ein paar Nächte schlaflos bleiben, ärztliche Hilfe suchen und Schlaftabletten schlucken, wenn nicht sogar zu drastischen Morphium-Injektionen greifen. Für den vorübergehenden Tod, den wir Schlaf nennen, breiten wir unsere Betten aus und freuen uns darauf, indem wir mit dem alten Seemann singen:

„Oh Schlaf, er ist ein sanftes Ding,
geliebt auf der ganzen Welt.
Maria, die Königin, sei gelobt.
Sie sandte den sanften Schlaf vom Himmel,
der in meine Seele glitt!"[1]

Beim langen Schlaf, den wir Tod nennen, machen wir lange Gesichter und trauern, anstatt uns für den verstorbenen Geliebten zu freuen, der ihn genießt. Die Irrationalität unseres Verhaltens würde dem klugen Menschen lächerlich erscheinen, wäre da nicht die Ergriffenheit der intensiven Trauer und die schreckliche Angst, die der Tod hervorruft.

Der Meister empfindet den Körper als „lästige Überwucherung", weil er ihn – das reine Wesen – überlagert. Obwohl er einen Körper hat, sieht er sich selbst als körperlos – *videha*. Das körperliche Ich-Empfinden existiert für

---

[1] aus: The Rime of the Ancient Mariner (Die Ballade vom alten Seemann) von Samuel Taylor Coleridge (Anm. d. Übers.)

ihn nicht, doch die Bedürfnisse und Krankheiten des Körpers sind weiterhin „lästig". Der *Videha* ist ein *Mukta*, manchmal auch *Videhamukta* genannt. Devotees verehren ihn als die Manifestation des reinen *Brahman*, aber die Unintelligenten nennen seinen Zustand den „lebenden Tod". Aber wir alle streben nach diesem „lebenden Tod", auch die, die darüber spotten.

Der Meister fährt fort:

> 2. „Wenn ein Mensch stirbt, während er noch lebt, braucht er nicht über den Tod eines anderen trauern. Die eigene Existenz ist offensichtlich, mit oder ohne den Körper. Warum sollte man sich dann die leiblichen Fesseln wünschen? Man sollte sein unsterbliches Selbst finden und glücklich sein." 64

Anmerkung: In der letzten Anmerkung haben wir gesehen, wer der „Mensch, der stirbt, während er noch lebt" ist. Natürlich trauert ein solcher Mensch nicht um den Tod eines Menschen, denn er kennt seinen Zustand, wie er seinen eigenen kennt, und er lacht vor Freude. Bhagavan spricht aus Erfahrung, wenn er sagt, dass man unter allen Umständen und Bedingungen „mit oder ohne Körper" derselbe bleibt.

> 3. Ein großer Verehrer Bhagavans verlor seinen einzigen dreijährigen Sohn. Am nächsten Tag kamen er und seine trauernde Familie in den Ashram. Als der Meister sie sah, sagte er: „Das geistige Training hilft, Kummer und Trauer mit Mut zu ertragen – insbesondere den Verlust von Nachkommen. Kummer existiert nur so lange, als man glaubt, eine bestimmte Gestalt zu haben. Wenn man die Gestalt transzendiert, erkennt man, dass man ewig ist und weder Geburt noch Tod hat. Das, was geboren wird, ist nur der Körper." 80

Anmerkung: „Die Gestalt transzendieren" ist eine großartige Idee. Was der Tod zerstört, ist nur die Gestalt. Solange wir an der Gestalt festhalten, spüren wir weiterhin den Stachel des Todes. Aber wenn wir durch Erkenntnis begreifen, dass die Gestalt nicht die Person ist, die wir lieben, können wir den Kummer und sogar den Tod selbst überschreiten.

Wir sind uns alle einig darüber, dass der geliebte Mensch nicht nur eine Gestalt ist, ein farbiges Bild, eine leblose Substanz, sondern ein Wesen, das vor Leben und Intelligenz strotzt, das denkt, fühlt, liebt, will, handelt und mit dem wir Beziehungen eingehen als Vater, Sohn, Ehemann, Nachbar, Freund etc. Der Körper, der keine Intelligenz besitzt, kann von sich aus keine dieser Funktionen erfüllen. Und wenn das Leben (d.h. der Mensch) sich von ihm zurückzieht, bleibt er als erschöpfte Materie zurück, die reif für die Einäscherung ist.

Das „geistige Training", das Bhagavan vorschlägt, tötet nicht nur alle Trauer über Verluste, sondern offenbart uns auch die Wahrheit unserer Unsterblichkeit und bewahrt uns so vor künftigem Geborenwerden und Sterben. Daher legen die Schriften (*Srutis*) das Gesetz fest, dass jedes wahrnehmbare und vorstellbare Objekt das Objekt des Bewusstseins ist und somit empfindungslos, veränderlich und zerstörbar. Das Subjekt oder Bewusstsein allein ist empfindungsfähig, unveränderlich und unzerstörbar.

4. „Seht, wie ein Baum wieder wächst, dessen Zweige abgeschnitten wurden. Solange die Lebensquelle nicht beeinträchtigt ist, wird er wachsen. Ähnlich sinken die *Samskaras* im Tod ins Herz. Sie vergehen nicht. Sie werden wiedergeboren. So wie ein großer Banyanbaum aus einem winzigen Samen sprießt, so sprießt das weite Universum mit Namen und Formen aus dem Herzen hervor." 108

Anmerkung: Dies ist der Grundgedanke der Wiedergeburt. Die *Samskaras* oder Eindrücke, die am Ende eines Lebens zurückbleiben, werden die Samen für das nächste Leben. Sie werden im Herzen aufbewahrt, aus dem ein neuer Körper mit neuer Umgebung, neuen Umständen und neuen Neigungen zum richtigen Zeitpunkt „sprießt", um das neue Leben zu formen. Wie die Schildkröte ihre Glieder in ihren Panzer zurückzieht, so sammeln sich die lebenslangen (psychischen) Eindrücke im letzten Moment und ziehen sich zusammen mit den Sinnen in das Zentrum des Bewusstseins zurück, um die Keimzelle der zukünftigen Geburt zu bilden. Die *Bhagavad Gita* drückt dies anschaulich aus:

„Wenn der Herr einen Körper erwirbt und wenn Er ihn verlässt, ergreift Er die Sinne und *Manas* und geht mit ihnen, so wie der Wind den Duft der Blumen davonträgt.

Bewahrt in Ohr, Auge, Tastsinn, Geschmack, Geruch und dem Geist genießt Er die Objekte der Sinne.

Der Verblendete, beeinflusst von den Eigenschaften (*Gunas*), nimmt Ihn nicht wahr, wenn Er geht, bleibt oder genießt. Die Augen der Weisheit nehmen Ihn wahr." (Gita XV, 8-10)

So setzt der Herr den *Jiva* mit sich selbst gleich, denn Er ist es, der Unsterbliche und Unveränderliche, der die Körper annimmt, um sie durch die Sinne zu genießen, sie abwirft und neue annimmt usw. Dies ist eine Bestätigung aus der Schrift für unsere Unsterblichkeit und Göttlichkeit.

Mit dem Entstehen des Körpers entstehen auch die Sinne und alle psychischen Fähigkeiten und verbreiten ein Universum im unendlichen Raum und in der unendlichen Zeit. Daher hat das ganze Universum seine Wurzeln in dem kleinen Hohlraum, den wir das Herz nennen.

> 5. „Wenn ein Mensch, den wir lieben, stirbt, entsteht Kummer. Sollen wir die Trauer vermeiden, indem wir alle gleich lieben oder indem wir überhaupt nicht lieben?"

> Bhagavan: „Beides läuft auf dasselbe hinaus. Wenn alle das eine Selbst geworden sind, wer bleibt dann noch, um geliebt oder gehasst zu werden? Das Ego, das trauert, muss sterben. Das ist der einzige Weg." 252

Anmerkung: Wir haben bereits den Punkt besprochen, dass derjenige trauert, der den Körper für den Geliebten hält. Wenn der Körper stirbt, glaubt man, dass der Geliebte selbst gestorben sei. Wer ist für diesen Irrtum verantwortlich? Das Ego natürlich, das heißt die Person, die sich selbst mit ihrem eigenen Körper verwechselt. Aber dieses Ego ist selbst eine irrige Vorstellung, eine eingebildete Wesenheit. Die Schlussfolgerung ist daher klar, dass das ganze Phänomen ein Schwindel ist – die Toten, die Trauer um die Toten und derjenige, der von der Trauer über die Toten geplagt wird. Es ist ein Alptraum der Fantasie, von dem man sich nur schwer befreien kann. Wenn ein Weg gefunden werden kann, den Alptraum zu zerstören, zum Beispiel durch *Sadhana*, wird sich die Halluzination von allein in die Realität des Selbst auflösen. In diesem Fall wird die Liebe, auf die sich der Fragesteller bezieht, keinen Anlass haben, sich zu manifestieren, weil die Dualität von Liebendem und Geliebtem fehlt, da das Selbst die einzige Existenz ist.

> 6. „Du fragst, ob es das Ego ist, das reinkarniert. Ja, aber was ist Reinkarnation? Das Ego ist dasselbe, aber neue Körper erscheinen und enthalten es. Beobachte einfach, was jetzt mit deinem Körper geschieht.

Angenommen, du willst nach London reisen. Du nimmst ein Transport-mittel zu den Docks, besteigst einen Dampfer und erreichst London in ein paar Tagen. Was ist geschehen? Das Transportmittel reiste von einem Teil der Welt zum anderen. Die Bewegungen des Transportmittels wur-den deinem Körper überlagert. In ähnlicher Weise sind auch die Reinkar-nationen Überlagerungen. Gehst du in die Traumwelt, oder kommt sie zu dir? Sicherlich letzteres. Dasselbe kann man von den Reinkarnationen sagen. Das Ich bleibt die ganze Zeit unveränderlich." 311

Anmerkung: Die Kernaussage dieses Textes ist, dass das, was dem Einzel-nen passiert, von innen kommt, auch wenn es von außen zu kommen scheint. Die Geburt ist die Annahme eines Körpers durch das Individuum – *Jiva* oder Ego – einen Körper, der aus seinem Inneren gewoben ist, wie der Traum-körper, der aus dem Träumer selbst aufsteigt und sich seinem Geist oder sich selbst überlagert, was dasselbe ist. Dies ist die Bedeutung von „Gehst du in die Traumwelt, oder kommt sie zu dir?" Der Tod ist die vorübergehende Beseitigung dieser Überlagerung, und die Geburt ist die Wiederherstellung dieser Überlagerung in einer neuen Form und so weiter und so fort, bis *Jnana* die Überlagerungen zu einem radikalen Ende bringt. Dies ähnelt der unendlichen Anzahl von Netzen, die die Spinne aus sich selbst heraus für ihren vorübergehenden Gebrauch spinnt.

Die Analogie des Reisens demonstriert die Tatsache, dass das Individuum immer dasselbe bleibt und dass die lange Reise (*Samsara*) nicht von ihm selbst unternommen wird, sondern von der Anzahl der Fahrzeuge, die er zu diesem Zweck benutzt. Der *Jiva* konstruiert seine eigenen Fahrzeuge (Kör-per) und fährt mit ihnen zu seinem eigenen Vergnügen, sozusagen gemäß der Forderung von *Prarabdha* – dem Ergebnis seines Verhaltens und seiner psychischen Eindrücke beim Gebrauch der früheren Körper. Es ist daher falsch zu sagen, dass wir sterben und wiedergeboren werden oder dass wir es sind, die sich auf dem Rad der Evolution immer wieder drehen. Wir blei-ben immer derselbe, ohne Anfang und Ende. Lasst uns das fest in unserem Gedächtnis verankern, damit wir uns nicht im Darwinismus, Okkultismus, Behaviorismus und ähnlichem verlieren.

7. „Überleben Intellekt und Emotionen den Tod?"

Bhagavan: „Bevor du das in Betracht ziehst, überlege zuerst, was in deinem Schlaf geschieht. Der Schlaf ist nur das Intervall zwischen zwei Wachzuständen. Überleben sie in diesem Intervall? Sie repräsentieren das Körperbewusstsein und nichts weiter. Wenn du der Körper bist, halten sie immer an dir fest. Wenn du es nicht bist, dann beeinflussen sie dich nicht. Derjenige, der im Schlaf war, ist derjenige, der jetzt spricht. Du warst im Schlaf nicht der Körper. Bist du jetzt der Körper? Finde das heraus, und das ganze Problem ist gelöst.

Was geboren wird, muss sterben. Wen betrifft die Geburt? Wurdest du geboren? Wie wirken sich Geburt und Tod auf das ewige Selbst aus? Denke darüber nach, wem diese Fragen kommen, und du wirst es wissen." 426

Anmerkung: Dies ist äußerst interessant für diejenigen, die sich für ihren eigenen Tod interessieren. Du bist jetzt wach, und du wirst morgen wach sein. Aber dazwischen gibt es eine Lücke des Nicht-Wachzustandes. Was geschieht in diesem Zustand mit deinem Intellekt und deinen Emotionen? Du magst dich auf Unwissenheit berufen, was passiert, aber du weißt, dass du dann existierst, sonst würdest du die Lücke, nämlich den Schlaf, überhaupt nicht erwähnen. Du würdest nicht sagen: „Ich habe letzte Nacht sechs Stunden geschlafen" und damit zugeben, dass du die Erfahrung des Schlafes genauso gemacht hast wie die des Erwachens. Gäbe es eine Unterbrechung in der Nacht, würdest du mit jedem Tag enden und jeden Morgen ein neuer Mensch sein. Dann könntest du dich nicht daran erinnern, dass du gestern den und den getroffen oder vor zwanzig Jahren dies und das getan hast. Es gäbe keine Erinnerung an irgendetwas vor diesem Tag, nicht einmal an deinen Namen, deine Wohnung, dein Geschäft oder deine Verwandtschaft, denn es wäre so, als wärst du neu geboren worden. Die Tatsache, dass Erinnerungen an frühere Begebenheiten, Gegenstände und daran, dass du immer wieder geschlafen hast und aufgewacht bist, bestehen, beweist deine Beständigkeit, dass du ein logisches Kontinuum bist, das durch eine Vielzahl von Erfahrungen, manchmal angenehme und erinnerungswürdige und manchmal das Gegenteil, gegangen bist. Du bist der Faden, an dem sich all diese Erfahrungen wie Perlen aufreihen.

„Zugegeben", magst du einwenden, „dass ich in all diesen Erfahrungen und Zuständen und in all diesen Jahren existiert habe. Aber wie kommt es dann, dass ich mich an die meisten dieser Erfahrungen erinnere, aber nicht an die, die erst vor ein paar Stunden im Schlaf passiert sind?" Die Antwort ist, es geht uns gar nicht um die Erfahrungen. Denn die Erinnerung kehrt wie die Sinne im Schlaf zur Quelle zurück und kommt beim Aufwachen wieder hervor. Es geht uns nur um unsere eigene Existenz, und da du deren Kontinuität im Schlaf anerkennst, bleibt uns nichts anderes übrig, als dies auch auf den Zustand nach dem Tod zu übertragen. Ich denke, dass es keine Schwierigkeiten geben sollte, dies zu tun. Wenn wir von der Kontinuität des *Jiva* ausgehen, auch während der Abwesenheit des Körpers im Schlaf, stellen wir fest, dass der Besitz eines Körpers nicht das Kriterium für die Existenz sein muss. Wenn das der Fall ist, welchen stichhaltigen Beweis haben wir, um die Vernichtung der Existenz mit der Vernichtung des Körpers zu postulieren? Sicherlich keinen.

Was unseren Intellekt und unsere Gefühle nach dem Tod betrifft, so werden sie dorthin gehen, wohin sie auch jetzt jede Nacht gehen.

Bhagavans Bemerkungen werden nun verständlich: „Derjenige, der im Schlaf existiert, existiert jetzt im Wachzustand. Du warst im Schlaf nicht der Körper, also bist du es auch jetzt nicht. Das, was geboren wird – der Körper – muss sterben. Du wirst nicht geboren, um zu sterben. Geburt und Tod berühren dich – das Selbst – nicht."

8. „Wie ist es uns allen in unseren früheren Geburten ergangen? Warum kennen wir unsere eigene Vergangenheit nicht?"

Bhagavan: „Gott hat in seiner Barmherzigkeit den Menschen dieses Wissen vorenthalten. Wenn sie wüssten, dass sie tugendhaft waren, würden sie stolz werden. Andernfalls würden sie deprimiert sein. Beides ist schlecht. Es genügt, dass man das Selbst kennt." 553

Anmerkung: Die Frage kommt von den Ashram-Bewohnern. Sie stellt sich in der Tat fast jedem, der den spirituellen Pfad beschreitet. Bhagavan dankt zu Recht dem barmherzigen Gott, dass er dieses Vergessen vor der Wiedergeburt bewirkt hat, sonst würde die Welt im völligen Chaos versinken, und das Leben wäre noch viel elender, als es unter den gegenwärtigen Bedingungen schon ist. Abgesehen von dem Stolz oder der Demütigung, von denen Bhagavan spricht, gibt es tausende von Ereignissen und Dingen, die man besser ganz vergisst, und Millionen von Menschen, die besser unbekannt bleiben sollten, um ihrer selbst willen und zum Wohle der betroffenen Menschen. Die Probleme würden in einer solchen Anzahl und Art auftreten, dass die Erde für einen anständigen Menschen zu unerträglich zum Leben wäre. Wir müssen daher sagen: „Das Übel des Tages ist groß genug", und wir danken Gott, dem Allmächtigen, dass er einen schweren Vorhang zwischen einem Leben und einem anderen niedergelassen hat.

Dennoch haben wir alle schon von einigen „Okkultisten" gehört, die behaupten, den Vorhang zerreißen und die Vergangenheit sehen zu können, und fragen uns, was das gebracht hat. Hat es der Person *Jnana* gegeben, deren vergangenes Leben angeblich gelesen wurde, oder dem „Okkultisten" selbst? Wenn es überhaupt etwas bewirkt, dann, dass die einen an ihrer Aufrichtigkeit zweifeln und die anderen unterwürfig an sie glauben, was beides definitiv geistig schädlich ist. Warum sollte man sich also mit unnützen übernatürlichen Dingen beschäftigen? Bhagavan erinnert uns daran, dass das einzige Wissen, das es wert ist, erworben zu werden, das Selbst ist. Der Rest ist reine Fantasie.

> 9. „Wo liegt die Notwendigkeit der Reinkarnation? Die Evolutionstheorie ist physikalisch perfekt. Aber für die Seele kann eine weitere Entwicklung erforderlich sein, die nach dem Tod geschieht."

Der Meister: „Lasst uns zuerst sehen, ob es eine Inkarnation gibt, bevor wir von Reinkarnation sprechen. Wer ist der Mensch: der Körper oder die Seele? Du antwortest ,beides zusammen'. Aber du hörst nicht auf zu existieren, wenn der Körper abwesend ist, zum Beispiel im Schlaf. Du nennst den Schlaf einen vorübergehenden Tod. Deshalb ist auch das Leben vorübergehend. Wenn Leben und Tod vorübergehend sind, muss es etwas geben, das nicht vorübergehend ist. Das ist die Wirklichkeit. Sieh, wem diese Fragen kommen. Solange der Fragesteller nicht gefunden wird, können die Fragen niemals aufhören." 644

Anmerkung: Viel Menschen zweifeln an vergangenen Geburten, vor allem jene, deren Schriften keine Reinkarnation lehren. Der Fragesteller ist ein Muslim, der in der Evolutionstheorie seine volle Befriedigung gefunden hat, ohne die Notwendigkeit von Wiedergeburten und ohne von seiner theologischen Überzeugung abzuweichen, dass der Mensch aus der Amöbe entstan-

30

den ist. Aber seine Fragen tragen ihre eigenen Lösungen in sich, wenn sie nur sorgfältig durchdacht sind.

Zunächst bejaht er die Unsterblichkeit der Seele und ihre weitere Entwicklung nach dem Tod bis zur Vollkommenheit, doch kann er sich nicht von der Voreingenommenheit für den Körper befreien, den er zum Partner der Seele in der Synthese seines Selbst oder ‚Ichs‘ macht. Auf welcher Grundlage er dem Körper einen Platz in der Zusammensetzung des ‚Ichs‘ einräumt, will er nicht erforschen. Wenn der Körper die Hälfte seines Selbst ist, dann ist er nicht mehr eine homogene Einheit, sondern ein hybrides Gemisch aus sterblichen und unsterblichen Substanzen, von denen das Unsterbliche, das er als die Seele, die den Tod überlebt, bezeichnet, nur ein Teil oder eine Hälfte ist. Ist dies vernünftig? Und wenn die Seele kein integrales Ganzes ist, wie soll sie dann in der Evolution, von der er spricht, zur Vollkommenheit gelangen? Und woher weiß er, dass die Seele nach dem Tod eine „weitere Entwicklung" durchmacht? Was meint er damit, dass die Seele etwas ist, das diese Entwicklung erfordert? Die Verwirrung wird noch größer, wenn er den Körper an seinem ‚Ich‘ teilhaben lässt, indem er ihn mit Gefühlen, mit Intelligenz ausstattet, obwohl ein wenig Nachdenken ihn vom Gegenteil überzeugt hätte. Indem er dem Körper Sterblichkeit zugesteht, gesteht er zugleich seine Empfindungslosigkeit ein, denn die Empfindung stirbt nie. Sie ist ewiges Leben. Der Körper ist also empfindungslos und daher unintelligent, während das ‚Ich‘ als der Wissende aller Dinge reine Intelligenz ist. Daher ist der Körper weder das ‚Ich‘ noch ein Teil von ihm.

Was die Wiedergeburten betrifft, warum findet er sie unlogisch? Wenn er in diesem Leben geboren wird, wie er zugibt, warum kann er dann nicht wiedergeboren werden? Das, was diese Geburt verursacht hat, sollte ein gültiger Grund für eine weitere Geburt sein. Was lässt ihn glauben, dass die Ursache seiner Geburt sich erschöpft hat und nicht mehr für eine weitere Geburt oder eine Reihe von neuen Geburten zur Verfügung stehen kann?

Lasst uns dies an einem konkreten Beispiel verdeutlichen. Ein Mann heiratet, weil er ein Verlangen nach einer Frau hat. Wenn die Frau stirbt, heiratet er vielleicht ein zweites Mal, getrieben von demselben Drang. Aber angenommen, er verliert in der Zwischenzeit seinen Körper, was soll er dann tun, um dieses anhaltende Verlangen zu befriedigen? Natürlich muss er einen anderen Körper annehmen, so wie er den jetzigen für den einen oder anderen Wunsch angenommen hat.

So sagt uns Bhagavan, dass es so etwas wie Wiedergeburt nicht gibt. Was es gibt, ist nur das Annehmen eines Körpers nach dem anderen, um Wünsche zu befriedigen. Wenn du keinen anderen Körper annehmen willst, steht es dir frei, es nicht zu tun, vorausgesetzt, du hast aufgehört, nach irgendetwas zu verlangen, womit du die Ursache der „Wiedergeburt" beseitigt hast.

Wir müssen also den Menschen studieren, bevor wir uns mit Evolution, Reinkarnation, Leben, Tod usw. beschäftigen. Deshalb rät der Meister dem Fragesteller, zuerst sich selbst zu entdecken.

Bhagavan fährt fort:

> 10. „Man sieht im Traum ein Gebäude. Dann beginnt der Träumer sich zu fragen, wie es Stein für Stein von so vielen Arbeitern und während einer so langen Zeit erbaut wurde. So ist es auch mit der Theorie der Evolution. Weil er sich als Mensch vorfindet, denkt er, er habe sich aus dem Urzustand der Amöbe entwickelt." 644

Anmerkung: Das macht unsere Naturwissenschaften zu Traumwissenschaften. Das sind sie auch. Es ist bekannt, dass sich die Naturwissenschaftler nicht mit der absoluten Realität beschäftigen. Das überlassen sie den Philosophen. Sie geben sich mit der physikalischen Realität zufrieden, zum Beispiel mit der Teilung und Vermehrung von Chromosomen, der proportionalen Verbindung von Wasserstoff- und Sauerstoffatomen zur Bildung des Wassermoleküls usw. Und wenn sie aus dem physischen in einen nicht-physischen Bereich treten, werden sie verwirrt und verunsichert. Wenn Biologen zum Beispiel von der Evolution des Lebens sprechen, meinen sie eigentlich die Evolution der Gestalt, die das Leben bewohnt, wie wir es bei der Entwicklung des menschlichen Körpers vor unseren Augen sehen, von der stecknadelkopfgroßen Zygote zur Größe des neugeborenen Babys, zur Kindheit, Jugend und zum vollen Erwachsenenalter und die allmähliche Entfaltung des Geistes in ihm. Die Naturwissenschaftler haben keinen direkten Kontakt mit dem Leben, um zu wissen, was Leben ist, ob es sich entwickelt oder unveränderlich bleibt. Sie können zum Beispiel das Leben im Chromosom nicht direkt wahrnehmen, sondern können nur aus dem Verhalten des Chromosoms schließen, dessen physische Eigenschaften sie direkt beobachten können: Größe, Farbe, Form, Bewegungen, Veränderungen, Bestandteile usw. Deshalb müssen diejenigen, die an die Gesetze der Evolution glauben, verstehen, dass ihr Wissen sehr partiell ist und sich nur auf das empfindungslose Universum bezieht, das allein wahrgenommen werden und Veränderungen erfahren kann.

So wie das Leben für die Naturwissenschaftler ein Buch mit sieben Siegeln ist, so ist es auch der Geist – ein anderer Name für das Leben. Nicht ihre Aktivitäten, sondern Leben und Geist, wie sie in sich selbst sind, als Substanzen, als „erste Prinzipien". Hätten sie das Wesen des Geistes gekannt, hätten sie auch gewusst, dass all ihre Bemühungen auf eine Welt beschränkt sind, die im Wesentlichen ein Traum ist, der in ihrem eigenen Bewusstsein stattfindet. Denn zu keinem Zeitpunkt kann der Wissenschaftler aus seinem Geist heraustreten und sagen: „Hier ist eine reale Welt, die ohne mich, ohne meinen Geist bestehen kann." Wenn man sich in einem Traum befindet und aufgefordert wird, aus ihm herauszutreten, um zu erkennen, dass es ein Traum ist, kann man sich ein wenig schütteln und aus dem Traum in den Wachzustand zurückkehren, um seine alte Position zu verifizieren. Aber im Wachtraum – *Jagrat* – ist das nicht so einfach, weil die Sinne dann ganz nach außen gerichtet sind, völlig verwurzelt in ihrem eigenen Herrschaftsgebiet, von dem sie die absoluten Herrscher sind. Dies ist der Grund, warum der Wissenschaftler sich weigert zu glauben, dass er träumt, und sich weiterhin vorstellt, dass er vor einigen Millionen Jahren aus der Amöbe zum Affen wurde und vor einigen zehntausend Jahrhunderten aus dem Affen entstanden ist. Wie sollen wir ihn von seinem Irrtum überzeugen, dass nicht er es ist, der all diese Metamorphosen durchlaufen hat, sondern die Gestalten der Körper, die er angenommen hat? Wenn er von dieser Wahrheit überzeugt werden könnte, wäre er vermutlich auch davon überzeugt, dass die Amöbe, der Affe und die Millionen von Jahren ein Teil der Evolution seines *Jagrat*-Traums sind.

Kapitel 3: Schicksal und freier Wille

1. „Kann das Schicksal (*Karma*) jemals zu einem Ende kommen?"

Bhagavan: „Das *Karma* trägt den Samen seiner eigenen Zerstörung in sich." 11

Anmerkung: *Karma* ist das Schicksal, das man sich selbst durch seine freien Handlungen erschafft. Zu den Handlungen gehören Gedanken und Empfindungen, Motive, gute oder schlechte Emotionen usw. Bei der Abarbeitung eines alten *Karmas* ist man gezwungen, durch die Art und Weise, wie man auf es reagiert, ein neues zu schaffen. Hier kommt dann der freie Willen ins Spiel. Wir sind nicht frei, die Tendenz eines alten *Karmas* zu ändern, zum Beispiel durch die Wahl unserer Eltern, unseres Landes, die Umstände unserer Geburt und unserer Umgebung, unsere körperliche und geistigen Fitness und Fähigkeiten. Diese sind uns aufgezwungen. Wir können sie nicht ändern. Was wir ändern können, ist die Art und Weise, wie wir sie aufnehmen und verarbeiten. Wir sind uns alle einig, dass es viele Dinge gibt, bei denen die Entscheidung in unseren Händen liegt. Die Entscheidung liegt bei uns, die Handlung liegt bei uns, das Motiv hinter der Handlung ist unseres, die geistige Einstellung, mit der wir die Handlung ausführen, ist auch unsere. Dies ist also der Bereich, in dem wir die Freiheit des Willens haben, und er enthält die Samen unseres zukünftigen Schicksals. Wir können dieses Schicksal gestalten, wie wir wollen, doch wenn wir uns, wie die meisten Menschen, dieser Wahrheit nicht bewusst sind, lassen wir uns von unseren Impulsen mitreißen. Wir geraten in noch größere Schwierigkeiten als wir bereits sind. Oft folgt das neue *Karma* dem alten *Karma*, das jetzt abgearbeitet wird, nicht auf dem Fuß, sodass wir die Kette unserer Sklaverei durch mehrere Leben ziehen.

Hier kommen uns die heilsamen Gebote der Schriften zu Hilfe, damit wir unsere Ansichten über das Leben und unsere Einstellung gegenüber anderen korrigieren. Diese und die hartnäckigen Schicksalsschläge erweichen allmählich unsere Impulse, ändern unsere Ansichten, schärfen unseren Intellekt und machen uns langsam aber sicher zu Suchenden, dann zu Yogis und schließlich zu vollwertigen *Jnanis*, wenn das *Karma* aufhört. *Jnana* löscht es vollständig aus. Lasst uns nicht vergessen, dass all diese verbesserten Veränderungen oder die Evolution nicht im Menschen selbst stattfinden, sondern in den Fähigkeiten, die ihm überlagert sind, das heißt, in seinen Ansichten und Handlungen.

Jnana wird also durch ein gutes *Karma* herbeigeführt, das durch einen guten freien Willen erzeugt wird, der das Ergebnis von anhaltendem Leiden durch ein schlechtes *Karma* ist, das durch einen schlechten freien Willen erzeugt wurde. *Karma* ist wie eine leblose Maschine, die das hervorbringt, was man in sie hineinsteckt. Aus diesem Grund beginnt der Meister sein *Upadesa Saram* mit der Aussage, dass *Karma jada*, empfindungslos, unintelligent ist. Was es dazu bringt, sich zu bewegen und als strenges Schicksal zu agieren, ist die Energie, die durch die Ausübung unseres freien Willens entsteht.

Man kann sich fragen, ob ein anhaltend schlechter freier Wille durch die Verbitterung, die aus ihm entsteht, ein noch schlechteres *Karma* hervorruft, das uns hinunterzieht. Wo ist dann die Chance, dass wir jemals wieder an die Oberfläche kommen? Wir dürfen nicht die rettende Gnade des Leidens und die uns innewohnende Reinheit unseres Wesens vergessen, die es uns nicht erlauben werden, für immer unempfindlich gegenüber der Erniedrigung und dem Elend zu bleiben. Wir können nicht für immer in bodenloser Unwissenheit versinken und nie versuchen, in die Freiheit aufzusteigen. Das Leiden und der intensive Drang, zu uns selbst zurückzukehren, wirken wie Schwimmer und geben uns Auftrieb aus den Tiefen dieses riesigen Ozeans von *Samsara*. So gibt die Wirkung des *Karmas* durch Leiden den Anstoß zu *Jnana*, welches das *Karma* vernichtet. Das ist es, was Bhagavan mit „Das *Karma* trägt den Samen seiner eigenen Zerstörung in sich" meint.

Es versteht sich von selbst, dass das *Karma* nur in einem physischen Körper wirkt, denn eine Schuld, die in einem physischen Körper entstanden ist, muss auch in einem Körper bezahlt werden, entweder in diesem Körper oder in einem zukünftigen. Das *Vedanta* glaubt nicht an eine Bezahlung nach dem Tod. Daher ist die Wiedergeburt notwendig.

2. „Auch ohne anfängliche Begierden gibt es für uns einige seltsame Erfahrungen. Woher kommen sie?"

Bhagavan: „Die Begierden mögen jetzt nicht da sein, aber sie waren einmal da. Obwohl sie vergessen sind, tragen sie jetzt Früchte. Deshalb heißt es, dass auch der *Jnani* ein *Prarabdha* hat. Natürlich sieht es für die anderen, die den *Jnani* beobachten, so aus, als habe er ein *Prarabdha*." 115

Anmerkung: Der Fragesteller scheint zu denken, dass sich die Menschen immer ihrer moralischen Verfehlungen, ihrer Unterlassungssünden und der Wirkung ihres Handelns auf andere bewusst sind wie auch ihrer eigenen Begierden. Das sind sie nicht. Übermäßige Gier und mangelnde Rücksichtnahme auf die Gefühle und Interessen der anderen sind leider eine weit verbreitete Krankheit, wie die Politik, der Konkurrenzkampf in der Wirtschaft und hundertundeine andere vorsätzliche und alltägliche Verfehlung in ihrem Verhalten gegenüber ihren Nachbarn bezeugen. Den geschädigten Unschuldigen für die Probleme, die sie bekommen, zu spielen, kann die Vorsehung nicht betrügen. Unbewusstheit oder Vergessen alter Begierden, alter Sünden und Handlungen, durch die sie sich und anderen in diesem oder in früheren Leben geschadet haben, hebt nicht die ausgleichende Gerechtigkeit auf, die notwendig ist, um das gestörte Gleichgewicht wiederherzustellen. Selbst der *Jnani* bringt sein Schicksal aus einem anderen Leben mit, aber dieses vollzieht sich von selbst, ohne dass es für ihn ein neues *Karma* oder eine neue Geburt schafft oder ihn quält, wie es die gleichen Schwierigkeiten bei anderen tun. Sein Geist, der völlig im Selbst versunken ist, ist unter allen Umständen so frisch und kühl wie das Mondlicht im Sommer. Die anderen, die das Leiden seines Körpers sehen, stellen sich vor, dass der *Jnani* selbst leidet.

3. „Solange du dich als Handelnder fühlst, wirst du die Früchte genießen. Aber wenn du herausfindest, wessen *Karma* es ist, wirst du sehen, dass du nicht der Handelnde bist. Dann wirst du frei sein. Dies erfordert die Gnade Gottes, um die du zu Ihm beten und über Ihn meditieren sollst." 115

Anmerkung: Die Wünsche liegen an der Wurzel des Schicksals. Wir wünschen und handeln, um das entsprechende Objekt zu erhalten. Dabei denken wir nie an die Identität des Handelnden, da unsere ganze Aufmerksamkeit auf das Objekt gerichtet ist, bis wir es erlangen. Die Frage der Täterschaft im Licht von Wahrheit und Unwahrheit stellt sich uns in diesem Moment nicht. Das Vergnügen am Objekt beschäftigt uns am meisten, ein Vergnügen, das wir stillschweigend als Belohnung für unser Handeln, für unser Bemühen, es zu erlangen, halten. Dies ist *Karma*, das mit einem Gefühl des Handelnden einhergeht, wobei der Handelnde das empirische ,Ich' ist, auch wenn das Gefühl nicht aktiv im Geist ist. Es ist in der Handlung selbst impliziert und bindet uns also.

Wenn wir nun die Ursache und das Motiv der Handlung und das Wesen des Handelnden untersuchen, werden wir feststellen, dass derjenige, der mit dem Motiv des Vergnügens gehandelt hat, nicht das wirkliche ‚Ich' ist, sondern ein Nachahmer, ein falsches ‚Ich'. Dann werden wir automatisch von der Verantwortung für die Handlung und damit von der Knechtschaft des *Karmas* entbunden. Obwohl wir von nun an handeln, fällt das Gefühl, dass wir es sind, die handeln, von uns ab und mit ihm auch die Macht des *Karmas*, uns zu ergreifen, denn das empirische ‚Ich' wird nicht mehr da sein, um ergriffen zu werden.

Aber diese Entdeckung oder Verwirklichung kommt nicht ohne die Hilfe Gottes oder des Selbst durch intensive Verehrung und Meditation, wie Bhagavan versichert. Wir werden mehr darüber in den folgenden Kapiteln erfahren.

Bhagavan erklärt weiter:

> 4. „Handeln ohne Motiv bindet nicht. Selbst ein *Jnani* handelt, und es kann keine Handlung ohne Anstrengung und ohne *Sankalpas* – Motive – geben. Deshalb gibt es *Sankalpas* für jeden. Aber es gibt zwei Arten von *Sankalpas*, die bindenden (*bandha-hetu*) und die befreienden (*mukti-hetu*). Die erste Art muss aufgegeben und die letzte kultiviert werden." 115

Anmerkung: Hier wird ein Weg aus dem karmischen Strom aufgezeigt. Bhagavan postuliert Handlung für alle Menschen und Ergebnisse für alle Handlungen, lehnt jedoch den verbindlichen Rückstand der Handlung ab, der für alle Akteure gleichermaßen gilt. Eine Handlung bindet nur in dem Maße, in dem ihr Motiv vom bindenden Typ, *bandha–hetu*, ist und niemals, wenn sie vom befreienden Typ ist, bei dem das materielle, egoistische Motiv völlig abwesend ist. Deshalb müssen diejenigen, die aus dem Strom der Knechtschaft in den der Befreiung springen wollen, ihre bindenden *Sankalpas* zügeln und die *Sankalpas* von *Mukti* kultivieren.

Nun stellt sich die Frage: Wie soll man zwischen beiden unterscheiden, was zugegebenermaßen schwierig ist? Dieser Text ist hauptsächlich für den *Sadhaka* gedacht, der sich ständig Gedanken darüber macht, ob eine bestimmte

Handlung mit seinem *Sadhana* vereinbar ist oder nicht. Bhagavan zerstreut diesen Zweifel, indem er allen Menschen eine Handlung zugesteht, und zwar eine motivierte Handlung. Zum Beispiel hat Bhagavan selbst in früheren Zeiten in der Küche gearbeitet und sogar einmal eine Lehmwand zu seiner Höhle auf dem Hügel gebaut. Er wusste damals, warum er diese Arbeit tat, und zielte sicherlich auf das Nützlichkeitselement ab, sonst hätte er es nicht getan. Aber wenn Bhagavan arbeitete, war er sich die ganze Zeit seines wahren Wesens als der Ausführende der Handlung bewusst, das wunschlos war. Das Motiv für diese Handlung war also nicht von der bindenden Art. Deshalb sollte die Handlung den *Sadhaka* nicht beunruhigen, solange sie nicht von der bindenden Art, mit Begierden im Hintergrund, ist.

5. „Der freie Wille und das Schicksal sind immer existent. Das Schicksal ist das Ergebnis vergangenen Handelns. Es betrifft den Körper. Lass den Körper so handeln, wie es ihm passt. Was kümmert dich das? Warum schenkst du ihm Aufmerksamkeit? Der freie Wille und das Schicksal dauern so lange wie der Körper währt. Aber *Jnana* transzendiert sie beide." 193

Anmerkung: „Der freier Wille und das Schicksal sind immer existent" ist eine bedeutende Aussage, die diejenigen Lügen straft, die Bhagavan die widersprüchliche Theorie zuschreiben, dass es keinen freien Willen gibt, sondern nur das *Karma*, das jede Handlung und jede Erfahrung, durch die wir gehen, selbst die unbedeutendste, bestimmt. Es versteht sich von selbst, dass es kein *Karma* ohne freien Willen geben kann. Nur das freie Handeln zieht Belohnungen oder Bestrafungen, d.h. *Karma* an, sodass der freie Wille und das *Karma* zusammen entstehen und vergehen. Dass das *Karma* den Körper betrifft und wir deshalb den Körper handeln lassen sollten, wie er es will, bedarf einiger Erklärung.

Das *Karma* und der freie Wille sind, wie der Körper, empfindungslos und können nur den Körper beeinflussen, niemals aber das intelligente Wesen, das in ihm wirkt und beide transzendiert. Solange das ‚Ich-bin-der-Körper'-Empfinden vorherrscht, funktionieren sie weiterhin, und der *Jiva* nimmt weiterhin einen Körper nach dem anderen an, um das *Karma* zu erfüllen. Aber sobald *Jnana* dämmert, hört es auf, Früchte zu tragen. Das *Karma* endet mit dem letzten Körper (des *Jnani*), und der freie Wille wird nicht mehr der Wille des *Jiva* sein (der gewöhnlich auf der Basis des Körper-‚Ichs' entscheidet), sondern der von *Brahman*, mit dem der *Jiva* nun vollständig verschmolzen ist.

Deshalb rät Bhagavan dem Suchenden, nicht auf das Wirken des *Karmas* auf die *Upadhis* zu achten, sondern sich von ihnen zu trennen, sodass er frei ist von der Verpflichtung, neue Körper anzunehmen, und folglich von der Knechtschaft.

6. „Solange es Individualität gibt, ist man der Genießer und Handelnde. Aber wenn sie verloren geht, herrscht der göttliche Wille vor und lenkt den Lauf der Dinge.

Der freie Wille ist in den Aufforderungen der Schriften, gut zu sein, impliziert. Er impliziert die Überwindung des Schicksals durch Weisheit. Das Feuer der Weisheit verzehrt alle Handlungen, und Weisheit wird durch *Satsanga* erworben – die Gesellschaft mit den Weisen – und dadurch, in ihrer geistigen Atmosphäre zu sein." 209

Anmerkung: Alle Schriften empfehlen gutes Handeln und gestehen implizit die Freiheit des Willens ein. Denn wenn der Wille nicht frei wäre, wo läge dann der Sinn, uns zu bitten, gut zu sein? Der Mensch wäre dann wie eine Maschine oder ein Tier, das für sein Handeln nicht verantwortlich ist und daher nicht bestraft werden kann. „Das Feuer der Weisheit" bedeutet hier das Unterscheidungsvermögen, das die Gesellschaft mit den Weisen anregt. Die Unterscheidung zwischen Gut und Böse veranlasst uns zwangsläufig, das Gute zu wählen und das Böse zu meiden. Das Endergebnis ist die Beendigung des Handelns – nicht des Handelns an sich, sondern des Gefühls, sein Urheber zu sein, was die Verschmelzung des individuellen Willens mit dem göttlichen Willen, der Individualität mit dem Göttlichen voraussetzt. Von nun an wird „der göttliche Wille den Lauf der Dinge lenken".

7. „Wenn das *Prarabdha-Karma* erschöpft ist, löst sich das Ego vollständig auf, ohne irgendeine Spur zu hinterlassen. Das ist die endgültige Befreiung. Bis dahin taucht das Ego weiterhin in seiner reinen Form selbst im *Jivanmukta* auf. Ich bezweifle immer noch die Aussage der maximalen Dauer von einundzwanzig Tagen." 286

Anmerkung: Dies ist die Antwort auf eine Aussage, die angeblich von einem großen Heiligen des letzten Jahrhunderts gemacht worden sein soll, wonach *Nirvikalpa Samadhi* nicht länger als einundzwanzig Tage dauern kann oder zum Tod führt. Diese Aussage ist auf den ersten Blick unzulässig. Was der Weise wahrscheinlich im Sinn hatte und, wie es oft geschieht, falsch wiedergegeben wurde, ist eine ununterbrochene Trance mit völliger Unbewusstheit gegenüber der Welt für einundzwanzig Tage, denn es ist unmöglich, dass der Körper ohne Nahrung länger durchhalten kann. Aber das ist kein echtes *Samadhi*. Völlige Bewusstlosigkeit gegenüber der Welt findet im wahren *Samadhi* nie statt (s. Kapitel 13, 48), denn es würde dann aufhören, *Samadhi* zu sein, und würde zu *Sushupti* (Tiefschlaf). Was lange andauert und fälschlicherweise mit *Nirvikalpa* verwechselt wird, ist eine Simulation davon, eine Art kataleptische Trance, *Laya* genannt, die dem Tiefschlaf und der Ohnmacht ähnelt, in der man sich des Selbst wie auch der Welt nicht gewahr ist, im Gegensatz zu der Erfahrung von *Nirvikalpa*, in der das Selbst als reines Bewusstsein die Oberhand hat und allein herrscht. Dieser kataleptische Zustand kann durch die Praxis von *Kevala Kumbhaka* (s. Anhang) herbeigeführt werden. Wir hören von komaähnlichen Trancezuständen von langer Dauer, die nichts mit dem wahren *Nirvikalpa* zu tun haben. Das Gleiche geschieht auch manchen Anfängern, die sich in der Meditation gehen lassen und unwissentlich in *Laya* abgleiten, was sie entweder mit *Samadhi* verwechseln oder verwirrt sind, weil sie nicht wissen, was sie davon halten sollen.

Außerdem, wenn diese Aussage von einundzwanzig Tagen wahr wäre, gäbe es niemanden mehr, der die Wahrheit lehren könnte. Alle *Rishis* der *Upanishaden* und alle großen *Muktas*, von denen wir gehört haben, wären schon in ihren Gräbern gewesen, bevor jemand von ihnen gehört hätte und bevor sie Zeit gehabt hätten, jemanden zu belehren. Außerdem hätte es für sie nichts zu lehren gegeben – die Erfahrung ist die eines Tiefschlafs, wenn damit die völlige Bewusstlosigkeit gegenüber der Welt gemeint ist. Selbst die *Veden* hätten nicht das Licht der Welt erblickt.

Bhagavan versichert, dass der Körper erst nach der Erschöpfung seines *Karmas* ausscheidet und nicht vorher. Wir wissen auch, dass er in vielen Fällen vierzig, fünfzig oder sogar mehr Jahre nach der Erlangung von *Sahaja Nirvikalpa* weiterbestehen kann. Bhagavans eigener Fall ist ein leuchtendes Beispiel dafür. Er ging in *Videhamukti*, die endgültige körperlose Befreiung ein, nachdem er vierundfünfzig Jahre lang in unablässigem *Nirvikalpa* verbracht hatte. Bis dahin, sagt uns Bhagavan, taucht das Ego weiterhin auf, sogar für den *Jivanmukta*, aber in seiner reinsten Form, das heißt, ohne für den *Jnani* die Unwissenheit der Realität und das aus dieser Unwissenheit resultierende Leiden zu verursachen. Was es bei ihm verursachen kann, ist ein vorübergehender oberflächlicher Glaube an die Realität der Welt aufgrund des intensiven Einflusses der Sinne. Daher wird es Ego genannt, obwohl es rein ist.

8. „Es reicht nicht aus, dass man an Gott denkt, während man *Karma* (Dienst oder Verehrung) verrichtet, sondern man muss ständig und unaufhörlich an Ihn denken. Nur dann wird der Geist rein."

Bhagavans Diener bemerkte daraufhin: „Ist es denn nicht genug, dass ich Bhagavan physisch diene, sondern muss ich auch ständig an ihn denken?"

Darauf antwortete Bhagavan: „Die ‚Ich-bin-der-Körper'-Vorstellung muss durch *Vichara* verschwinden." 337

Anmerkung: Der Diener hat Recht mit seiner Interpretation von Bhagavans Bemerkung. Den Meister physisch zu sehen, ist der Kontemplation über ihn nachrangig. Dennoch hat der Dienst für ihn einen großen Nutzen, da die völlige Reinheit des Geistes des Meisters seine *Vasanas* reinigt. Aber das reicht nicht aus, um *Mukti* zu geben. Die Läuterungsprozesse sind nur eine Stufe auf dem Pfad, um den Menschen zu den geistigen Praktiken – *Dhyana* und *Vichara* – zu bringen, die allein den Geist darauf vorbereiten können, *Brahman* in den letzten Etappen der langen Reise zu erfahren. „Die ‚Ich-bin-der-Körper'-Vorstellung muss durch *Vichara* verschwinden", beteuert Bhagavan.

Der Weg des Dienens ist der Weg der Hingabe, der nicht auf Zeit und Raum beschränkt ist, denn er ist ein Prozess rund um die Uhr während des ganzen Jahres. Er zieht sich über Jahre der Erinnerung an Gott, Guru oder das Selbst hin – wiederum ein mentaler Prozess.

9. „Du stellst dir unter Willenskraft vor, erfolgreich zu sein, während Willenskraft als Stärke des Geistes verstanden werden sollte, die Erfolg und Misserfolg mit Gleichmut begegnet. Sie ist nicht gleichbedeutend mit sicherem Erfolg. Warum sollten die eigenen Versuche immer von Erfolg begleitet sein? Erfolg entwickelt Arroganz, und der geistige Fortschritt wird dadurch aufgehalten. Misserfolge hingegen sind nützlich, da

sie einem die Augen für die eigenen Grenzen öffnen und darauf vorbereiten, sich selbst hinzugeben. Deshalb sollte man versuchen, unter allen Umständen einen ausgeglichenen Geist zu erlangen. Das ist Willenskraft. Wiederum sind Erfolg und Misserfolg die Ergebnisse von *Prarabdha* und nicht von Willenskraft. Ein Mensch mag nur Gutes tun und sich dennoch als Versager erweisen. Ein anderer mag das Gegenteil tun und dennoch durchweg erfolgreich sein. Das bedeutet nicht, dass die Willenskraft bei dem einen abwesend und bei dem anderen vorhanden ist." 423

Anmerkung: Der Kontext ist der Fall eines Mannes, der aufgrund von wiederholten beruflichen Rückschlägen das Vertrauen in sich selbst verloren hat und nun versucht, einen Weg zu finden, es wiederzuerlangen. Er verwechselt Selbstvertrauen mit Willenskraft. Man kann reichlich Selbstvertrauen haben, aber es fehlt der Wille zur Arbeit. Bei dem Fragesteller ist es genau umgekehrt: Er hat den Willen, zu arbeiten, ist aber pessimistisch, was die Ergebnisse seiner Arbeit angeht, weil er in der Vergangenheit immer wieder versagt hat. Bhagavan rät ihm, die gleiche Einstellung zu Erfolg und Misserfolg zu entwickeln, die schließlich vom eigenen Schicksal abhängen. Zugleich lobt er das Scheitern als auf lange Sicht spirituell fruchtbarer als der Erfolg, da es die Arroganz tötet und eine Haltung von *Vairagya* fördert, die die Annäherung an das höchste Ziel beschleunigt.

Die meisten Menschen leben in abgrundtiefer Unwissenheit über ihre glorreiche Bestimmung, mehr noch über ihre Schwachstellen, über ihre *tamasischen* und *rajasischen* Begierden und Verhaltensweisen. Vor allem die Reichen wehren sich am stärksten dagegen, wenn sie ihnen direkt aufgezeigt werden. Wie kann Gott also ihre Augen öffnen und sie von dieser Selbstvergiftung befreien? Er gibt Katastrophen und Unglücke, um ihre Luftschlösser zu erschüttern und die dicken Krusten ihres Hochmuts aufzubrechen. Der Stolz auf Reichtum, Position, Ruhm, Macht, Gelehrsamkeit und, was am schlimmsten ist, auf die Abstammung zerstört sich schließlich selbst und fällt seinem Besitzer zu seinem ewigen Wohl auf den Kopf.

Kapitel 4: Siddhis und Visionen

1. „Ist nicht sich unsichtbar zu machen (wie *Vasishta* und *Valmiki*) ein Beweis für fortgeschrittene Weisheit (*Jnana*)?"

Bhagavan: „Nein, denn in diesem Fall würden all jene, die ihr Leben vor den Augen anderer verbracht haben, als *Ajnanis* gelten. Es mag das *Prarabdha* dieser Weisen gewesen sein, diese Kräfte (*Siddhis*) neben ihrem *Jnana* zu entwickeln. Warum sollte man etwas anstreben, das nicht wesentlich ist, sondern sich im Gegenteil als Hindernis für *Jnana* erweisen kann? Fühlt sich der Weise durch die Sichtbarkeit seines Körpers bedrängt? Ein Magier kann sich im Handumdrehen unsichtbar machen. Ist er deshalb ein *Jnani*? Sichtbarkeit und Unsichtbarkeit setzen einen Seher voraus. Wer ist dieser Seher? Finde ihn zuerst. Andere Dinge sind unwichtig." 30

Anmerkung: Was am meisten zählt, ist *Jnana*, die Erkenntnis der Wahrheit. Dies wird Verwirklichung des Absoluten oder des Selbst genannt. Die *Siddhis* sind nicht das Selbst, sondern seine Kräfte, wie sehen, riechen, denken usw., mit der einzigen Ausnahme, dass letztere gewöhnliche Erfahrungen sind, während die *Siddhis* das nicht sind. Die Kräfte selbst sind unintelligent. Der Intelligente ist ihr Besitzer. Die Aufmerksamkeit auf die Kräfte zu richten und nicht auf ihren Besitzer, der die Wirklichkeit ist, ist daher wie die Perle wegzuwerfen und die Muschelschale zu behalten.

So wie die allgemeine Wahrnehmung ein Hindernis für *Jnana* ist, so sind es auch die *Siddhis*, nur in noch stärkerem Maße, denn letztere sind in der Lage, dass das Bemühen um das Höchste erlahmt und er dem Reichtum und Ruhm verfällt, die ihnen wie ihr Schatten folgen. Deshalb sind *Siddhis* bei dem Streben nach *Brahman* viel gefährlicher als die Sinne. Sie werden nur dann geduldet, wenn sie von *Jnana* begleitet werden, wie es bei *Valmiki*, *Vasishta* und anderen der Fall war. Sie haben keinen spirituellen Wert, und ihr Gebrauch ist höchst schädlich für den, der sie benutzt, und für den mit einem schwachen Geist, der auf sie hereinfällt.

2. „Wenn Yogis wie *Vasishta* und *Viswamitra* aus dem Blickfeld verschwinden, betrifft das nur die physische Materie. Ist das unser Hauptinteresse? Bist du nicht das Selbst – die Wirklichkeit? Warum solltest du

dich um fremde Dinge kümmern? Nimm die Essenz, und verwerfe andere Theorien als nutzlos. Diejenigen, die glauben, körperliche Unsichtbarkeit zähle bei der Suche nach *Mukti*, irren sich. So etwas ist nicht notwendig. Du bist nicht der Körper. Was macht es dann aus, wenn er auf die eine oder andere Weise verschwindet? Es gibt keinen großen Verdienst in solchen Phänomenen. Allein die Verwirklichung des Realen zählt. Der Verlust des Egos ist das Hauptziel und nicht der Verlust des Körpers. Die Identifizierung des (wirklichen) Selbst mit dem (unwirklichen) Körper ist die wahre Fessel." 31

Anmerkung: *Sadhana*, d.h. die Suche nach dem Absoluten, besteht aus geistiger und spiritueller Läuterung durch bestimmte yogische Praktiken. Aber *Siddhis* beziehen sich nur auf den Körper, um ihn erscheinen und verschwinden zu lassen, Dinge auf eine Weise zu hören, die man normalerweise nicht hört, Dinge auf eine Weise zu sehen, die man normalerweise nicht sieht, Dinge auf eine Weise zu riechen, die man normalerweise nicht riecht und so weiter. Mit anderen Worten, *Siddhis* führen in eine Richtung, die diametral der Richtung entgegengesetzt ist, die der eifrige Yogi einschlagen sollte. Wir verwerfen die Wege und Gewohnheiten des Körpers, um unsere Aufmerksamkeit auf die Seele zu richten, die den Körper benutzt und die eine, ewige Wirklichkeit ist, deren Erreichen uns vollständig von den Fesseln des Fleisches, vom Leid und von der Unwissenheit befreit. Wie es in der letzten Anmerkung aufgezeigt wurde, lassen *Siddhis Avidya* fortbestehen und stärken oft das Ego, das wir zerstören wollen. Betrachte die enorme Popularität und Vergötterung des „Hellsehers" und des „Hellhörers" und die Macht, die sie über die Abergläubischen, Leichtgläubigen und Schwachsinnigen ausüben, die diesen *Siddhi*-Praktikern eher hinterherlaufen würden als hinter dem Mann der Wahrheit, der die vollständige Vereinigung mit Gott erlangt hat und in der Lage ist, den direkten Weg zu dieser Wahrheit und ihrer Glückseligkeit zu zeigen. Wir müssen auch die häufige Möglichkeit in Betracht ziehen, dass die *Siddhis* nicht echt sind.

Bhagavan nennt sie „Nebensächlichkeiten", völlig irrelevant für die wahre Suche. „Es gibt keinen Verdienst in solchen Phänomenen." Die wahren *Siddhas* sind die *Jnanis*, die keine *Siddhis* predigen und sie kaum jemals zeigen. Im Gegenteil, sie lehren nichts anderes als die Wissenschaft des Absoluten und den Weg zu Ihm. Sie haben nichts mit *Koshas*, Schöpfung, Leben nach dem Tod, mentalen und astralen Ebenen, Feen, Geistern und dergleichen zu tun. Die Wirklichkeit lässt sich mit all diesem Gerümpel, das jeden Winkel des Kopfes ausfüllt, nicht erahnen. Märchen, wenn sie ernst genommen werden, versperren den Weg zur Wirklichkeit *Brahmans*. Echte *Adhikaris* geben sich gewiss nicht mit ihnen ab.

Bhagavan fährt fort:

> 3. „Lass falsche Vorstellungen los, und nimm intuitiv das Reale wahr. Das allein ist wichtig. Wenn du ein goldenes Schmuckstück einschmilzt, was spielt es dann für eine Rolle, wie es eingeschmolzen wird, ganz oder in Teilen, oder welche Form das Schmuckstück gehabt hat? Du bist nur am Gold interessiert. Erkenne das Selbst." 31

Anmerkung: Wenn wir Gold kaufen, fragen wir nicht, welche Form es hatte, bevor es eingeschmolzen wurde, und wie es eingeschmolzen wurde usw. In ähnlicher Weise sollten wir unsere Zeit nicht damit verschwenden, wie wir geboren werden und sterben, wie viele Sphären und Planeten wir besucht haben, wenn überhaupt, und wer wir in unseren früheren Leben waren. All das ist Schlacke, überflüssige Neugier, „falsche Vorstellungen", die wir weglassen müssen. Was wir wollen, ist das Gold, nämlich uns selbst zu erkennen und uns selbst zu sein. Wenn dies erreicht ist, ist das Rätsel des Universums gelöst. Das Universum des „Hellsehers" ist romanhaft, auch wenn die Hellsichtigkeit echt ist. Was es sieht, ist so falsch wie Träume, so falsch wie dieser Wachzustand, den wir eher transzendieren sollten als uns mit ihm zu beschäftigen. Der Träumer ist allein real, der Traum völlige Halluzination. Der Seher ist das Gold, das Gesehene die Schlacke. Das Selbst des Suchenden ist die Wirklichkeit, und auf dieses Selbst sollten wir unsere ganze Aufmerksamkeit richten.

> 4. „Mit der Selbstverwirklichung entsteht echtes und unaufhörliches *Tapas*. Mit der Reifung eines solchen *Tapas* können einige *Jnanis* ihre Körper immateriell und unsichtbar machen. Diese sind als *Siddhas* bekannt." 57

Anmerkung: Es ist sehr wichtig, dies zu beachten. *Tapas* bedeutet hier nicht die der Verwirklichung vorausgehenden Entbehrungen, sondern die Verankerung im Selbst nach der Verwirklichung. Die *Ramana Gita* sagt in diesem Zusammenhang: „Derjenige, der im *Sahaja*-Zustand verankert ist, befindet sich im automatischen und unaufhörlichen *Tapas*." (XI, 18) Und weiter: „Die unberührte Natur des Selbst ist müheloses, spontanes *Tapas*. Unaufhörliches *Tapas* dieser Art führt zur Manifestation aller Kräfte." (XI, 24)

Dies zieht sofort eine klare Linie zwischen einem *Siddha-Rishi* und einem „Hellseher", einem Magier oder einem Wundertäter, die wir hierzulande manchmal antreffen und die kein *Jnana* haben, wie es durch die Zurschaustellung ihres Gewerbes deutlich wird und durch ihre oberflächliche Lehre, wenn sie überhaupt eine haben.

> 5. „Die Menschen schauen nur auf den Körper und wollen *Siddhis*. Sie sind nicht mit der Idee von *Jnana* zufrieden und wollen daher, dass *Siddhis* damit verbunden werden. Sie ignorieren das höchste Glück von *Jnana* und streben nach *Siddhis*. Dafür gehen sie auf den Nebenwegen statt auf dem königlichen Pfad und verirren sich so auf dem Weg. Um sie auf den richtigen Weg zu führen und auf dem königlichen Weg zu halten, werden *Siddhis* als Begleiter von *Jnana* bezeichnet. In Wirklichkeit umfasst *Jnana* alles, und ein *Jnani* verschwendet keinen Gedanken an sie. Die Sucher müssen versuchen, *Jnana* zu erlangen, und können dann *Siddhis* suchen, wenn sie es wünschen." 57

Anmerkung: Die Hauptaussage dieses Textes wurde bereits in diesem Kapitel besprochen. Die Menschen, die von *Siddhis* angezogen werden, sind diejenigen, die eine große Anhaftung an ihren Körper haben, um dessentwillen sie *Siddhis* suchen und dabei die wahre Glückseligkeit von *Jnana* ignorieren. Diese Menschen sind ihre eigenen Feinde. Die Aussage, dass *Siddhis* *Jnana* begleiten, um sie „richtig zu führen und auf dem königlichen Weg zu halten", ist bemerkenswert. Die Zurschaustellung von *Siddhis* ist nur unter der Bedingung zulässig, dass sie die verirrten Schafe zurück in die Herde bringt – auf den „königlichen Weg" des *Jnana* oder der Wahrheit. Es gibt nichts Unangenehmeres für den Erleuchteten als der Anblick von Menschen, die durch Exhibitionismus, durch eine glamouröse Zurschaustellung des „Wundersamen" vom rechten Weg abgekommen sind. Den *Siddhi*-Fans gibt Bhagavan einen Weg, um wahre und gesunde *Siddhis* zu erlangen, nämlich indem sie zuerst versuchen, *Jnana* zu erlangen und dann für *Siddhis* zu arbeiten, wenn sie sich weiterhin danach sehnen. Dann werden sie eine gesunde Einschätzung von den *Siddhis* und deren Nutzen haben.

6. „Im *Halasya Mahima* gibt es ein Kapitel über die achtfachen *Siddhis*. Dort sagt *Shiva*, dass Seine *Bhaktas* niemals einen Gedanken an sie verschwenden. Wiederum sagt *Shiva*, dass Er niemals Wohltaten gewährt. Die Wünsche der Verehrer werden nur entsprechend ihres *Prarabdha* erfüllt. Wenn *Ishwara* selbst das sagt, was ist dann mit den anderen? Um ein *Siddhi* zu zeigen, muss es andere geben, die es erkennen, was bedeutet, dass es kein *Jnana* in der Person gibt, die *Siddhis* ausübt. Deshalb sind sie keinen Gedanken wert. *Jnana* allein muss angestrebt werden." 57

Anmerkung: Dieser Beleg von *Shiva* gegen *Siddhis* muss sehr ernst genommen werden. Denn hier erscheint Er in Seiner höchsten Form als der höchste Yogi, Geist und Seele des Universums, reines Bewusstsein und Glückseligkeit. Die *Tantriker*, insbesondere die *Kaulas*, streben nach *Siddhis*, die sie fälschlicherweise für die höchste spirituelle Errungenschaft halten, und ihr Meister und der Geber der *Siddhis* und aller Wohltaten ist eben dieser *Shiva* mit seiner Gefährtin Devi, auch Bhairavi genannt. Der *Jnana*-Suchende nimmt diesen *Shiva* als sein Ideal und seinen Führer. Daher ist Seine Ablehnung von *Siddhis* und Wohltaten in *Halasya Mahima* für ihn von großer Bedeutung.

Der andere bemerkenswerte Punkt bezieht sich darauf, dass Wohltaten nur auf der Grundlage von Verdiensten gewährt werden, d.h. gemäß dem individuellen *Prarabdha*. Sie sind nicht zufällig, wie es fälschlicherweise angenommen wird.

Der dritte Punkt verdient besondere Aufmerksamkeit. Was Bhagavan damit meint, dass die Zurschaustellung von *Siddhis* die Anwesenheit anderer voraussetzt, um sie zu bezeugen, was automatisch den Zurschausteller als *Ajnani* brandmarkt, ist, dass der *Jnani* immer im Selbst ist und nichts als das reine Bewusstsein wahrnimmt, das allein existiert – eins ohne ein zweites. Das Zeigen von *Siddhis* impliziert das Eingeständnis der Vielheit, die *Jnana* verneint. Der bewusste Zurschausteller von *Siddhis* ist also ein selbstbekennender *Ajnani*[1]. Ausgenommen ist der oben erwähnte *Jnani-Siddha*.

---

[1] „Oh Herr der *Munis*, nur derjenige, der kein *Atmajnana* hat und nicht befreit ist, sucht nach *Siddhis*. Der Befreite folgt niemals *Avidya*. *Siddhis* können niemals zur Erlangung der Wohnstatt von *Paramatman* beitragen." (Varaha Upanishad)

7. „*Atman* allein ist zu verwirklichen. Seine Verwirklichung enthält alles andere: *Shakti, Chakras, Ganapati, Siddhis*, etc. Diese sind in Ihm enthalten. Diejenigen, die davon sprechen, haben den *Atman* nicht verwirklicht." 57

Anmerkung: Dies bekräftigt die vorherigen Texte. Bhagavan, der sich nur mit dem Absoluten befasst, nimmt seinen Standpunkt zu der folgenden Wahrheit ein: Alle Dinge, alle Kräfte, alle Phänomene haben einen gemeinsamen Ursprung, der unveränderlich und ewig sein muss. Diese absolute Quelle wird in den Schriften mit verschiedenen Namen bezeichnet, von denen der beste *Atman* oder Selbst ist, der für jeden leicht zu verstehen ist, da er durch die eigene Existenz oder das Sein, das jeder liebt und dessen sich jeder bewusst ist, repräsentiert wird. Daher ist das Selbst die Quelle aller Kräfte, aller Formen, aller Farben, aller Gedanken, aller Empfindungen – kurz gesagt des ganzen Universums, physisch, emotional und mental. Das Wissen um das Selbst ist folglich allein wahres Wissen, wahre Erleuchtung, weil es immerwährend und allumfassend ist. Seine Manifestationen oder Emanationen sind unbeständig, und daher führt das Verlangen nach ihnen zu Unwissenheit und Elend. Diejenigen, die sich mit *Siddhis, Chakras, Shakti*, psychischen Phänomenen und dergleichen beschäftigen, sagt Bhagavan, haben bewiesen, dass sie das Licht der Wahrheit nicht gesehen haben, und sollten daher gemieden werden. Beachten wir dies sehr sorgfältig.

8. „Eine Schweizerin, die mit weit geöffneten Augen vor Bhagavan saß, sah, wie das Gesicht des Meisters engelsgleich und von prächtigen Blumen eingehüllt wurde. Sie wurde in Liebe von diesem kindlichen Gesicht angezogen. Sie beschrieb Bhagavan diese Vision. Er bemerkte: ‚Die Vision ist in deinem eigenen Geist. P. B. [Paul Brunton] sah mich als einen Riesen, du sahst mich als Kind. Beides sind Visionen. Lass dich nicht von ihnen täuschen. P. B. hatte seine Augen geschlossen, während du deine Augen offen hattest. Wahrscheinlich hast du an ein Kind gedacht, und so kam es in deiner Vision vor.' Die Dame gestand, dass sie an das kindliche Gesicht von *Shiva* gedacht hatte." 304

Anmerkung: „Lass dich nicht von Visionen täuschen" ist eine Aufforderung der heiligen Schriften. Das Ausmaß der Unzuverlässigkeit von Visionen lässt sich an der Diskrepanz zwischen der Vision von P. B., der eine riesige Gestalt sah, und der Vision der Dame, die dieselbe Person als ein einfaches

Kind sah, ablesen. Alle Visionen sind psychosomatisch, meist aus dem Unterbewusstsein kommend, wie diese Dame mit ihrem früheren Gedanken an den kindlichen *Shiva* eingestanden hat. Sie müssen dem Subjekt nicht so offensichtlich bekannt sein wie der betreffenden Dame. Manche Menschen erwarten und freuen sich auf Visionen, und so haben sie sie auch. Sie erfinden ihre Visionen in sich selbst und sehen sie dann mit geschlossenen oder offenen Augen außerhalb von sich.

Gott ist das größte Opfer solcher Halluzinationen. Er, der unveränderlich, gestaltlos und für alle Völker derselbe ist, wurde dazu gebracht, den verschiedenen Menschen unterschiedlich zu erscheinen, was viele Millionen unschuldige Leben gekostet und unermessliches Leid für viele weitere Millionen gebracht hat. Die Griechen sahen ihn als Zeus, den Donnergott, Jesus sah in Ihm einen Vater, und seine Anhänger erweiterten Ihn später zu „drei Personen in einem Gott". Moses erschien Er als „Ich bin, der Ich bin", was Bhagavan oft zitiert. Für die Hindus ist Er *Rama*, *Krishna* und viele andere. Und doch ist Er das eine und einzige Wesen, das in allen Herzen wohnt. *Ajnana* kann nicht besser demonstriert werden als in der Intoleranz und Bigotterie, die die konventionellen Religionen in der aufgezeichneten Geschichte der Menschheit an den Tag gelegt haben. Dies zeigt die Gefahr, Visionen und Symbole für Wahrheiten zu halten und nach ihnen zu handeln.

Bhagavan fährt fort:

> 9. „Visionen sind nicht äußerlich. Sie erscheinen nur innerlich. Wenn sie äußerlich wären, würden sie sich auch Geltung verschaffen, ohne dass es einen Seher gibt. Was ist in diesem Fall die Rechtfertigung für ihre Existenz? Nur der Seher." 305

Anmerkung: Ist die Vision unabhängig vom Seher? Wir wissen, dass sie es nicht ist. Wie kann sie dann real sein? Die Wirklichkeit muss sich selbst genug, substantiell, völlig von sich selbst abhängig und zu jeder Zeit präsent sein. Aber Visionen sind nicht nur vorübergehend, sondern hängen auch von den Eigenschaften und Fähigkeiten des Geistes des Sehers ab. Deshalb sind alle Visionen falsch.

> 10. „Viele Besucher hier erzählen mir, dass sie Visionen oder Gedankenströme von dir bekommen. Ich bin seit eineinhalb Monaten hier, und noch immer habe ich nicht die geringste Erfahrung irgendeiner Art

gemacht. Liegt es daran, dass ich deiner Gnade nicht würdig bin? Wenn ja, dann empfinde ich es als schändlich, dass ich, der ich aus dem Geschlecht von *Vasishta* stamme, nicht deine Gnade genieße, während Fremde von weit her es tun. Würdest du freundlicherweise vorschlagen, welche Sühne ich leisten soll, um diese Schande zu beseitigen?"

Bhagavan: „Visionen und Gedankenströme werden je nach dem Zustand des Geistes erhalten, der vom Individuum abhängt, und nicht von der universellen Gegenwart. Außerdem sind sie bedeutungslos. Was zählt, ist der Frieden des Geistes." 317

Anmerkung: Ich habe diesen Punkt hier nicht so sehr wegen der Antwort des Meisters aufgezeichnet, die im Wesentlichen schon früher gegeben wurde, sondern wegen der Qualität der Frage. Dies veranschaulicht meine vorherige Aussage, dass Visionen oft zu denen kommen, die sie erwarten. Dieser Fragesteller hat seit sechs oder sieben Wochen eine Vision erwartet, und ihr Ausbleiben hat ihn unglücklich gemacht, weil er an seinem eigenen geistigen Wert zweifelt – er, ein direkter Nachkomme des großen *Vasishta Muni*. Zuungunsten von „Fremden", die keine nennenswerte Abstammung haben, ignoriert zu werden, ist eine Schande für ihn, ein äußerst rätselhaftes Unglück.

Man kann den Kummer des armen Mannes nachfühlen. Aber ist das ein echter Kummer? Er scheint die beharrliche Lehre des Meisters nicht zu beachten, die er in seiner Gegenwart gegeben hat, dass Visionen Unsinn sind und dass nicht die Abstammung, sondern *Adhikara* (Reife) allein auf diesem Pfad zählt. Ich habe dies als ein Beispiel für die Ansichten der Verehrer von *Siddhis* dargelegt und den Schaden, den diese mit der Irreführung des Geistes anrichten. Hätte dieser Herr seine Erfahrung im Ashram noch ein wenig verlängert, hätte er Männer gefunden, die nicht sechs Wochen, sondern sechs, zehn und fünfzehn Jahre dort lebten und dennoch keine Visionen jeglicher Art hatten und sich dadurch nicht in ihrer Abstammung, ihrer persönlichen Würde oder ihrem spirituellen Fortschritt zurückgesetzt fühlten, sondern die im Gegenteil ihre Abwesenheit als vollkommene Gnade des Meisters ansahen, die sich ihnen auf andere Weise bewies.

Der Friede des Geistes, von dem Bhagavan spricht, hängt natürlich von der direkten Erkenntnis der Wirklichkeit ab. Dieser Friede, und nicht Visionen, muss unser Ziel sein.

11. „Von einigen Heiligen wird gesagt, dass sie die Toten wiederbelebt haben. Doch auch sie haben nicht alle Toten wiederbelebt. Wenn das möglich wäre, gäbe es keinen Tod, keine Friedhöfe, keine Welt usw." 342

Anmerkung: Der Kontext ist wie folgt. Eine Mutter hatte den Leichnam ihres toten Kindes etwa dreihundert Meilen mit dem Zug nach Tiruvannamalai gebracht, wofür sie ein sehr hohes Fahrgeld bezahlt hatte. Sie stützte sich auf einen Traum, in dem ihr gesagt worden war, dass Bhagavans Berührung das Kind wiederbeleben würde. Der Leichnam durfte nicht in den Ashram gebracht werden, sodass die Berührung nicht gewährt wurde. Aber um die untröstliche Mutter zu beruhigen, ersetzte Bhagavan die Berührung durch eine mündliche Erklärung, dass ihr Sohn am nächsten Tag wieder auferstehen würde, wenn der Traum wahr sei. Daraufhin wurde der Leichnam über Nacht aufbewahrt und am nächsten Tag eingeäschert.

War das nicht ein grausamer Traum? Aber das ist das Schicksal derer, die ihr Leben nach Träumen, Visionen, Prophezeiungen, ätherischen Klängen usw. ausrichten. Höchstwahrscheinlich war dieser Traum dem Wunschdenken der Mutter entsprungen.

Bhagavan bemerkt zu Recht, dass sogar diejenigen, von denen gesagt wurde, dass sie Tote wieder zum Leben erwecken würden, nur begrenzte Kräfte besaßen und ihr Handeln gegen den Lauf der Natur verstieß. Sonst hätte die Menschheit die Unsterblichkeit erlangt, hätte aber dadurch solch große wirtschaftliche, politische, familiäre und soziale Komplikationen geschaffen, dass die Wiederbelebung der Toten verringert und vielleicht sogar durch das Gesetz eingeschränkt werden müsste.

Wiederbelebungen durch die Berührung oder die Gnade von Heiligen müssen vom *Prarabdha* der wiedererweckten Person abhängig gesehen werden, wie Gott *Shiva* in Text 6 oben beweist.

Kapitel 5: Brahmacharya, Einsamkeit und soziales Leben

1. „*Brahmacharya* bedeutet Sein in *Brahman* (oder Leben in *Brahman*). Es hat keine Verbindung mit dem Zölibat, wie es gemeinhin verstanden wird. Ein echter *Brahmachari*, das heißt einer, der in *Brahman* lebt, findet Glückseligkeit in *Brahman*, das das Selbst ist. Warum sollte er dann nach anderen Quellen des Glücks suchen? In der Tat ist das Abweichen vom Selbst die Ursache von allem Elend." 17

Anmerkung: Man selbst zu sein, ist der glücklichste Zustand. Das ist *Brahmacharya* oder Leben in *Brahman*. Wie kann dann derjenige, der das Glück hat, diese Glückseligkeit zu genießen, nach den viel geringeren Freuden der Welt suchen, abgesehen davon, dass sie von anderen abhängig sind, die sie gewähren oder vorenthalten? Die Folgerung wäre, dass das Zölibat einem *Jnani* gewährt wird, der immer in der vollen Glückseligkeit des Selbst ist. Doch diese Schlussfolgerung ist falsch, wenn man sie als allgemeine Regel annimmt, dass *Jnanis* immer zölibatär sind, denn einige der berühmtesten *Jnanis* sind dafür bekannt, dass sie eine oder mehrere Frauen geheiratet und Kinder bekommen haben. Manche hatten Besitz, manche keinen. Ein *Jnani* ist eine befreite Person, befreit auch von allen Regeln und Vorschriften, von allen ethischen, religiösen und sozialen Verhaltensregeln. Er ist ein Gesetz für sich selbst, und es gibt keine Erkenntnis, was er tun und was er nicht tun soll. Dennoch ist er dafür bekannt, dass er ein *sattvisches* Leben führt, da er sich, noch bevor er *Jnana* erlangt hat, von allen *rajasischen* und *tamasischen* Tendenzen befreit hat.

Das Zölibat als Hilfe zum *Sadhana* ist in dieser *advaitischen* Linie zweifelhaft. Ein verheiratetes Leben ist allein unter diesem Gesichtspunkt gewiss kein Hindernis für das Höchste. Es kann in bestimmten Fällen beim *Vira* oder heroischen *Sadhaka* sogar von größerer Hilfe sein. In Fällen, in denen das Zölibat keine eindeutigen mentalen und emotionalen Störungen verursacht, die das friedliche *Sadhana* stören, ist es sicherlich eine große Hilfe, denn es befreit von den Sorgen, Pflichten und Ängsten, die ein Familienleben mit sich bringt. Um diesen Punkt zu verdeutlichen, fährt Bhagavan mit der Erklärung fort:

2. „Das Zölibat ist sicherlich eine Hilfe zur Verwirklichung unter so vielen anderen Hilfsmitteln." 17

Anmerkung: „Unter so vielen anderen Hilfsmitteln" darf uns nicht entgehen. Es ist der wichtigste Punkt in diesem Text. Er gibt dem Zölibat einen bescheidenen Wert auf einer Stufe mit so vielen anderen hilfreichen Faktoren. Dies wird durch die nächste Antwort bestätigt.

3. „Ist der Zölibat dann nicht unverzichtbar? Kann ein verheirateter Mann das Selbst verwirklichen?"

Bhagavan: „Gewiss, es (die Verwirklichung) ist eine Frage der Eignung des Geistes. Verheiratet oder unverheiratet kann man das Selbst verwirklichen, denn das Selbst ist hier und jetzt." 17

Anmerkung: Das Selbst ist alles für den Verheirateten ebenso wie für den Unverheirateten. Wer kann daran gehindert werden, das eigene Selbst zu sein, es in seiner völligen Reinheit zu erfahren, wenn der Geist darauf vorbereitet ist? Wenn das Zölibat die einzige Ursache für die Eignung wäre, dann müssten alle Zölibatären *Muktas* sein und alle *Grihastas* in abgrundtiefer Knechtschaft, was Erfahrung und Tradition widerlegen.

4. „Wie geht es einem *Grihasta* im Plan von *Moksha*?"

Bhagavan: „Warum denkst du, dass du ein *Grihasta* bist? Wenn du als *Sannyasin* hinausgehst, wird dich der Gedanke verfolgen, dass du ein *Sannyasin* bist. Du wirst nur einen Gedanken durch einen anderen ersetzen. Die geistigen Hindernisse sind immer da. In einer neuen Umgebung nehmen sie sogar noch zu. Die Veränderung der Umgebung hilft nicht. Der Geist ist das Hindernis. Warum also die Umgebung wechseln?" 54

Anmerkung: Der wahre Feind des *Sadhanas* ist also nicht so sehr ein häusliches Leben, sondern die Gewohnheiten, die Unruhe, die Lieblingsideen, die Begierden, die Sturheit, die Trägheit, kurzum die Unreife des Geistes, der uns überallhin begleitet, wohin wir gehen. Warum die Familie dafür verantwortlich machen oder manchmal sogar Gott selbst?"

5. „Die Umwelt verlässt dich nie. Schau mich an. Ich habe mein Zuhause verlassen. Sieh dich selbst an. Du bist hierhergekommen und hast die häusliche Umgebung verlassen. Was findest du hier? Ist es etwas anderes als das, was du verlassen hast?" 54

Anmerkung: „Schau mich an. Ich habe mein Zuhause verlassen", sagt Bhagavan und vergisst einen Moment lang, dass das, was er in der pechschwarzen Düsternis des Pathalalinga (der unterirdischen Höhle) im großen Tempel in Tiruvannamalai, wohin er 1896 von zu Hause geflohen war, gefunden hat, etwas völlig anders war als seine heimische „Umgebung" in Madurai. Um eine persönliche Anmerkung zu machen, möchte ich hinzufügen, dass Bhagavan den ganzen Tag über zu sehen, anstatt einen habgierigen Vermieter anderswo, einen himmelweiten Unterschied macht. Aber wir verstehen, was der Meister meint. Man trägt seine Umgebung mit sich, die nichts anderes ist als der eigene Geist, wie wir in der letzten Anmerkung besprochen haben. Niemand kann seinen Geist zurücklassen und sich auf die Suche nach Gott begeben. Der Geist ist also sowohl das lästigste als auch das hilfreichste Instrument, das uns ständig begleitet, je nachdem, wie man es einsetzt. Er schafft die Umgebung.

Mit „Die Umwelt verlässt dich nie", möchte Bhagavan uns erneut die Unerbittlichkeit der mentalen *Sankalpas* deutlich machen – unsere eigenen Marotten und Launen, die unsere Umstände formen. Wir bereiten also selbst unser Bett vor, in dem wir schlafen.

> 6. „Sogar wenn jemand jahrelang in *Nirvikalpa Samadhi* versunken ist, wird er sich, wenn er daraus auftaucht, in der Umgebung vorfinden, die er zwangsläufig hat. Das ist der Grund, warum *Shankaracharya* in seinem hervorragenden Werk *Vivekachudamani Sahaja Samadhi* gegenüber *Nirvikalpa Samadhi* bevorzugt. Man sollte in spontanem *Samadhi*, das heißt in jeder Umgebung in seinem ursprünglichen Zustand sein." 54

Anmerkung: Bhagavan setzt das Thema fort, bezieht aber die physische Umgebung in den Geist ein, die für den *Jnani* nur auf den physischen Körper Auswirkungen hat. Selbst der *Jnani*, behauptet Bhagavan an anderer Stelle, ist dem *Karma* des Körpers unterworfen. Sein Geist ist jedoch nicht mehr zu beeinträchtigen. Der *Jnani* ist immer in *Samadhi*. Wenn er die Welt ausschaltet, ist er in *Nirvikalpa* (man sollte es besser *Kevala Nirvikalpa* nennen, denn *Sahaja* wird auch *Nirvikalpa* genannt, s. Kapitel über *Samadhi*). Wenn er sie einschaltet, ist er in *Sahaja*, d.h. er nimmt die physische Welt wahr und ist gleichzeitig in der Wahrheit. Die physische Umgebung des *Jnani* wird für seinen Körper durch *Prarabdha* bestimmt, und dieses bleibt an ihm haften, solange er im Körper ist. Aber wie auch immer es beschaffen sein mag, es kann seinen Geist nicht betreffen, der immer im „ursprünglichen Zustand" zentriert ist, unabhängig davon, wie die physische Umgebung aussieht.

7. „Einsamkeit ist im Kopf. Man kann mitten in der Welt sein und dennoch die Gelassenheit des Geistes bewahren. Ein solcher Mensch ist in Einsamkeit. Ein anderer mag im Wald leben, aber dennoch unfähig sein, seinen Geist zu kontrollieren. Von ihm kann man nicht sagen, dass er in Einsamkeit ist. Ein Mensch, der dem Verlangen anhängt, kann keine Einsamkeit finden, wo immer er auch sein mag. Ein losgelöster Mensch ist immer in Einsamkeit." 20

Anmerkung: Wir haben bereits festgestellt, dass der Zustand des Geistes die wahre Umgebung ist. Die Bemerkung des Meisters über die Beziehung zwischen Verlangen und Einsamkeit lässt sich wie folgt zusammenfassen: „Verlangen ist die Menge und Wunschlosigkeit die Einsamkeit." Oder: „Das Verlangen schafft die Stadt und die Wunschlosigkeit den Wald." Bhagavan entwickelt diesen Punkt weiter:

8. „Arbeit, die mit Bindung ausgeführt wird, ist eine Fessel, während Arbeit, die mit Losgelöstheit ausgeführt wird, den Ausführenden nicht beeinträchtigt. Letzterer befindet sich sogar während der Arbeit in Einsamkeit. Was den Dienst betrifft, ist die Verwirklichung des Selbst der größte Dienst, den man der Menschheit erweisen kann. Deshalb sind die Heiligen hilfreich, obwohl sie in Wäldern leben. Aber es sollte nicht vergessen werden, dass man Einsamkeit nicht nur in Wäldern findet, sondern auch in den Städten, mitten in den weltlichen Beschäftigungen. Die Hilfe ist nicht wahrnehmbar, aber sie ist dennoch da. Ein Heiliger hilft der ganzen ihm unbekannten Menschheit." 20

Anmerkung: Dies sollte die Kritik entkräften, dass Yogis oder Sucher des Pfades der Befreiung selbstsüchtig seien. Die Kritiker erkennen nun ihre Kurzsichtigkeit, wenn sie dem körperlichen Dienst Bedeutung beimessen, der auf keinen Fall dauerhafte und umfassende Befriedigung geben kann. Die Gesetze der Wirtschaft und Sozialreform können auf der physischen Ebene gut funktionieren, können die Verdienstmöglichkeiten des Arbeiters erhöhen, ihm ein besseres Obdach geben, seine Kinder ausbilden und ihn in einen höheren sozialen Status erheben. Aber sie können ihm niemals Glück bringen. Wir sehen es vor Augen, dass der Kampf des Arbeiters um mehr Geld desto größer wird, je mehr man die Löhne erhöht – er weiß nie, wo er mit seinen Forderungen aufhören soll. Aber sogar wenn man ihn zum Millionär macht, bleibt sein Geist ein mittelloser Prolet wie die benebelten und stets aufgewühlten Köpfe aller Millionäre unter der Sonne. Deshalb beruht dieses ganze Gerede, für die Armen zu arbeiten und sie aufzurichten, auf falschen Werten. Arm ist derjenige, der unglücklich ist, selbst wenn er so reich wäre wie Krösus. Der größte Reichtum ist der Frieden, der aus wahrem Wissen kommt, das nur von diesen „selbstsüchtigen" Yogis und *Rishis* gewährt werden kann. Dies bedeutet nicht, dass Philanthropen und Sozialarbeiter ihr Geschäft aufgeben und aufhören sollten, zu helfen. Es ist ihr *Dharma*, zu helfen, dem sie nicht ausweichen können, denn in der Erfüllung dieses *Dharmas* liegt ihre eigene Erlösung. Aber sie müssen aufhören, denjenigen zu verhöhnen, der allein die wertvollste Hilfe von allen geben kann, nämlich die Erlösung von Unwissenheit und Elend – und zwar für immer.

Der Fragesteller bemerkte: „In Europa wird es nicht verstanden, dass man in der Einsamkeit hilfreich sein kann. Die Leute stellen sich vor, dass allein die Arbeit in der Welt nützlich ist."

Bhagavan: „Kümmere dich nicht um Europa und Amerika. Wo sind sie, wenn nicht in deinem Geist? Verwirkliche dich selbst, und alles wird verwirklicht werden. Wenn du träumst und aufwachst und dich an die Männer in deinem Traum erinnerst, wirst du dann versuchen, herauszufinden, ob diese Männer auch wach sind?"

Kapitel 6: Die Welt

1. „Wenn du deine Sichtweise zur Sichtweise der Weisheit machst, wirst du feststellen, dass die Welt Gott ist. Wie willst du, ohne *Brahman* zu erkennen, Seine Alldurchdringung entdecken?" 1

Anmerkung: Diese „Sichtweise der Weisheit" ist die des *Jnani*, der *Brahman* erkannt hat, das die Quelle aller Wahrnehmung, d.h. der Welt, ist. *Brahman* ist nicht nur die Quelle der Welt, sondern durchdringt sie auch, ja, Er ist ihr eigenes Selbst – das A und O, ihr Stoff und ihre Beschaffenheit. Aber diese Alldurchdringung Gottes kann nicht wahrgenommen werden, bis die Verwirklichung des Selbst in *Sahaja Samadhi* vollständig erreicht wird.

Dem unverwirklichten Menschen zu sagen, dass die Welt Gott ist, ist so sinnlos wie auf Wasser zu schreiben. Bitte ihn zuerst, Gott oder *Brahman* zu erkennen, und er wird aufhören zu rätseln und versuchen zu verstehen.

2. „Die Welt ist nicht äußerlich. Die Eindrücke können keinen äußeren Ursprung haben, denn die Welt kann nur durch das Bewusstsein erkannt werden." 53

Anmerkung: Was ist die Welt? Bhagavan antwortet: „Eindrücke im Geist." Haben Eindrücke eine Quelle? Die moderne Psychologie antwortet: „Ja, die äußeren Reize", was Bhagavan zurückweist. Die Psychologen haben überhaupt keine Beweise für einen nicht-psychischen Stimulus, der sich im äußeren Raum befindet. Die yogische Erfahrung hat gezeigt, dass es so etwas wie ein äußeres Objekt oder einen äußeren Raum nicht gibt, denn wenn es so wäre, würde man es überhaupt nicht erkennen. Was nicht mental ist, kann den Geist nicht beeindrucken. Deshalb entstehen Eindrücke aus dem Bewusstsein selbst, wie die Traum-Eindrücke, die aus dem Geist des Träumers aufsteigen und von ihm wahrgenommen werden. Die Welt kann nicht für sich selbst stehen, sondern muss vom Bewusstsein abhängen, um erkannt zu werden, denn wie könnten wir sonst sicher sein, dass sie überhaupt existiert (s. Kapitel 10, 10)? Wenn wir zum Beispiel im Traum herausgefordert werden zu beweisen, dass die Welt, die wir dann wahrnehmen, und das Essen, das wir dann essen, unsere Fantasie sind, wären wir ebenso in einem Dilemma, dies zu beweisen, wie wenn uns eine solche Herausforderung im Wachzustand über die *Jagrat*-Welt und die *Jagra*-Nahrung gestellt würde.

Denn während wir im Traum den Traum für real halten, halten wir genauso den Wachzustand für real, während wir uns in ihm befinden.

3. „Kann die Welt ohne den Wahrnehmenden existieren? Was ist zuerst, das Seins-Bewusstsein oder das aufsteigende Bewusstsein? Das Seins-Bewusstsein ist immer da, ewig und rein. Das aufsteigende Bewusstsein steigt auf und verschwindet. Es ist vergänglich." 53

Anmerkung: Bhagavan folgt der Argumentationslinie des vorherigen Textes, dass der Denker, den er das Seins-Bewusstsein nennt, seinen Gedanken – der Welt – vorausgehen muss, die er das aufsteigende Bewusstsein nennt. Der Denker muss existieren, bevor er zu denken beginnt. Der Denker ist eins und unveränderbar, während seine Gedanken zahllos sind und sich unaufhörlich verändern. Somit ist das Seins-Bewusstsein die „ewige und reine" Realität und die Quelle des aufsteigenden Bewusstseins, das vergänglich ist.

4. „Die Welt ist das Ergebnis deines Geistes. Erkenne deinen Geist, dann sieh die Welt. Du wirst erkennen, dass sie sich nicht vom Selbst unterscheidet." 53

Anmerkung: Dies fasst die vorherigen Texte zusammen. Der Geist projiziert die Welt. Um also zu wissen, was die Welt ihrem Wesen nach ist, muss der Geist erforscht werden. Diese Untersuchung führt schließlich zur Entdeckung der Identität des Geistes mit dem Selbst. So ist „den Seher sehen" oder „den Wissenden kennen" der Hauptschlüssel, der das große Geheimnis des Selbst lüftet und die Quelle der Welt offenlegt.

5. „Wird die Welt nach der Selbstverwirklichung wahrgenommen?"

Bhagavan: „Was spielt es für eine Rolle, ob die Welt wahrgenommen wird oder nicht? Der *Ajnani* sieht den *Jnani* aktiv und ist verwirrt. Die Welt wird von beiden wahrgenommen, aber ihre Sichtweisen sind unterschiedlich. Nehmen wir zum Beispiel das Kino. Bilder bewegen sich auf der Leinwand. Lass die Bilder verschwinden. Was bleibt? Allein die Leinwand. So auch hier. Selbst wenn die Welt erscheint, finde heraus, wem sie erscheint. Halte das Substrat des ‚Ichs' fest. Wenn das Substrat festgehalten wird, was macht es dann aus, ob die Welt erscheint oder verschwindet?" 65

Anmerkung: Man hat Verständnis für den Fragesteller. Seine Neugierde ist eine allgemeine Schwäche. Am Anfang dieser Antwort möchte der Meister die Aufmerksamkeit auf die Tatsache lenken, dass es für den *Jnani* weder ein Gewinn ist, wenn er die Welt sieht, noch ein Verlust, wenn er sie nicht sieht. Was am meisten zählt, ist das Wesen, das der Mensch selbst ist – wie er in sich selbst ist – sich selbst genug und vollkommen, und in diesem Sein ist der *Jnani* fest verankert. Es macht daher sehr wenig aus, ob er die äußere Welt wahrnimmt oder nicht.

Über den Geisteszustand des *Jnani* zu spekulieren, ist eine ebenso müßige Arbeit wie über den Zustand des höchsten *Brahman*, denn es ist nur eine beliebige Vermutung. Beide sind ein und dasselbe, trotz des Anscheins von Aktivität seitens des *Jnani*. Diese Aktivität ist in Wahrheit Untätigkeit, wie die Bewegungen der Bilder auf der Leinwand, die in Wirklichkeit nicht existieren. Es gibt keinerlei Aktivität auf der Leinwand, sondern nur eine Erscheinung auf ihr. So wie die Leinwand allein real ist und die Bilder unwirklich sind, so ist auch das Selbst allein wirklich und nicht die Handlung. Die Aktivität und die Welt, in der sie sich abspielt, sind also beide unwirklich. Das ‚Ich‘ ist die Leinwand, der fühlende Seher, und alle Bilder und Welten sind die unbewussten Darstellungen, die in oder auf ihr spielen.

Bhagavan behauptet, dass du, wenn du durch die Anblicke verwirrt bist, deine Aufmerksamkeit auf dich selbst, den Seher, richten sollst. Fahre fort, das immer wieder zu tun, und du kannst auf deinen sicheren Erfolg wetten.

6. „Wie wendet man den Geist von der Welt ab, fragst du. Gibt es eine Welt außerhalb des Selbst? Sagt die Welt, dass sie existiert. Du bist es, der sagt, dass es eine Welt gibt. Finde das Selbst, welches das sagt." 81

Anmerkung: Der Inhalt dieser Antwort ist dieselbe wie in den vorangegangenen Antworten, aber sie unterscheidet sich von ihnen in der Form. Unter allen grundlegenden Prinzipien entdecken wir Einheit in der Substanz, aber Verschiedenheit in der Darstellung, d.h. in der oberflächlichen Form. Unterschiede in den Fragen erzwingen Unterschiede in den Antworten, und die Unterschiede in der spirituellen Suche sind für die vielen Schriften der Welt verantwortlich. Ansonsten könnten selbst die voluminösen *Veden* in einer Silbe – OM – zusammengefasst werden.

Das Denken ist die Welt. Es erschafft die Welt. Wir denken, und unsere Gedanken erscheinen als die äußeren Objekte. Dass die Welt war, bevor wir geboren wurden, dass sie auch nach unserem Tod existiert und dass Wissenschaft und Geschichte dies belegen, ändert nichts an der Wahrheit, dass auch diese wissenschaftlichen und historischen Tatsachen unsere gegenwärtigen Gedanken oder Vorstellungen sind – Vorstellungen, die uns heimsuchen, solange wir im *Jagrat* sind. Alle Welten und die Milliarden von Zeitaltern, die sie überdauert haben, fallen in dem Moment wie ein Kartenhaus zusammen, in dem wir unseren Kopf auf das Kissen legen und von *Jagrat* wegsegeln. Mit ihnen geht die Geschichte der Menschen, die uns vorausgingen, die Welt, die den Menschen vorausging, usw. Doch trotz des totalen *Pralaya* unserer *Jagrat*-Gedanken, der vollständigen Auslöschung des Universums in unseren Betten, fahren wir fort zu SEIN, in neue Länder zu reisen und neue Meere zu überqueren, obwohl Länder und Meere, wie *Jagrat*, unsere eigene Schöpfung sind. Der Träumer von *Jagrat* ist also allein real – der *Jagrat*-Traum eine totale Fälschung.

7. „Du sagst, dass die Welt materiell ist. Ob sie materiell oder spirituell ist, hängt von deiner Sichtweise ab. Habe die richtige Sichtweise. Der Schöpfer weiß, wie er sich um seine Schöpfung zu kümmern hat." 240

Anmerkung: Der letzte Satz lässt uns an die Politiker, Sozialarbeiter, Philanthropen, Wirtschaftsphilosophen und sogar an die Geistlichen denken, die stets bestrebt sind, der Nation und der Welt zu helfen, die ständig darüber nachdenken, wie sie die Menschheit vor Elend und Katastrophen retten können. Bhagavan sagt ihnen sozusagen, dass es eine Macht gibt, die alle Dinge schafft und bewegt. Wer seid ihr, dass ihr euch einbildet, die Ereignisse nach eurem Belieben hervorzubringen und aufzuheben? Solche Sorgen zeugen von Unkenntnis der Vorsehung oder der Anmaßung, die Aufgaben der Vorsehung selbst zu übernehmen. Dies sollte von den Suchern aufgegeben werden, die mit einem starken Glauben an die Allwissenheit und Allmacht des höchsten Wesens, das sie suchen, beginnen sollten. Der Dienst für andere ist nur erlaubt, wenn er als *Sadhana* mit *Jnana* als letztem Ziel, als Mittel zur Selbstreinigung getan wird. Finde die Wahrheit, und die Welt wird in Ordnung sein. „Nimm die richtige Sichtweise ein, denn die Welt entspricht deiner Sichtweise."

8. „Glaubt Bhagavan an die Evolution?"

Bhagavan: „Die Evolution muss von einem Zustand zum anderen führen. Wenn Unterschiede nicht zugelassen werden, wie kann dann Evolution entstehen? Du behauptest, dass damit die Evolution gemeint sei, wenn Sri *Krishna* zu *Arjuna* sagt, dass der Suchende nach mehreren Geburten Wissen erlangt und somit ‚Mich‘ [i.e. *Krishna*] erkennt. Aber du darfst nicht vergessen, dass die *Gita* mit den Worten beginnt: ‚Weder ich war, noch du, noch diese Häuptlinge usw.‘; ‚weder wird Es geboren, noch stirbt Es usw.‘ Es gibt also keine Geburt, keinen Tod, keine Gegenwart, wenn man Es betrachtet. Die Wirklichkeit war, ist und wird immer sein. Sie ist unveränderlich.“ 264

Anmerkung: Der Fragesteller ist Theosoph. Er sieht, wie *Arjuna* und Darwin, die Evolution der Formen und verwechselt sie mit der Evolution des Lebens, das unveränderlich ist. Als Sri *Krishna* bemerkte, dass *Arjuna* nicht in der Lage war, zu erkennen, was er über die Absolutheit des Subjekts, das weder geboren wird noch stirbt, sagte, sprach er eine Sprache, die *Arjuna* verstand. Was sich bewegt, verändert und fortschreitet, ist die Form, die das Leben bewohnt, oder seine Ideen, Konzepte, Anschauungen, die seine Funktionen sind, und nicht er selbst als der Denker oder Wahrnehmende. Wir haben alle beobachtet, wie der Mensch täglich seine Ansichten über Dinge und die Welt ändert, vom Säugling bis zum Alter, obwohl er derselbe *Jiva* bleibt. Das Leben ist unveränderlich und immer vollkommen, sodass es keine Notwendigkeit hat, sich fortzubewegen, sich zu „entwickeln“. Das Leben ist reine Empfindung, d.h. ewige Existenz, die durch keine Grenzen gebunden ist, das es nicht nötig hat, seine Ketten durch „Evolution“ zu sprengen. Es ist die übliche verzerrte Sichtweise des Menschen, ein Versagen in der Präzision der Sprache, das dem Leben Fortschritt zuschreibt und Evolution und Reinkarnation ins Spiel bringt. Die *Srutis* sprechen auch von Wiedergeburten, aber sie wissen, wovon sie sprechen, ebenso wie Sri *Krishna* in der *Gita*. Sie sagen dies den Millionen von *Arjunas* aller Zeitalter, aber sie sprechen mit dem hingebungsvollen *Sadhaka*, der sich darauf vorbereitet hat, die absolute Wahrheit zu empfangen, eine andere Sprache.

9. „Was sollten wir tun, um den Zustand der Welt zu verbessern?“

Bhagavan: „Wenn du frei von Leid bist, wird es nirgendwo Leid geben. Das Problem liegt darin, dass du die Welt von außen siehst und denkst, dass sie Leid erfährt. Aber sowohl das Leid als auch die Welt sind in dir. Wenn du nach innen schaust, wird es kein Leid geben." 272

Anmerkung: Auch hier sitzt die Welt auf unseren Schultern. Ihr Elend lastet schwer auf uns. „Was sollen wir tun, um es zu lindern?" Ist das wahrer Altruismus? Ist das Leben des Menschen, der sich Sorgen macht, frei von den Makeln der Selbstsucht? Wenn nicht, kennen wir den genauen Wert eines solchen Altruismus. Aber das ist nicht wirklich das Anliegen von Bhagavan, der die Frage von der absoluten Ebene her angeht. Du schaust nach draußen, sagt er, und siehst eine Welt, und dann fängst du an, dich über ihr Leid zu sorgen. Aber ist die Welt wirklich da, dass man ihr Leid so ernst nehmen sollte? Das ganze Drama spielt sich vor und in deinem Geist ab. Du bist wie der Dieb, der sich als Polizist verkleidet, um nach dem Dieb zu suchen. Die ganze Show des Mitgefühls und der Sorge für die Welt ist eine Show des Kriminellen, der für die Welt und ihr Leid verantwortlich ist. Der Verstand erschafft die Welt und ihr Leid, und der Verstand stellt sich nun als Retter der Welt dar. Bhagavan bittet ihn praktisch darum, kein Heuchler zu sein. Beseitige deine eigenen Sünden, und du wirst nirgendwo Sünden sehen.

10. „Gibt es eine spirituelle Hierarchie aller ursprünglichen Begründer der Religionen, die auf das spirituelle Wohlergehen der Menschheit achten?"

Bhagavan: „Es mag sie geben oder auch nicht. *Es ist bestenfalls eine Vermutung.* *Atman* ist *pratyaksha* (selbstevident). Wisse es, und beende die Spekulationen. Der eine mag eine solche Hierarchie akzeptieren, ein anderer vielleicht nicht. Aber niemand kann das Selbst widerlegen." 274

Anmerkung: Ich habe „*Es ist bestenfalls eine Vermutung*" kursiv geschrieben, was als eine verbindliche Aussage des Meisters verstanden werden sollte, dass niemand die Mittel haben kann, um definitiv zu wissen, ob eine solche Hierarchie existiert oder nicht. Dies darf nicht vergessen werden, damit solche Behauptungen nicht für bare Münze genommen werden.

Aber auch wenn eine solche Hierarchie existiert, kann sie uns helfen, die Wirklichkeit zu erlangen? „Auf das spirituelle Wohlergehen der Menschheit zu achten" klingt sehr verlockend. Aber die Frage ist, angenommen, es gibt sie, wie kann jemand in einer fernen, unbekannten Welt auf mein spirituelles Wohlergehen achten, mir helfen, die Wirklichkeit zu erlangen – ein Prozess, der allein von mir selbst in meinem eigenen Bewusstsein durchlaufen werden muss, durch die unmittelbare Führung und Gegenwart eines Meisters, der sie selbst erlangt hat und die personifizierte Wirklichkeit geworden ist und der für diese Aufgabe weitaus kompetenter ist als jeder unsichtbare, entfernte „Wächter"? Das alles erscheint dem Suchenden, der zu praktisch und rational ist, um Schatten und „spekulative" Hypothesen zu umarmen, als sehr nebulös. Der Weg ist zu einfach, um zweifelhafte Komplikationen zuzulassen. Die Wahrheit ist selbstevident (*pratyaksha*), sagt der Meister. Sie besteht nicht in der Entdeckung von Hierarchien, sondern in der Entdeckung des Geistes oder Wesens, das Hierarchien und alles, was bekannt ist, entdeckt. Und da jeder Mensch ein Lebewesen ist, folgt daraus, dass jeder Mensch selbst die Wahrheit und das Gefäß aller Dinge ist, eine Tatsache, die nicht „widerlegt" werden kann. „Erkenne dich selbst" bleibt der weiseste und praktischste Ratschlag.

Bhagavan fährt fort:

11. „Jedenfalls gibt es nichts außer dem Selbst. Sogar die „spirituelle Hierarchie" kann nicht ohne das Selbst existieren. Sie ist nur im Selbst und bleibt das Selbst. Die Verwirklichung des Selbst ist das einzige Ziel von allem." 274

Anmerkung: Das bringt die Sache auf den Punkt. Sogar diese Hierarchie ist, wenn sie überhaupt existiert, in diesem einen, absoluten Selbst enthalten. Warum also nicht gleich das Selbst allein suchen? Warum verschwendest du deine Zeit mit nebensächlichen, irrelevanten Angelegenheiten, die zu nichts führen?

12. „Ein Phänomen kann nicht einfach deshalb eine Realität sein, weil es einem Zweck dient. Auch Träume dienen Traumzwecken. Zum Beispiel löscht das Traumwasser den Traumdurst. Der Traumschöpfung wird jedoch im Wachzustand widersprochen. Was nicht kontinuierlich ist, kann nicht real sein. Das Wirkliche ist immer real und nicht einmal real und ein anderes Mal unreal. Das Gleiche gilt für die Magie, die zwar real erscheint, aber illusorisch ist. In ähnlicher Weise ist die Welt nicht wirklich, abgesehen von der Wirklichkeit, die ihr zugrunde liegt." 315

Anmerkung: Dies ist eine Antwort für einige Tantriker, die behaupten, dass die Welt keine Illusion wie eine Fata Morgana ist, weil sie einem Zweck dient, den die Fata Morgana nicht hat. Bhagavan widerlegt das Argument der Nützlichkeit als Kriterium der Realität in Analogie zu den Traumobjekten, die ihren Nutzen in der Traumwelt haben. Zum Beispiel kocht das Traumfeuer Traumspeisen, und Traumspeisen stillen den Traumhunger und so weiter, und doch existieren sie nicht. Der Test der Realität ist nicht die Nützlichkeit, sondern die immerwährende Kontinuität, die die Phänomene dieser Welt – von *Jagrat* – mit denen der Träume auf eine Stufe stellt, da sie ebenso flüchtig und daher ebenso illusorisch wie diese sind, während die Wirklichkeit das feste Substrat ist, auf dem die Phänomene erscheinen. Das Substrat des Traums ist der Träumer selbst. Der *Jagrat*-Träumer ist das Substrat der *Jagrat*-Phänomene. Er ist real, aber nicht die Phänomene. Und da der Träumer der Träume und des *Jagrat* ein und derselbe *Jiva* ist, ist der *Jiva* das absolute *Brahman*, was wiederum die Identifikation des *Jiva* mit *Brahman* durch die *Srutis* bestätigt: „*Jive Brahmaiva na parah.*" (Es gibt keinen Unterschied zwischen dem *Jiva* und *Brahman*.)

Der nächste Text veranschaulicht diesen Punkt grafisch.

13. „In einer Kinovorstellung ist Feuer auf der Leinwand zu sehen. Verbrennt es die Leinwand? Es gibt einen Wasserfall. Wird die Leinwand davon nass? Es gibt Werkzeuge. Beschädigen sie die Leinwand? Feuer und Wasser sind nur Phänomene auf der Leinwand von *Brahman* und beeinträchtigen sie nicht." 316

Anmerkung: Dies ist eine praktische und perfekte Veranschaulichung von Sri *Krishnas* Worten in der *Bhagavad Gita*, dass Feuer es (das Selbst) nicht verbrennen, noch Wasser es nass machen kann, noch Schwerter es durchschneiden können. Niemand kann sich auf Unwissenheit berufen, denn es gibt kaum einen intelligenten Menschen, der dies nicht in einem Kino gesehen hat und nicht gewusst hat, dass das Stück Stoff – die Leinwand –, auf der die Wut von Feuer, Wasser und Schwertern tobt, völlig unberührt von der Zelluloid-Feuersbrunst bleibt. Die Leinwand ist der sehende Geist, das Subjekt, von dem in der letzten Anmerkung die Rede war, und der Zelluloid-Brand ist die Welt.

14. „Warum sollten die Individuen in den Angelegenheiten dieser Welt gefangen bleiben und im Ergebnis Probleme ernten? Sollten sie nicht frei

sein? Wenn sie in der geistigen (spiritual) Welt sind, werden sie größere Freiheit haben."

Der Meister antwortet: „Die Welt ist nur geistig (spiritual). Weil du dich mit dem physischen Körper identifizierst, sprichst du von dieser Welt als physisch und von der anderen Welt als geistig. Das, was ist, ist aber nur geistig. Wenn du dich selbst als den Geist erkennst, wirst du sehen, dass diese Welt nur geistig ist." 328

Anmerkung: Wenn reines Bewusstsein allein existiert, sind die Phänomene, die von ihm gesehen und ertragen werden, völlig überflüssig. Aber weil wir sie ernst nehmen, sagen wir, dass die Angelegenheiten der Welt lästig sind. Noch schlimmer ist, dass wir den Körper für noch realer halten als die Phänomene, denn der Körper haftet uns das ganze Leben lang als untrennbarer Begleiter an, von dem wir keine Befreiung haben. Wir haben im Wachzustand nie die Chance, uns selbst ohne den Körper zu sehen, um zwischen unserem wahren Ich und dem unwirklichen Körper zu unterscheiden. Diese unaufhörliche Begleitung, durch die wir die Objekte unserer Begierde wahrnehmen, erhalten und genießen, hat die Illusion geschaffen, dass der Körper unser eigenes Selbst ist. Und in dieser Illusion liegen all unsere Schwierigkeiten. Weil der Körper physisch ist, denken wir, dass wir physisch sind, weil der Körper krank und müde ist, denken wir, dass wir krank und müde sind und so weiter. Aber wenn der Meister uns auf unseren Irrtum aufmerksam macht, ergreifen wir Maßnahmen, um ihn zu korrigieren. Wir sehen nicht mehr die äußere Welt, einschließlich des Körpers, und kehren zu unserem eigenen Selbst als der Erkennende der Welt und des Körpers zurück, denn Wissen ist nicht physisch. Es hat keine Form, keinen Geruch und keine Farbe. Es ist nicht an die Zeit gebunden oder durch den Raum begrenzt wie der Körper. So werden wir erkennen, dass wir das unendliche Bewusstsein sind, das den Körper benutzt. Wenn das Leiden des Körpers aufhört, uns zu beeinflussen, hören wir ebenfalls auf, die Welt und den Körper als Phänomene innerhalb unseres eigenen Selbst zu betrachten. Anstatt physisch zu sein, wird sich die Welt als Bewusstsein oder als spirituelle Essenz erweisen. Die bewusste Trennung des Körpers vom reinen Bewusstsein ist der erste Schritt, der alle Zweifel auflöst, und ist das Ziel und der Zweck dieser *Sadhanas*.

15. Eine spanische Dame schrieb in einem Brief: „Wenn das individuelle Selbst mit dem universellen Selbst verschmilzt, wie können wir dann zu Gott für die Erhebung der Menschheit beten?"

Bhagavan kommentiert: „Sie beten zu Gott und enden mit: ‚Dein Wille geschehe.' Wenn Sein Wille geschieht, warum beten sie dann überhaupt? Es ist wahr, dass der göttliche Wille zu jeder Zeit und unter allen Umständen vorherrscht. Der Einzelne kann nicht aus eigenem Antrieb handeln. Erkenne die Kraft des göttlichen Willens, und sei still. Jeder wird von Gott umsorgt. Er hat alle erschaffen. Du bist einer von zwei Milliarden. Wenn Er sich um so viele kümmert, wird Er dich dann auslassen? Deshalb ist es nicht nötig, Ihm deine Bedürfnisse mitzuteilen. Er kennt sie selbst und wird sich um sie kümmern." 594

Anmerkung: Der Aufzeichner fügt hinzu, dass „die Frage offenbar unter den Denkern des Westens üblich zu sein scheint". So ist es, aus dem einfachen Grund, dass den Westlern von klein auf beigebracht wird, für andere zu beten, wobei sie natürlich nicht vergessen, bei sich selbst zu beginnen, bei ihren Vätern und Mütter, Schwestern und Brüdern. Gleichzeitig wird ihnen beigebracht, absoluten Glauben an den Herrn zu haben. Sie finden keinen Widerspruch darin, diesen absoluten Glauben zu haben und Ihm gleichzeitig zu befehlen, das auszuführen, was sie von Ihm haben wollen, als ob Er nichts davon wüsste. Sie vergessen Texte wie diesen: „Seid nicht wie sie (die Heiden, die lange Gebete sprechen), denn euer Vater weiß, was ihr braucht, bevor ihr ihn bittet." (Matthäus VI, 8)

Manchmal beziehen sie Gott sogar in internationale Streitigkeiten ein und rufen seine Hilfe auf beiden Seiten der Kampflinie an. Sie zwingen Ihn durch religiöse Massenprozessionen und Gebete unter freiem Himmel.

Der rationale Glaube ist eine große einigende Kraft in der geistigen Welt, aber blinder Glaube ist rundherum höchst verhängnisvoll, wie die schreckliche Geschichte des finsteren Zeitalters bewiesen hat. Blinder Glaube ist in diesem 20. Jahrhundert immer noch stark, aber zum Glück sind seine Zähne stumpf geworden.

Die Anhänger von Sri Ramana bleiben konsequent und halten am rationalen *advaitischen* Weg fest. Gott ist unser eigenes Selbst, und solange wir Ihn nicht als solches erkennen, tragen wir diesen Glauben fest in uns, den wir durch die Überzeugung stärken, dass kein Mensch jemals vernachlässigt wird. Gott, der unendliche Weisheit ist, weiß, was für jeden das Beste ist, und tut es, ohne dass wir Ihn daran erinnern müssen. Er braucht nicht unsere Vorschläge oder Ratschläge.

Bhagavan fährt fort:

16. „Mehr noch, warum betest du? Weiß nicht dein Schöpfer und Beschützer, dass du schwach bist? Du sagst, Gott hilft denen, die sich selbst helfen. Gewiss, hilf dir selbst. Das entspricht dem Willen Gottes. Jede Handlung wird nur von Ihm veranlasst. Was die Gebete für andere betrifft, sieht es auf den ersten Blick so selbstlos aus. Aber analysiere das Gefühl, und du wirst auch dort Selbstsucht entdecken. Du wünschst das Glück der anderen, damit du glücklich bist. Oder du willst die Anerkennung dafür, dass du dich für die anderen eingesetzt hast. Gott braucht keine Mittelsmänner. Kümmere dich um deine Angelegenheiten, und alles wird gut werden." 594

Anmerkung: Wenn Bhagavan den Fürsprecher der Selbstsucht beschuldigt, ist das völlig gerechtfertigt. Wir müssen nur die Geschichte der Religionen lesen, um zu erkennen, welche Auswirkungen diese Fürsprache auf das politische, soziale, häusliche und spirituelle Leben des Westens hatte. Fürbitten und Ablassbriefe wurden einige Jahrhunderte lang in Europa auf dem freien Markt gekauft und verkauft, und die Praxis, zumindest die Fürbitte, ist auch heute noch bei einem großen Teil der Menschheit vorhanden, sodass wir uns nicht über Menschen wundern sollten, die für andere und für den Frieden in der Welt beten wollen und sich in den Augen Gottes und der Menschen als Helden aufspielen. Sogar in Indien hat sich der importierte Gedanke in einigen spirituellen Einrichtungen verbreitet, wo die Fürbitte in großem Umfang praktiziert wird. Bhagavan erinnert uns daran, dass „Gott keine Mittelsmänner braucht".

Dass „jede Handlung von Gott veranlasst wird", bedarf einiger Erklärung. Auf den ersten Blick sieht es so aus, als ob diese Aussage das *Karma* und den freien Willen negiert. In Wirklichkeit ist das nicht der Fall. Was sie bedeutet, ist einfach Folgendes: Da das Selbst oder Gott reine Intelligenz, das heißt allein intelligent ist, und da keine Handlung ohne einen intelligenten Akteur ausgeführt wird, folgt daraus, dass das Selbst der Ausführende (oder

Veranlasser) aller Handlungen ist, ungeachtet der Tatsache, dass diese an die Gesetze des *Karmas* gebunden sind, die das Werk desselben Selbst sind. Somit ist Gott der allein Handelnde und alles Wissende.

Das Selbst allein ist intelligente Existenz, und weil es nicht als solche wahrgenommen wird, gibt es dieses falsche Denken, diesen falschen Glauben an die Ohnmacht, Sündhaftigkeit und Unwissenheit des Menschen, Beichten, Fürbitten an Heilige, Gebete um Vergebung und um Frieden und was nicht alles. Bhagavan zeigt uns den richtigen Weg und bittet uns, uns um unsere eigenen Angelegenheiten zu kümmern und weiter zu praktizieren, bis wir die Wahrheit über Gott und die Menschheit durch unsere eigenen Anstrengungen und direkte Erfahrung erkennen.

17. „Wirkt Gottes Wille nicht durch eine auserwählte Person?"

Bhagavan: „Gott ist in allen und wirkt durch alle. Aber Seine Gegenwart wird besser in einem gereinigten Geist erkannt. Der reine Geist reflektiert Gottes Handlungen deutlicher als der unreine Geist. Deshalb sagen die Menschen, dass sie Auserwählte sind. Aber der Auserwählte selbst sagt das nicht. Wenn er denkt, dass er der Vermittler ist, dann ist klar, dass er seine Individualität beibehält und dass es keine vollständige Unterwerfung gibt." 594

Anmerkung: Dass Gott allein der Handelnde ist, haben wir bereits besprochen. Der neue Punkt, der hier eingebracht wird, besagt, dass nur ein reiner Geist Ihn als solchen verstehen kann, und ein solcher Geist stellt sich nicht als Vermittler dar. Derjenige, der sich so aufführt, wie es sicherlich viele Menschen tun, sollte als Opfer egoistischer Wahnvorstellungen bezeichnet werden.

Aber der Fragesteller scheint etwas anderes zu meinen als die Auswirkungen der absichtlichen Vermittlung. Er scheint sich auf einen Akt der göttlichen Gnade durch ein menschliches Tun zu beziehen, zum Nutzen von jemandem oder einem ganzen Volk. Dies ist durchaus gültig. Bhagavans Punkt ist, dass ein solches Handeln in einem Geist möglich ist, der besser als ein anderer für dieses besondere Werk geeignet ist. Dennoch würde diese „auserwählte" Person nicht wissen, geschweige denn sagen, dass sie auserwählt ist, ohne ihrer Mission zu widersprechen, denn der Grund ist einfach, dass die Wahl automatisch erfolgt und dass die Tat der Person selbst als so natürlich erscheint wie jede andere, auch wenn sie zum Wohle der Menschheit ist.

Wenn wir annehmen, dass alle Handlungen von Gott sind, dann gibt es nichts, was eine Handlung von einer anderen unterscheidet, da alle Handlungen vom intelligenten Akteur aus seinem Inneren heraus veranlasst oder inspiriert werden, ohne den Hinweis, dass sie von Gott sind. Dasselbe gilt für die allgemein oder individuell nützliche Handlung. Deshalb muss derjenige, der sich als Fürsprecher, als bewusster Vermittler ausgibt, mit Misstrauen betrachtet werden, vor allem, wenn er den Anspruch auf höhere Spiritualität durch das *Tapas* der Hingabe beansprucht. Dies beweist, dass seine Hingabe sehr mangelhaft ist und sein *Tapas* den Namen nicht verdient.

18. „Werden die Brahmanen nicht als Priester oder Vermittler zwischen Gott und den anderen betrachtet?"

Bhagavan: „Ja, aber wer ist ein Brahmane? Ein Brahmane ist jemand, der *Brahman* verwirklicht hat. Ein solcher Mensch hat kein Gefühl der Individualität in sich. Er kann nicht denken, dass er als ein Vermittler handelt." 594

Anmerkung: Diese Definition des Brahmanentums ist uralt. Als der Weise Bhishma vor einigen tausend Jahren sterbend auf seinem Bett aus Pfeilen lag und den *Pandavas* in Gegenwart von Sri *Krishna* die *Dharma Shastras* lehrte, erläuterte auch er, wie Bhagavan, die wahre Bedeutung des Brahmanentums wie folgt:

„Allein die Taten bestimmen, wer ein Brahmane ist und wer nicht. Rituale und Opfer zu vollziehen, macht noch keinen Brahmanen aus. Es gibt nur eine Fessel, nämlich das Verlangen. Derjenige, der frei von dieser Fessel ist, ist ein Brahmane. Derjenige, der seine Sinne zügelt, der ständig in yogischem *Samadhi* ist, ist ein Brahmane. Er ist über alle anderen erhaben und schöpft seine Freuden allein aus dem Selbst." (Shanti Parva des Mahabharata)

Somit ist ein Brahmane wahrhaftig jemand, der in *Brahman* wohnt, ein *Jnani* oder zumindest ein herausragender *Sadhaka*, ungeachtet seiner physischen Abstammung. Aber der Fragesteller denkt nur an die Träger der heiligen Schnur, die das Brahmanentum durch Abstammung beanspruchen, was die *Srutis* und *Smritis*, wie im obigen Zitat, und Bhagavan zurückweisen.

Dennoch haben die Brahmanen als eine Kaste Indien und der Welt viel Gutes getan, indem sie die *Shastras* durch standhaftes Festhalten an der Tradition in den vielen Wechselfällen, die dieser Subkontinent in seiner langen Geschichte durchlaufen hat, vor der Zerstörung bewahrt haben. Aber leider hat der Wind des Wandels, der in den letzten ein oder zwei Jahrhunderten über die Welt wehte, auch diese Kaste betroffen. Die Mehrheit der Brahmanen sah sich mit der Notwendigkeit konfrontiert, um ihre Existenz zu kämpfen, was sie dazu bewog, Positionen zu besetzen, die bisher den Kshatriyas und Vaishyas (der Kriegerkaste und der Kaste der Kaufleute) vorbehalten waren. Doch ungeachtet dieser Nachteile stehen sie weiterhin dort an vorderster Front, wo das Studium und die Praxis von Yoga und *Vedanta* und die Verbreitung des Sanskrit-Wissens betroffen ist, was bei den materialistischen Tendenzen dieses Zeitalters ein Lichtblick ist.

Es ist nun klar, dass es keine menschliche Instanz gibt, die zwischen Gott und dem Menschen stehen kann. Der *Jnani*, der gottverwirklichte *Mukta*, kann allein helfen – nicht als Vermittler, sondern als Lehrer und Führer zum absoluten Zustand des Selbst.

19. „Traum und Schlaf sind für mich nicht attraktiv. Der Schlafzustand ist geradezu langweilig, während der Wachzustand voller schöner und interessanter Dinge ist."

Bhagavan: „Was du als voller schöner und interessanter Dinge ansiehst, ist für den *Jnani* tatsächlich der dumpfe und unwissende Zustand des Schlafes. (Ein Sanskrit-Sprichwort lautet:) ‚Der Weise ist dort hellwach, wo Dunkelheit für andere herrscht.' Du musst unbedingt aus dem Schlaf erwachen, der dich gegenwärtig festhält." 607

Anmerkung: Die englische Dame, die diese Frage gestellt hat, lüftet unwissentlich das Geheimnis der Schöpfung. Sie ist höchstwahrscheinlich auf die Ursache für die Störung der *Gunas* im Bewusstsein gestoßen, die zum Erwachen der Sinne führt, das heißt der Welt. Die Störung ist zugegebenermaßen ein innerer Drang, die „schönen und interessanten Dinge" zu erleben, und siehe da, sie sind da. Der formlose, farblose, geschmacklose, geruchlose, geräuschlose Zustand des reinen Seins wird als unerträglich „langweilig" empfunden, und es findet eine Bewegung im Bewusstsein statt, um einen Traum zu verbreiten, ein Kartenhaus zu errichten, um ein kaleidosko-

70

pisches Schauspiel zu genießen, diese Welt der Vielheit. Auf jeden Fall ist das Verlangen dieser Dame nach Schönheit die Ursache für ihren Körper, der es ihr erlaubt, Schönheit zu genießen.

Nun stellt sich die Frage: Wenn die Fragestellerin so sehr den schönen Dingen dieser Welt zugetan ist, warum verlässt sie sie täglich, um die „Langweile" des Schlafes zu suchen? Sie ist nicht konsequent in ihrer Treue zur Schönheit, wenn sie diese bewusst und sogar sehnsüchtig für den langweiligen Schlaf aufgibt – nicht nur einmal, sondern mindestens dreihundertfünfundsechzig Mal im Jahr. Sie sollte ernsthaft darüber nachdenken, dass etwas Unheimliches, Mysteriöses darin liegt, dass sie leidenschaftlich das sucht, was sie leidenschaftlich verabscheut, nämlich den langweiligen Schlaf.

Einige Sucher kümmern sich nicht darum, einen Blick auf ihren Zustand im Schlaf zu werfen – sogar wenn Weise sie daran erinnern –, weil sie ihn als irrelevant für ihre Fragen sehen. Sie stellen sich vor, dass sie sich in einer soliden Welt der Wahrheit etabliert haben, und es macht für sie keinen Sinn, aus dieser Welt in eine Welt der Schatten und Nebel zu gehen. Aber es bleibt eine Tatsache, dass der Vergleich und die Koordinierung aller drei Zustände für die Entwicklung des vollen Verständnisses der wahren Natur von *Jagrat* bedeutsam ist.

Wiederum glaubt die Fragestellerin, der Schlaf sei nützlich für die „Entspannung des Körpers". Entspannung impliziert ein vorausgehendes Gefühl der Spannung. Wir haben bei vielen Gelegenheiten bewiesen, dass der Körper gefühllos ist. Wie kann dann ein unempfindliches Objekt eine Spannung empfinden? Außerdem, wenn die Entspannung des Körpers das Ziel ist, worin besteht dann der irdische Grund, den Körper in dieser Welt komplett im Bett fallen zu lassen und dazu in eine andere Welt zu gehen? Warum kann man es nicht hier tun, wo so viele andere Maschinen einfach abgeschaltet werden?

Tatsache ist, dass das, was uns antreibt, den Schlaf zu suchen, die Sehnsucht nach der Ruhe und der Wonne des inneren Heims ist, wo wir uns sozusagen von den anstrengenden Ausschweifungen, die von den Sinnen verursacht werden, deren „interessante" Schöpfung fiktiv und deren „Schönheit" eine flüchtige Fata Morgana ist, erholen. Was wir für Wachsein halten, ist in

Wirklichkeit Träumen, und unser Schlaf ist in Wirklichkeit das Erwachen in die Vernunft der Traumlosigkeit. „Was für den Unwissenden Dunkelheit ist, ist für den Weisen Licht", lautet Bhagavans Zitat. Seine Bedeutung müssen wir sorgfältig studieren.

Bhagavan erklärt:

20. „Der Schlaf-, Traum- und Wachzustand sind bloße Phänomene, die im Selbst erscheinen, das als einfaches Gewahrsein unbeweglich ist. Dieselbe Person schläft, träumt und wacht auf. Der Wachzustand wird als voller schöner und interessanter Dinge wahrgenommen, deren Fehlen einen denken lässt, dass der Schlaf langweilig ist. Weil man sich mit dem Körper identifiziert, sieht man die Welt um sich herum und sagt, dass der Wachzustand voller schöner Dinge ist. Der Schlaf erscheint langweilig, weil man nicht als Individuum da ist und diese Dinge daher nicht wahrnimmt. Aber was ist die Tatsache? Es gibt die Kontinuität des Seins in allen drei Zuständen, aber nicht die des Individuums und der Objekte. Was kontinuierlich ist, bleibt bestehen, was nicht kontinuierlich ist, ist vergänglich. Deshalb ist der Zustand des Seins permanent, während der Körper und die Welt es nicht sind." 609

Anmerkung: Dies leuchtet ein. Weil der Körper, der im Wachzustand „die schönen und interessanten Dinge" sieht, im Schlaf abwesend ist, sind diese Dinge dann auch abwesend. Deshalb steigen und sinken die Welt und der Körper zusammen, ohne das Wesen, das wacht, träumt und schläft zu beeinflussen. Der Körper ist also nicht das Wesen, sondern nur das Instrument, das es für sich gewählt hat, um das Schöne und Interessante zu genießen, so wie man ein Fernrohr wählt, um ein zehn Meilen entferntes Objekt zu sehen, das sonst unsichtbar bliebe. Der Körper ist nicht mehr man selbst als das Fernrohr. Außerdem kann der Körper abgelegt werden, während das Sein kontinuierlich ist. Das Sein ist also die Wirklichkeit, während der vorübergehende Körper es nicht ist.

21. „Der Geist ist wie *Akasa* (der Äther des Raums). So wie es Objekte im Raum gibt, gibt es auch Gedanken im Geist. ... Man kann nicht hoffen, das Universum zu vermessen und die Phänomene zu studieren. Das ist unmöglich, denn die Objekte sind mentale Schöpfungen. Es ist wie der Versuch, mit dem Fuß auf den Schatten des eigenen Kopfes zu treten. Je

weiter man sich fortbewegt, desto weiter bewegt sich auch der Schatten des Kopfes." 485

Anmerkung: Wir haben bereits gesehen, dass der Raum die Ausdehnung des Geistes ist, der Gedanken enthält, die als die äußeren Objekte erscheinen. Da die Objekte unsere eigene Schöpfung sind, ist der Versuch, sie zu verfolgen und ihr Ziel zu erreichen wie der Versuch, den Fuß auf den Schatten des eigenen Kopfes zu setzen, der zurückweicht, je näher der Körper kommt, denn je mehr wir denken, desto größer wird das Universum, das schon jetzt so schwer in den Griff zu bekommen und von unfassbarer Unermesslichkeit ist.

Deshalb führt das Studium der Phänomene absolut nirgendwo hin außer zu den unendlichen Phänomenen – niemals zu dem Realen, das ihnen zugrunde liegt. Alle Naturwissenschaften – Mathematik, Physik, Medizin – beziehen sich auf die Phänomene, die Welt des Raums, der Zeit, der Erfahrung, der Körper, der Handlungen und gehen mit ihnen unter.

22. „Sind Gedanken bloße Materie?"

Bhagavan: „Meinst du Materie wie die Dinge, die du um dich herum siehst? Aber wer ist der Denker? Du gibst zu, dass er Geist (Spirit) ist. Meinst du, dass der Geist (Spirit) die Materie erzeugt? Kann Bewusstsein Nicht-Bewusstsein erzeugen oder Licht Dunkelheit?" 613

Anmerkung: Der Fragesteller verlangt zu Recht eine Klärung der oft wiederholten Behauptung, dass die Welt lediglich aus unseren Gedanken besteht. Bhagavans Antwort impliziert, dass mit „unseren Gedanken" eine bloße Erscheinung gemeint ist, die nichts Wirkliches an sich hat, wie die Erscheinung von Wasser in einer Fata Morgana, die gar kein Wasser ist. Gedanken sind schließlich bloße Schwingungen im Bewusstsein. An sich sind sie NICHTS, aber in unserem Verstand nehmen sie Ideen oder Vorstellungen von Objekten an – Berge, Länder, Meere, Wälder und tausende von Dingen, die uns umgeben, – oder wie kann sonst *Brahman* oder Gott, der reiner Geist (Spirit) ist, Steine, Feuer, Wasser erzeugen, wie sehr die Religionen der Welt Ihn auch als ihren Schöpfer preisen mögen? Außerdem ist es völlig unvorstellbar, dass Er, welcher der unbefleckte Glanz als höchste Glückseligkeit-Intelligenz ist, die abartige Dunkelheit von *Avidya* oder Angst, Hass, Neid, Schmerz, Krankheiten usw. erzeugt. Die Schlussfolgerung ist, dass weder die Welt noch *Avidya* existieren. Sie sind reine Fantasie – das Bewusstsein allein existiert.

Vasishta sagt zu *Rama*: „Die sichtbare Welt, oh *Rama*, ich selbst, du selbst und alle Dinge sind NICHTS. Sie sind ungeschaffen, ungeboren. Der höchste Geist allein existiert durch sich selbst.

Wie Perlen am Himmel ist die Welt nicht-existent. Sie ist so unwirklich wie die (individuelle) Seele in der Leere des Bewusstseins." (*Yoga Vasishta* III, 14-15)

Der zitierte Vers aus dem *Yoga Vasishta* fasst den Inhalt des Kapitels zusammen, in dem immer wieder bewiesen wird, dass die Welt nichts anderes als ein Zustand des Geistes ist, das heißt eine vorübergehende Erscheinung im Geist des Erfahrenden. An sich existiert sie überhaupt nicht.

Es ist eine oft wiederholte Wahrheit, dass die Wirklichkeit – das Selbst oder *Brahman* – unveränderlich und immer gegenwärtig ist – nicht einmal anwesend und einmal abwesend. Die Wirklichkeit ist der Erfahrende der Zustände selbst. Sie ist gegenwärtig im Wachzustand, im Traum, traumlosen Schlaf und *Turiya* (dem vierten Zustand) oder *Samadhi*, während die Welt nur im Wachzustand (*Jagrat*) anwesend und in den anderen völlig abwesend ist. Die Welt mit all ihren Bergen, Ozeanen, mächtigen Flüssen und noch mächtigeren Vulkanen wird einfach von der Tafel des Bewusstseins des Sehers gewischt, sobald er aus dem Wachzustand in einen anderen Zustand übergeht. Dies beweist, dass die Sinne, die nur im Wachzustand aktiv sind, um die Welt hervorzubringen, die Schöpfer der Welt sind. Der physische Körper nährt durch die Sinnesorgane – Augen, Ohren, Nase usw. –, die in ihm untergebracht sind, die Sinne durch die Eindrücke, die sie von einem scheinbaren Außen erhalten. In keinem anderen Körper ist diese Maschinerie aus Sinnesapparat und Sinnesorganen zu finden, weshalb seine täuschende Kraft – *Maya* – nur im Wachzustand (*Jagrat*) vorherrscht und die Befreiung von ihr nur im *Jagrat* durch die Praxis von *Tapas* – Meditation und Studium – gesucht wird. Dies ist die einzige *Maya*, die uns *Advaitins* bekannt ist, in der einfachsten Sprache formuliert, um die Verwirrung des Suchers und Schülers, der Einfachheit und einen direkten Zugang liebt, zu entwirren.

Kapitel 7: Gott

1. „Ist es möglich, eine Vision von Gott zu haben?"

Bhagavan antwortet: „Ja, sicherlich. Du siehst dies und jenes – warum nicht auch Gott? Alle sehen immerzu Gott, aber sie wissen es nicht. Finde heraus, was Gott ist. Die Menschen sehen und sehen doch nicht, weil sie Gott nicht kennen." 31

Anmerkung: Genau das ist es: „Sie haben Augen und sehen nicht, Ohren und hören nicht, Nasen und riechen nicht", singt der Psalmist in einem anderen Zusammenhang. Denn Gott kann man weder sehen, schmecken, riechen, hören oder berühren – die einzigen Mittel, mit denen der Mensch einen Gegenstand wahrnehmen kann. Er ist zwar immer gegenwärtig, wird aber nicht wahrgenommen. Und was geschieht, wenn wir nicht wissen, was Gott ist und welche Form, Farbe oder Größe Er in unserer Vorstellung annehmen muss, um uns zu überzeugen, dass Er Gott ist? Es stellt Gott vor ein schreckliches Dilemma, wenn ein Verehrer, der keinen eigenen anthropomorphen Hausgott hat, an Ihn appelliert, Sein wahres Selbst zu zeigen, denn welche Gestalt Er auch immer annehmen würde, der Gläubige wäre nicht überzeugt. Außerdem wäre es sicherlich nicht die Gestalt Gottes, der formlos ist.

Wir haben bereits gesehen, dass die Welt dem *Jnani* als göttlich erscheint. Manche Lehrer gehen so weit, das laut zu predigen, weil sie denken, dass sie damit ihre Zuhörer erfreuen. Aber je lauter sie es verkünden, desto weniger wird der aufmerksame Zuhörer überzeugt sein. Letzterer würde argumentieren: Wenn die Welt Gott ist, warum sind wir dann so ausgehungert nach der Vision Gottes, wie der Fragesteller beweist? Wenn die Welt Gott ist, gäbe es vollkommene Zufriedenheit überall – *Ananda*, Elysium, himmlische Freude. Nur weil die Welt nicht Gott ist, sehnen wir uns nach Gott, damit wir Frieden von der gottlosen Welt haben. Die Heilige Schrift ist rationaler, indem sie die Welt mit dem Nicht-Selbst (*Neti-Neti*), mit den *Gunas*, mit dem gestörten Gleichgewicht in unserem Bewusstsein gleichstellt. Für den *Ajnani* (Unverwirklichten) ist es also umgekehrt: Die Welt ist nicht nur nicht Gott, sondern das Gegenteil von Gott, sodass wir der Welt den Rücken kehren müssen, um uns Gott zuzuwenden.

Wer also seinen Glauben an die fünf Sinne knüpft, kann niemals erwarten, Gott so zu sehen, wie Er in sich selbst ist, sondern nur als eine fiktive Entität, die die Rolle Gottes spielt. Es ist eine Nachahmung, eine symbolische Darstellung des Gottes, den der Verehrer im Sinn hat oder am besten versteht. Ein *Krishna*-Verehrer sieht Ihn als Baby *Krishna*, ein *Rama*-Verehrer sieht Ihn als *Rama*, ein Christ sieht Ihn als einen der christlichen Heiligen, aber der wahre Verehrer weiß, dass Gott keine Form hat. Er ist der Seher aller Anblicke, der Hörer aller Töne, der Riecher aller Gerüche, der Wissende allen Wissens und somit stets präsent in einer Welt, die aus nichts anderem besteht als aus Anblicken, Klängen, Gerüchen usw. Bhagavan bittet uns, Ihn als solchen zu erkennen. Dann können wir sagen, dass wir Gott wirklich erkennen. Dies ist die höchste und einzig wahre Vision von Gott.

2. „Zielt *Advaita* nicht darauf ab, mit Gott eins zu werden?"

Bhagavan: „Wo ist das Einswerden mit Gott? Der Denker ist selbst immer das Reale, eine Tatsache, die er letztendlich verwirklicht." 31

Anmerkung: Bhagavan beseitigt hier wie immer definitiv die Unterscheidung zwischen dem Individuum und Gott und stützt die *Srutis* durch Erfahrung. Werden impliziert das gegenwärtige Nicht-Sein, was absurd ist. Sein bedeutet ewige Existenz, die Gott oder die ewige Wahrheit ist. Und da wir nur eine Existenz zulassen, nämlich unsere eigene, von der wir allein unwiderlegbar überzeugt sind, folgt daraus, dass wir Sein sind − wir sind jetzt und für immer Gott selbst oder Sein selbst. *Advaitins* wie wir lassen sich nicht von Dualisten verunsichern, die die Identifikation des Menschen mit Gott für häretisch halten. Sie haben nicht die geringste Vorstellung davon, was Gott ist, sondern machen Ihn nach ihrem eigenen Bild und verehren Ihn als eine Persönlichkeit, die sowohl menschliche Schwächen besitzt – Parteilichkeit, Eifersucht, Ungerechtigkeit, Grausamkeit, Kleingeistigkeit, Gefühllosigkeit und was nicht alles, wie auch Allmacht. Und weil ihre Sinne nach außen gerichtet sind, können sie nichts verstehen, was sich nicht in Begriffen von Festem und Flüssigem, Augen, Ohren und Nasen fassen und nicht an ihren eigentümlichen Glaubensvorstellungen und Bräuchen festmachen lässt. In der letzten Anmerkung haben wir erörtert, was wir im *Advaita* mit Gott meinen, und wenn der Fragesteller sich an diese Sichtweise gewöhnt, wird ihm Bhagavans Antwort klar sein.

3. „Sehen wir Gott nicht in konkreter Gestalt?"

Der Meister: „Ja, Gott wird im Geist gesehen. Die Gestalt und Erscheinung der Manifestation Gottes werden durch den Geist des Verehrers bestimmt, aber das ist nicht endgültig. Es herrscht Dualität vor. Es ist wie eine Traum-Vision. Nachdem Gott wahrgenommen wurde, beginnt *Vichara*. Das endet mit der Verwirklichung des Selbst. *Vichara* ist der ultimative Weg. Natürlich finden nur einige wenige *Vichara* praktikabel. Andere finden *Bhakti* einfacher." 251

Anmerkung: Dies erweitert den ersten Text dieses Kapitels und bestätigt die Überlegungen dazu, nämlich, dass der sinnesgebundene Mensch Visionen von Göttern und Heiligen als Formen sieht – die Formen, in denen er sie erwartet oder am besten begreift, denn Gott ist reiner Geist, reines Bewusstsein, das durch das reine Licht unseres persönlichen Bewusstseins wahrgenommen werden kann, weil es ein und dasselbe Bewusstsein ist, das allen Erscheinungen zugrunde liegt und sie bezeugt. Bhagavan ist in diesem Punkt sehr deutlich, nämlich: „Die Gestalt und Erscheinung der Manifestation Gottes werden durch den Geist des Verehrers bestimmt, aber das ist nicht endgültig", denn es ist das *Sankalpa* des Verehrers, das die Dualität von Verehrer und Verehrtem manifestiert. Deshalb muss diese äußere Form durch das innere *Vichara* transzendiert werden, welches das individuelle Bewusstsein als identisch mit dem reinen Bewusstsein offenbart, das wir *Brahman* oder absolutes Selbst nennen. Denn wenn sie nicht ein und dasselbe Bewusstsein wären, wäre die Erlangung des letzteren durch das erstere völlig unmöglich.

4. „Warum wird gesagt, dass der allem innewohnende Gott im Äther des Herzens wohnt?"

Bhagavan: „Wohnen wir nicht an einem Ort? Sagt ihr nicht, dass ihr in eurem Körper seid? In ähnlicher Weise wird gesagt, dass Gott im Herzens-Lotus wohnt. Der Herzens-Lotus ist kein Ort. Irgendein Ort wird als der Ort Gottes genannt, weil wir denken, wir seien im Körper. Diese Art von Lehre ist für diejenigen gedacht, die nur relatives Wissen schätzen können. Da Gott überall immanent ist, gibt es keinen bestimmten Ort für Gott. Die Unterweisung bedeutet: ,Schau nach innen.'" 269

Anmerkung: Dass der allmächtige Gott, der unendlich und grenzenlos ist, sich in ein so kleines und unbequemes Loch wie das menschliche Herz zwängen kann, stellt für den sinnesgebundenen Menschen ein enormes Problem dar. Bhagavan erklärt, dass der Herzens-Lotus kein physischer Ort ist, sondern ein treffendes Gleichnis im Interesse derer, die „nur relatives Wissen schätzen können", d.h. sinnliche Erfahrung. Aber die Bezeichnung des Herzens für Gott ist nicht unbegründet. Die Erfahrung des absoluten Seins wird im *Samadhi* als reines Bewusstsein im Innersten des Menschen empfunden, genauer gesagt, im Herzen des eigenen Wesens, weil es sowohl glückselig als auch seiend ist. Wir sind uns alle einig, dass Freude oder jede Emotion nur im Herzen empfunden wird – nicht im muskulären Herzen, sondern irgendwo in unserem Wesen, das wir in der Brust lokalisieren, wenn auch nicht im Fleisch und den Rippen des Brustkorbs. Es ist in diesem Herzen, diesem subtilen emotionalen Zentrum, in dem die Glückseligkeit des reinen Bewusstseins oder Gottes im *Samadhi* empfunden wird. Dies ist die Bedeutung, dass Gott Glückseligkeit ist und im Äther des Herzens wohnt. Wenn dieses Bewusstsein das ganze Universum in sich birgt, bedeutet das, dass das Bewusstsein das Universum durchdringt. Gott ist also immanent und wohnt auch im Herzen. Und wenn du es überprüfen willst, fordert Bhagavan dich auf, „nach innen zu schauen".

Kapitel 8: Heilige Schriften und Gelehrsamkeit

1. „Die *Veden* geben widersprüchliche Berichte über die Weltentstehung. Beeinträchtigt dies nicht ihre Glaubwürdigkeit?"

Bhagavan: „Das wesentliche Ziel der *Veden* ist es, uns das Wesen des unvergänglichen *Atman* zu lehren und uns zu zeigen, dass wir Es sind. Da du mit diesem Ziel und dieser Lehre zufrieden bist, solltest du den Rest als *Arthavada* betrachten, als Erklärungen, die für die Unwissenden gedacht sind, die den Ursprung der Dinge ergründen wollen." 30

Anmerkung: Die menschliche Gesellschaft steht auf verschiedenen psychischen Ebenen, von denen jede für sich selbst verständliche Anweisungen benötigt. Die *Veden* geben diese Anweisungen, behalten aber ihr Bestes dem Sucher des Höchsten vor, dem sie die Wissenschaft von *Brahman*, dem absoluten Selbst, enthüllen. Diese Wissenschaft allein sollte uns betreffen, denn sie ist die Wissenschaft unseres eigenen Seins, der ewigen Wahrheit. Bhagavan rät uns, davon abzulassen, uns mit fremden Dingen wie den Geschichten der Schöpfung, Auflösung etc. zu befassen. Solche Geschichten in den *Veden* sind für die Liebhaber von Fiktion und Spekulation gedacht.

2. „Die Schriften sind nützlich, um auf die Existenz der höheren Kraft (des Selbst) und den Weg, sie zu erlangen, hinzuweisen. Ihre Essenz besteht nur darin. Wenn das assimiliert ist, ist der Rest nutzlos. Wir lesen so viel. Erinnern wir uns an alles, was wir lesen? Das Wesentliche bleibt im Gedächtnis haften, und der Rest wird vergessen. So ist es auch mit den *Sastras*." 62

Anmerkung: Durch die Erwähnung der Erinnerung lenkt Bhagavan die Aufmerksamkeit auf das Verhalten unseres Bewusstseins, das in seiner hochorganisierten Maschinerie automatisch die Spreu vom Weizen, Wesentliches vom Unwesentlichen trennt, ähnlich wie ein Student, wenn er sich bemüht, die wichtigsten Teile seines Studiums zu behalten, und den Rest durch das Sieb seines Gedächtnisses fallen lässt. Wir müssen dasselbe tun, wenn es darum geht, was wir in der Heiligen Schrift lesen. Wir müssen das auswählen, was einen direkten Bezug zur ewigen Wahrheit hat, und den Rest völlig ignorieren. Das sorgfältige Studium der *Srutis* trägt die größten Früchte, und dies geschieht nur durch die Anleitung eines Meisters, der die eigentliche Verkörperung der *Srutis* und die Seele der *Sastras* ist.

3. „Die letzte Wahrheit ist so einfach. Sie ist nichts weiter als das Sein im unberührten Zustand. Das ist alles, was gesagt werden muss.

Aber die Menschen geben sich nicht mit dem Einfachen zufrieden. Sie wollen Komplexität. Weil sie etwas Kompliziertes wollen, das attraktiv und rätselhaft ist, sind so viele Religionen entstanden. Jede von ihnen ist komplex, und das Glaubensbekenntnis jeder Religion hat seine eigenen Anhänger und Widersacher.

Ein gewöhnlicher Christ ist zum Beispiel nicht zufrieden, wenn ihm nicht gesagt wird, dass Gott irgendwo im fernen Himmel ist und wir ihn nicht ohne Hilfe erreichen können. Christus allein kennt Ihn, und Christus allein kann uns führen. Bete Christus an, und werde gerettet. Wenn man ihm die einfache Wahrheit sagt: ‚Das Himmelreich ist in euch‘, ist er nicht zufrieden und wird komplexe und weit hergeholte Bedeutungen in solche Aussagen hineinlesen. Nur ein reifer Verstand kann die einfache Wahrheit in ihrer ganzen Nacktheit erfassen." 96

Anmerkung: Bhagavan ist sehr offen in diesem Text. Nicht, dass er die etablierten Religionen angreifen oder eine von ihnen als die abergläubischste und irrationalste bezeichnen will. Aber als Lehrer des Absoluten muss er konsequent sein, wenn er Stellung nimmt zu den vielfältigen Strömungen, die im Namen Gottes, der Weisheit Gottes, der Wahrheit Gottes und so weiter Ansprüche erheben, obwohl er in seinen Antworten immer vorsichtig ist, um den Überempfindlichen nicht zu verletzen, der bei der geringsten Erwähnung seiner Religion oder seiner geistlichen Institution aufbraust.

Die Rolle, die die Religion im Leben eines Menschen spielen sollte, meint Bhagavan, sollte lediglich darin bestehen, ihm die Wahrheit über sich selbst zu zeigen, nicht ihn mit glamouröser Kosmogonie und Kosmologie zu unterhalten oder ihn mit abergläubischen Erfindungen zu erschrecken, die seiner Annäherung an die Wirklichkeit mehr schaden als fördern. Bhagavan ignoriert weder die ethische Seite der Religion noch die bekannte Tatsache, dass nicht alle Menschen für die höchste Wahrheit bereit sind. Aber wenn der Fragesteller ein Suchender nach dem Höchsten ist, muss ihm nichts weniger als das Höchste gezeigt werden, vor dem jede ethische Lehre so blass erscheint wie Mondlicht zur Mittagszeit.

Die Komplexität, von der Bhagavan spricht, ist zweifellos sehr erdrückend, weil sie das Reale verdunkelt. Dennoch gibt es Millionen, sowohl Laien als auch Geistliche, die immer bereit sind, den letzten Tropfen ihres Blutes zu vergießen, um jede Silbe davon zu verteidigen. Ist diese Komplexität – Aberglaube, Auswüchse, Belanglosigkeiten – für sie nützlich? Es sieht so aus, als ob sie es auf ihrem Niveau ist, bis sie darüber hinauswachsen. Der *Adhikari* legt sofort seinen Finger darauf, widerlegt sie rundherum und öffnet sich für die gesunden Lehren des Pfades des Höchsten. Die geringeren *Adhikaris* verfangen sich im „Kunstvollen, Attraktiven und Rätselhaften" – vermutlich den *Siddhis*, – weil sie die niederen *Gunas* noch nicht vollständig transzendiert haben, und verbringen ein ganzes Leben mit vergeblichen Bemühungen, obwohl sie sich vom schlimmsten Aberglauben befreit haben. Für den Meister ist die Wahrheit so offenkundig wie der Anblick „einer Stachelbeere auf der Handfläche", denn sie ist nichts anderes als das eigene „ursprüngliche Wesen", auf das der *Sadhaka* direkt zusteuert und das er schließlich mit Sicherheit erlangt.

4. „Der Autor von Vritti Prabhakara behauptet, 350.000 Bücher gelesen zu haben, bevor er dieses Buch schrieb. Vichara Sagara ist voller Logik und Fachbegriffen. Aber was ist der Nutzen? Können diese schwerfälligen Bände irgendeinen wirklichen Zweck erfüllen? Können sie zur Verwirklichung des Selbst führen? Dennoch gibt es Menschen, die sie lesen und dann die Weisen aufsuchen, nur um zu sehen, ob diese ihre Fragen beantworten können. Diese Bände zu lesen, neue Zweifel zu entdecken und sie zu lösen, ist eine Quelle der Freude für sie. Da die Weisen wissen, dass dies reine Zeitverschwendung ist, ermutigen sie solche Leute nicht. Ermutige sie einmal, und es wird kein Ende nehmen. Nur die Erforschung des Selbst kann von Nutzen sein.

Diejenigen, die mit der Logik und mit großen Büchern wie Vritti Prabhakara, Vichara Sagara und Sutra Bhashya vertraut sind, können kleine Werke wie *Truth Revealed*, die sich nur mit dem Selbst beschäftigen und das auch noch pointiert, nicht schätzen, denn sie haben *Vasanas* angesammelt. Nur diejenigen, deren Geist weniger trüb ist und die rein sind, können sich an kleinen, aber zielgerichteten Werken erfreuen." 332

Anmerkung: Die Bücher, die Gelehrte lesen, sind gewichtig, und noch gewichtiger fühlen sich die Gelehrten. Sie sammeln *Vasanas* an, die eigentümlichen akademischen *Vasanas*, mit denen sie sich aufblähen und manchmal sogar die Weisen belästigen. „Da die Weisen wissen, dass dies reine Zeitverschwendung ist, ermutigen sie solche Leute nicht" ist zweifellos autobiographisch.

Dies lehrt uns die Vergeblichkeit der althergebrachten Logik oder der ermüdend voluminösen pseudo-spirituellen Bücher, die uns auf dem praktischen Weg zum Absoluten führen wollen. Schwerfällige Wälzer hinterlassen ihre Spuren im Geist, und zu viele Spuren geraten zwangsläufig in Konflikt mit der Sicht auf das Reale und trüben sie. Außerdem werden die Gelehrten durch die Masse ihrer „wissenschaftlichen" Bücher voreingenommen und können den bescheidenen, aber besten und pointiertesten Zugang zur Wahrheit nicht schätzen, wenn sie ihm begegnen. Sie wagen es nicht einmal, einen Blick darauf zu werfen – er ist zu einfach, in zu wenigen Worten abgefasst und zu wenig analytisch, um ihrer Aufmerksamkeit würdig zu sein. Sie lassen ihn wie eine heiße Kartoffel fallen. „*Truth Revealed*"[1] ist die Übersetzung eines von Bhagavan selbst verfassten Büchleins, das aus nur vierzig Versen besteht und sich im einfachsten Stil ausschließlich mit der Wahrheit und dem Weg zu ihr beschäftigt. Es enthält die gesamte Lehre der *Advaita*-Philosophie in einer Nussschale. Einige dieser Gelehrten rümpfen darüber die Nase, weil es weder kritische Argumente noch pompöse Zitate und Phraseologie enthält und sehr dünn ist.

Bhagavan warnt uns vor den Verlockungen und Fallen der Gelehrsamkeit. Was ist ihr Nutzen, fragt er? Führt sie zur Selbstverwirklichung? Sicherlich nicht, und sie kann es auch nicht. Diese Warnung ist besonders nötig in diesem Zeitalter, das so überaus reich an philosophischen Schriften ist, die dem Zeitgeist entsprechen.

5. „*Divya Chakshush* (die göttliche Schau) ist notwendig, um die Herrlichkeit Gottes zu sehen. Können wir die Herrlichkeit nicht sehen wie den Glanz von einer Million Sonnen?"

---

[1] Deutsche Übersetzung: Ramana Maharshi: Über die Wirklichkeit: Vierzig Verse mit Ergänzungsversen (Ulladu Narpadu), Norderstedt, 2015 (Anm. d. Übers.)

Bhagavan: „Oh, ich verstehe, du willst den Glanz von einer Millionen Sonnen sehen. Kannst du auch nur den Glanz einer einzigen Sonne sehen? Das göttliche Licht bedeutet Selbst-Erleuchtung, Selbst-Erkenntnis. Wer soll die göttliche Schau geben, und wer soll sie sehen? Wiederum liest man in Büchern, dass ‚hören, nachdenken und auf-eins-gerichtet-sein‘ notwendig sind. Sie denken, dass sie *Savikalpa* und *Nirvikalpa Samadhi* durchlaufen müssen, bevor sie Verwirklichung erlangen. Daher kommen all diese Fragen. Warum sollten sie in diesem Labyrinth herumirren? Was gewinnen sie am Ende? Nur die Beendigung der Mühe des Suchens. Sie werden feststellen, dass das Selbst ewig und selbstverständlich ist. Warum dann nicht schon in diesem Augenblick im Selbst zur Ruhe kommen?

Der einfache Mensch ist mit *Japa* oder mit Anbetung zufrieden, aber die Bücherwürmer haben Probleme. Gut, gut, auch sie werden vorankommen." 336

Anmerkung: Die erste Zeile widerlegt die Beschreibung in den Büchern vom höchsten Bewusstsein als gleißendes Licht oder visueller Glanz, vergleichbar mit einer Million Sonnen. Dies ist eine völlig irreführende Beschreibung, denn es ist nichts dergleichen. Das Licht des Selbst ist das reine Wissen, mit dem wir alles erkennen, einschließlich des Selbst, das in keiner Weise mit einer physischen Ausstrahlung verglichen werden kann. Spricht man von göttlicher Schau, ist nicht ein besonderes physisches oder geistiges Auge oder das Auge des „Hellsehers" gemeint, mit dem uns jemand ausstattet. Nach Bhagavan bedeutet „göttliche Schau" Selbst-Erleuchtung, Selbst-Erkenntnis, „das Auge der Weisheit" oder *Jnana*, denn allein das Selbst ist göttlich, und nichts anderes. Es wird strahlend genannt, weil es in *Samadhi* lebendig erfahren wird, frei von den verdunkelnden Wolken der Gedanken und Emotionen. Es ist selbst-leuchtend, weil es selbstredend ist, das heißt, es kennt sich selbst und ist nicht abhängig von äußerem Wissen, um erkannt zu werden. Es ist reines Wissen.

Bhagavan schiebt das Buchwissen für die Selbstverwirklichung aus besonderen Gründen als nutzlos beiseite. Wir lernen alle Details über die Stufen des Pfades aus Büchern oder sogar vom Guru selbst, in der Hoffnung, dass wir, indem wir ihnen folgen, uns am Ende von den Strapazen einer langen Suche erholen können. Bhagavan sagt, dass all dies streng genommen unnötig ist, denn die Ruhe, die wir suchen, steht uns, wie das Ziel selbst, schon jetzt zur Verfügung. Wenn wir aufmerksam genug sind, müssen wir nur das Auge unserer Intuition öffnen, um es wahrzunehmen, denn es ist unser eigenes Selbst, der Suchende selbst, von dem er zu keiner Zeit getrennt ist. Bücher sind nur dann nützlich, wenn der Suchende nicht in der Lage ist, sich selbst wahrzunehmen. Es sind Fälle von sehr ungebildeten Suchern bekannt, die in ihrem Leben kaum je ein Buch gelesen und trotzdem das Ziel schnell erreicht haben, indem sie sich einfach an ihre besondere Form von *Sadhana* gehalten haben.

Auf der anderen Seite gibt es Tausende, die unzählige Bücher gelesen haben und aus diesem Grund spirituell nicht einen Zentimeter vorangekommen sind. Was die Bücher selbst betrifft, kritisiert Bhagavan sie nicht wahllos, denn er hat selbst einige geschrieben und hat den höchsten Respekt für einige berühmte Werke und ihre großen Autoren. Außerdem schärfen Studium und Reflexion den Intellekt und sind daher sehr wesentlich in diesem *Marga*. Was er kritisiert, sind jene Werke, die zwar vorgeben, die Wahrheit zu lehren, aber ihre Reinheit nicht durchgehend bewahren und manchmal durch falsche Vergleiche, Übertreibungen und nutzlose Argumente in die Irre führen. Die Bücher der „Bücherwürmer", nämlich die der streitenden, hirnverbrannten argumentativen Art, sind für den Zweck der höchsten Suche völlig unbrauchbar. Doch am Ende hat Bhagavan sogar für die „Bücherwürmer" Hoffnung: „Nun, sie werden auch weiterkommen."

Kapitel 9: Das Selbst oder die Wirklichkeit

1. „Die Gewohnheiten des Geistes (*Vasanas*) behindern die Verwirklichung des Selbst, und um die *Vasanas* zu überwinden, müssen wir das Selbst verwirklichen. Ist das nicht ein Teufelskreis?"

Der Meister: „Es ist das Ego, das diese Schwierigkeiten aufwirft und sich dann über ein scheinbares Paradoxon beklagt. Finde heraus, wer die Fragen stellt, und das Selbst wird gefunden werden.

Das Selbst ist immer gegenwärtig. Nichts existiert ohne es. Es ist der Zeuge der drei Zustände: des Tiefschlafs, des Traums und des Wachseins, die zum Ego gehören. Das Selbst transzendiert das Ego. Existierst du nicht auch im Schlaf? Es ist nur im Wachzustand, dass du die Erfahrung des Schlafes als Unbewusstheit beschreibst. Daher ist das Bewusstsein im Schlaf dasselbe wie im Wachzustand. Wenn du weißt, was dieses Wachbewusstsein ist, wirst du das Bewusstsein kennen, das alle drei Zustände bezeugt. Ein solches Bewusstsein kann man finden, indem man das Bewusstsein sucht, wie es im Schlaf war." 13

Anmerkung: Der Fragesteller sieht einen unzweifelhaften Teufelskreis in den vorangegangenen (hier nicht erwähnten) Antworten des Meisters, den Bhagavan auflöst, indem er ihn bittet, nach dem Seher des Teufelskreises, nämlich sich selbst, zu fragen. Warum will er das Selbst, d.h. sein eigenes Selbst, verwirklichen? Er behauptet, es nicht zu kennen, ist sich aber gleichzeitig als der Fragende voll bewusst. Ist das nicht ein Paradoxon? Das Selbst, das er kennt oder zu kennen glaubt, ist dasselbe Selbst, das er sucht, sonst wäre er zwei und nicht nur eins. Wie kann er aus diesem Dilemma herauskommen?

Dass jeder von seiner eigenen Realität als Intelligenz überzeugt ist, wird durch seine Aussagen bewiesen: „Ich weiß", „Ich studiere", „Ich rieche", „Ich denke", „Ich entscheide" usw., aber die Verwirrung beginnt in dem Moment, in dem er sich selbst einen unverwechselbaren Namen gibt wie Peter, als ein Körper, der sich von allen anderen Körpern unterscheidet.

Der „Teufelskreis" beruht also auf der falschen geistigen Einstellung des Fragenden zu seiner eigenen Identität, und um diese zu zerstreuen, fügt Bhagavan die anderen Erklärungen hinzu, deren Inhalt in etwa so lautet:

Das Selbst ist reines Bewusstsein oder Wissen. Und weil es reines Wissen ist, muss es in jeder Erfahrung vorhanden sein, denn wie könnte sonst eine Sache oder ein Zustand erkannt werden? Diesen Wissenden nennen wir Selbst. Das Selbst ist also der Wissende aller Dinge und aller Zustände. Es muss im Wachen, im Traum und Tiefschlaf anwesend sein, die „zum Ego gehören", das heißt, die jedes Individuum oder Ego – Peter – erlebt. Daher ist das Ego das Selbst. Aber das Selbst ist nicht das Ego. Da aber das Selbst eins und unteilbar ist, da es reines Bewusstsein ist, und das Ego durch Namen wie Peter oder Johannes und ihre jeweilige Gestalt bekannt ist, sagen wir, dass das Selbst das Ego transzendiert, das heißt Sein ohne Namen und Form ist. Name und Form sind also die Ursache für die Illusion eines Unterschieds zwischen den beiden, denn sie lassen das eine Bewusstsein als viele erscheinen.

Nun gelangt der *Sadhaka* zu der Erkenntnis seines Seins als namenlos und formlos, eins in allen Namen und Formen – in allen Wesen – indem er seine Positionen erörtert, wie Bhagavan es in diesem Text mit jedem dieser drei Zustände tut, und sie zueinander in Beziehung setzt. Im *Jagrat* zum Beispiel bin ich mir all der *Jagrat*-Dinge, die mich umgeben, einschließlich meines eigenen Selbst als Peter, und meines Körpers oder meiner Gestalt, die so und so groß ist, bewusst. Dann gehe ich in den Traumzustand ein, wo ich weder Peter bin noch seine Gestalt habe, sondern jemand anderes, sagen wir X, mit dem Körper von X. Dann gehe ich in den traumlosen Zustand über, in dem ich mir nichts bewusst bin, weder Name noch Gestalt habe, weder Peter noch X bin.

Wenn ich diesen ganzen Prozess im *Jagrat* Revue passieren lasse, fasse ich ihn so zusammen: Ich, der bewusst Wissende, nehme den Namen und die Gestalt von Peter in *Jagrat* und von X in *Svapna* an, bleibe aber namen- und gestaltlos als mein reines Selbst in *Sushupti*. Deshalb sind Peter und X nicht ich. Ebenso sind der grobstoffliche Körper des ersten und der feinstoffliche Körper des zweiten Zustands nicht wesentlich für mich, sondern überlagern mich, wenn ich die ersten beiden Zustände erlebe. Mit der Beseitigung der Beschränkung von Namen und Gestalt von mir selbst bleibe ich allein dasselbe Sein, frei von allen Beschränkungen und Eigenschaften. Dieses Alleinsein ist als *Kaivalya* bekannt. Und um es in *Jagrat* zu erfahren, müssen wir *Sadhana* üben, das die Hindernisse beseitigt und das ‚Ich' befähigt, sich selbst als das reine, ewige Selbst wahrzunehmen. Dieses *Sadhana* und dieses Wissen um das Wirkliche sind der Hauptzweck der *Veden*. Der Zustand von *Kaivalya* für das Verkörperte wird nur in *Sushupti* und *Samadhi* erlangt, in ersterem unbewusst, in letzterem bewusst.

2. „Wie erkennt man das wahre ‚Ich' im Unterschied zum falschen ‚Ich'?"

Der Meister antwortet: „Gibt es jemanden, der sich seiner selbst nicht bewusst ist? Jeder kennt und kennt doch nicht das Selbst. Ein seltsames Paradoxon." 43

Anmerkung: In der letzten Anmerkung haben wir uns ausgiebig mit diesem „seltsamen Paradoxon" befasst und gezeigt, dass es so etwas wie ein "falsches Ich" nicht gibt, sondern nur falsche Vorstellungen über das ‚Ich', wobei seine *Upadhis* oder Eigenschaften, sein Name und seine Gestalt für das ‚Ich' gehalten werden. Denn durch diese Verlagerung des ‚Ichs' von seinem Wesen als Seher zum Gesehenen, d.h. zum Namen und zur Gestalt von Peter, entsteht der schwere Fehler, unecht, verletzlich und sterblich zu sein. Daher kommt der Wunsch, nach dem wahren und unsterblichen ‚Ich' zu suchen.

3. „Ungebrochenes ‚Ich-Ich' ist der grenzenlose Ozean. Der ‚Ich'-Gedanke ist eine Blase auf ihm und wird *Jiva* oder Individuum genannt. Die Blase ist ebenfalls Wasser. Wenn sie zerplatzt, vermischt sie sich mit dem Ozean. Wenn sie eine Blase bleibt, ist sie immer noch ein Teil des Ozeans." 92

Anmerkung: Bhagavan gibt eine praktische Illustration. Das ‚Ich-Ich' ist das reine, namen- und formlose Wesen. Es ist der Ozean des Bewusstseins. Die Blase (oder der ‚Ich'-Gedanke) ist in der Substanz nichts anderes als Wasser, das heißt auch Bewusstsein, aber in Gestalt, das heißt, in ihrem Verständnis von sich selbst hat sie eine separate Individualität, ist ein Ego oder *Jiva*, der sterbliche und unwissende Peter oder Ramaswamy. Diese falsche Sichtweise bleibt bestehen, solange der *Jiva* sich selbst nicht namen- und gestaltlos in *Jagrat* wahrnimmt, wie es in *Sushupti* der Fall ist. Aber in dem Moment, in dem er das tut, platzt die Blase. Die falsche Erscheinung des Getrenntseins löst sich sofort auf, und der *Jiva* erkennt sich selbst als ‚Ich', den Ozean des ‚Ich'-Bewusstseins. Was geschehen ist, ist nicht die Verwandlung des *Jiva* in das höchste Bewusstsein, sondern die Korrektur seiner Vorstellung von sich selbst als *Jiva*, als eine Blase, die völlig von anderen Blasen und vom Ozean getrennt ist, während er in Wirklichkeit zu keiner Zeit etwas anderes als der Ozean des Bewusstseins war.

4. „Das Selbst ist nur eins. Wenn es begrenzt ist, ist es das Ego. Wenn es unbegrenzt ist, ist es unendlich und die Wirklichkeit. Die Blasen sind verschieden voneinander und zahlreich, aber der Ozean ist nur einer. Ähnlich sind die Egos viele, während das Selbst nur eines ist. Wenn dir gesagt wird, dass du nicht das Ego bist, realisiere die Wirklichkeit. Warum identifizierst du dich dann immer noch mit dem Ego?" 146

Anmerkung: Der Anfang dieses Textes ist nicht richtig formuliert. Das „Wenn" ist störend, wie die meisten „Wenns" es sind. Gemeint ist dies: Das Selbst ist immer unbegrenzt, und weil es unbegrenzt ist, kann es nur ein unteilbares Ganzes sein. Was nun geschieht, ist, dass das Individuum, obwohl es das unbegrenztes Selbst ist, sich selbst als begrenzt fühlt. Diesem Gefühl der Begrenztheit verdankt es seine getrennte Individualität. Mit anderen Worten ist das Ego das Selbst, das unter der Illusion steht, begrenzt zu sein, und verschwindet, wenn das Gefühl der Begrenztheit verschwindet, was Bhagavan am Ende klarstellt, wenn er dem Fragesteller vorwirft, dass er sich trotz wiederholten gegenteiligen Beteuerungen weiterhin als das begrenzte Ego fühlt.

Was die Analogie zwischen der Blase und dem Ozean betrifft, so wurde sie in der letzten Anmerkung ausführlich behandelt. Eine Sache muss hier noch gesagt werden, nämlich dass sie, wie alle Analogien, unter dem Nachteil der Unzulänglichkeit leidet, da die Blasen im Ozean nicht empfindungsfähige, materielle Blasen sind (s. nächste Anmerkung), während die *Jivas* imaginär sind, bloße Vorstellungen von Begrenztheit. Das ist der Grund warum uns Bhagavan immer daran erinnert: „Wenn du nach dem Ego suchst, wird es verschwinden", da es eine illusorische Vorstellung ist.

5. „Zerstöre das Ego, indem du seine Identität (mit dem Selbst) suchst. Da das Ego keine Entität ist, wird es automatisch verschwinden, und die Wirklichkeit wird aus sich selbst heraus leuchten. Dies ist die direkte Methode." 146

6. „Im *Yoga Vasishta* heißt es: ‚Was wirklich ist, ist vor uns verborgen, aber was falsch ist, wird als wahr offenbart.' Wir sind die ganze Zeit die

Wirklichkeit, und doch kennen wir sie nicht. Ist dies nicht ein Wunder?"
146

Anmerkung: Es ist sehr interessant, dass eindeutig erklärt wird, die Welt sei falsch. Was immer man sieht, denkt oder sich vorstellt, ist eine Illusion – eine bloße Erscheinung, denn die Wirklichkeit kann niemals wahrgenommen oder erdacht werden. Selbst die *Jivas*, von denen es heißt, sie seien, werden nicht wahrgenommen und sehen einander nicht als Wissende, als Bewusstsein. Was wir voneinander sehen, sind nur die empfindungslosen, objektiven Teile von uns, das heißt die *Upadhis*: Größe, Umfang, Farbe, Geruch, Klang, geistige Fähigkeiten, ausgedrückte Gedanken oder Handlungen usw., aber niemals den Geist selbst, ihr Behältnis. Mit anderen Worten: Wir sehen die äußeren Hüllen voneinander, aber niemals das Selbst, das sie verbergen und das allen gemeinsam ist. Dies ist die Bedeutung des obigen Zitats aus dem *Yoga Vasishta*: Was wir wahrnehmen, existiert nicht, und was immer existiert, können wir nicht wahrnehmen.

Ein Beispiel: Herr Paul ist Schauspieler in einem Theaterstück. Einmal spielt er die Rolle eines Richters, einmal die eines Liebhabers, einmal die eines Banditen, und einmal spielt er einen großen Bären oder einen Schimpansen. Alle diese Wesen sind unwirklich, bloße Verkörperungen von Herrn Paul, und doch nehmen wir nur sie auf der Bühne wahr und nicht ihr Substrat, Herrn Paul, obwohl er die einzige reale Präsenz ist. Obwohl die Wirklichkeit immer als der Seher und Schauspieler aller Phänomene gegenwärtig ist wie Herr Paul, nehmen wir in ähnlicher Weise auf der Bühne nur das wahr, was nicht existiert, nämlich die Phänomene – den Schimpansen, den Bären usw. Die Welt existiert nicht mehr als der Schimpanse und der Bandit auf der Bühne existieren. Dieses Sehen, was nicht existiert, und die Blindheit für das, was wirklich existiert, trifft auf jeden Menschen auf der Welt zu und ist die Ursache all seines Unglücks. Unsere Wissenschaft nennt es *Maya*. Bhagavan bringt es auf den Punkt, wenn er ausruft: „Ist das nicht ein Wunder?" Es ist in der Tat eine unbewusste Massenblindheit, eine Massenhypnose, Herrn Paul nicht zu sehen, der die ganze Zeit vor unseren Augen steht, und wir schwören auf die Realität des Bären und des Banditen, die gar nicht da sind.

7. „Es gibt nur ein Bewusstsein, aber wir sprechen von mehreren Arten von Bewusstsein – Körperbewusstsein, Selbstbewusstsein usw. Dies sind

nur relative Zustände desselben absoluten Bewusstseins. Ohne Bewusstsein existieren Zeit und Raum nicht. Sie erscheinen im Bewusstsein. Es ist wie eine Leinwand, auf die sie als Bilder geworfen werden und sich wie in einer Kinovorstellung bewegen. Das absolute Bewusstsein ist unser wahres Wesen. Die Erfahrung eines jeden beweist die Existenz eines einzigen Bewusstseins." 199

Anmerkung: Das Bewusstsein ist „nur eins" und unveränderlich. Es kann nicht anders sein. Wie man es auch dreht und wendet, die Vorstellung von einer Vielfalt von Bewusstsein, denen wir in bestimmten Denkschulen und in der Psychologie begegnen, erweist sich als unhaltbar und widerlegt sich selbst, da sie auf der Unkenntnis des Wesens und der Funktionen des Bewusstseins beruht. Da es außer im Yoga nicht erkennbar ist, gibt es all dieses verworrene Denken darüber. Bewusstsein oder reiner Geist ist die formlose Intelligenz, durch die wir alle Dinge wahrnehmen. Ideen, Vorstellungen, Empfindungen, Wahrnehmungen sind Repräsentationen im Bewusstsein, ABER NICHT DAS BEWUSSTSEIN SELBST. Sie sind in ständigem Fluss, während das Bewusstsein, das sich ihrer bewusst ist, feststeht, sonst wäre es sich ihrer Veränderung nicht bewusst. Es ist konstant, denn es hat keinerlei Eigenschaften, die es teilen, vermehren oder verändern könnte. Körperbewusstsein bedeutet also einfach das Gewahrsein des Körpers und seines Verhaltens wie das Gewahrsein von jeder anderen Darbietung, die ihm gemacht wird. Das Gewahrsein ist wie ein sauberer Spiegel, der alle Objekte reflektiert, die ihm vorgesetzt werden. Was als Bewusstseinszustände bekannt ist, qualifiziert nicht das Bewusstsein, das keinen anderen Zustand hat als seinen eigenen. Die Zustände sind bloße Erscheinungen im Bewusstsein, d.h. in dem Subjekt, das sie wahrnimmt. Bhagavan vergleicht das Bewusstsein mit einer Leinwand, auf die Bilder projiziert werden. Es sind die Bilder, die sich verändern, und nicht die Leinwand. Es ist das Schauspiel des erwähnten Herrn Paul und seine Verkörperungen auf der Bühne, die sich verändern, und nicht Herr Paul, der konstant ist und eine unendliche Anzahl von Rollen spielen kann, ohne sich zu verändern. Zeit und Raum sind, wie auch andere Ideen und Begriffe, Objekte des Bewusstseins, außerhalb dessen sie keine Existenz haben.

8. „Ein Tor klammert sich an seine *Samskaras*, während ein *Jnani* das nicht tut. Dies ist der einzige Unterschied zwischen den beiden. Wenn

einem Menschen, der seine *Samskaras* durchläuft, gelehrt wird, dass er das Selbst ist, geraten seine Vorstellungen in Aufruhr. Er fühlt sich der über ihn hereinbrechenden Kraft hilflos ausgeliefert. Seine Erfahrungen entsprechen nur seiner Vorstellung über den Zustand des Selbst.

Wenn ein Mensch reif ist, die Unterweisungen zu empfangen, und sein Geist im Begriff ist, in das Herz hinabzusinken, wirken die Unterweisungen blitzschnell, und er verwirklicht das Selbst ganz und gar. Bei anderen gibt es immer einen Kampf." 275

Anmerkung: Es geht hier um einen jungen Mann, der, als er einmal das Bild von Bhagavan in seinem Haus betrachtete, sah, wie es sich bewegte, was ihn sehr erschreckte. Die Angst hielt auch noch an, nachdem er nach Tiruvannamalai gekommen war und Bhagavan in Person sah. Solange er in der Gegenwart des Meisters war, hatte er keine Angst, aber in dem Moment, in dem er allein war, kehrte die Angst zurück.

Dies ist eine der verschiedenen Erfahrungen, die manche Menschen, die in den Ashram kommen oder Bhagavan sogar nur aus der Ferne verehren, machen, ohne ihn zu verstehen, weil sie sich mehr auf ihre Vorstellung von Bhagavan verlassen, als auf das, was er in Wirklichkeit ist und wofür er steht. Bhagavans Antwort ist eine Warnung vor den Tricks ihrer Vorstellungskraft. Deshalb wird der Seher von Visionen und übersinnlichen Phänomene ständig zur Vorsicht gemahnt. Um nach dem Höchsten zu streben, muss man einen starken gesunden Menschenverstand und einen soliden praktischen Verstand entwickeln.

Der reife Mensch, so sagt uns Bhagavan, entwickelt eine mehr oder weniger klare Vorstellung vom Selbst, wenn er davon hört, sodass er genug gefestigt ist, um zu wissen, in welche Richtung sein *Sadhana* gehen sollte, und er wendet es gut an, indem er seiner Fantasie nicht erlaubt, die Oberhand zu gewinnen. Die anderen haben noch eine Menge Arbeit vor sich, bevor sie reif werden. Selbst um die Lehre zu verstehen, wird viel Anstrengung nötig sein. Dies ist ihr Kampf, die Mühsal ihrer Erlösung.

9. „Es wird gesagt, dass der Guru seinen Schüler dazu bringen kann, das Selbst zu verwirklichen, indem er etwas von seiner eigenen Kraft auf ihn überträgt. Stimmt das?"

Bhagavan: „Der Guru bewirkt nicht die Selbstverwirklichung, sondern beseitigt lediglich die Hindernisse, die ihr im Weg stehen. Das Selbst wird immer verwirklicht. Solange du die Selbstverwirklichung suchst, ist der Guru notwendig. Der Guru ist das Selbst. Nimm den Guru als das wahre Selbst und dich als das Individuum. Das Verschwinden dieses Gefühls von Dualität ist die Beseitigung der Unwissenheit. Solange die Dualität in dir fortbesteht, ist der Guru notwendig. Weil du dich mit dem Körper identifizierst, stellst du dir vor, der Guru sei der Körper. Du bist nicht der Körper, und auch der Guru ist es nicht. Du bist das Selbst, und er ist es auch. Dieses Wissen wird durch das erlangt, was du Selbstverwirklichung nennst." 282

Anmerkung: Man bemerkt, dass die Frage nicht direkt beantwortet wurde, denn Bhagavan ist sehr oft zurückhaltend, wenn es darum geht, der Aussage oder der angeblichen Aussage eines bekannten Heiligen direkt zu widersprechen, aber der Widerspruch ist in der Antwort impliziert. Bhagavan erkennt nicht die Möglichkeit an, einer Person eine Kraft zu übertragen, das Selbst zu verwirklichen. In der Tat ist eine solche Kraft überhaupt nicht notwendig. Was für die Erkenntnis der Wirklichkeit notwendig ist, ist nicht eine Addition, sondern eine Subtraktion – die Beseitigung des Gefühls der Dualität, die das eine Bewusstsein verdeckt. Dieses Bewusstsein ist das eigene Selbst des Suchenden, das immer gegenwärtig ist. Es liegt nicht in der Macht des persönlichen Gurus, es zu verleihen oder vorzuenthalten. Es ist die ganze Zeit da. Wenn der Schüler es nicht wahrnimmt, dann deshalb, weil er seinen Körper mit ihm verwechselt. Da er sich selbst nicht als Denker wahrnimmt, kann er auch den Guru nicht als Denker, sondern als bloßen Körper sehen, sodass eine Dualität entsteht: Er selbst ist vom Guru verschieden. Alles, was der Guru tun kann, ist, ihm zu helfen, diese falsche Identifikation zu korrigieren, damit der Schüler schließlich sich selbst in seiner wahren Essenz wahrnimmt, als Intelligenz und nicht als Fleischhaufen.

Dann fragt der Fragesteller nach der Notwendigkeit des Gurus. Der Meister bestätigt die Notwendigkeit, solange diese falsche Identifikation und die Sichtweise der Dualität den Suchenden beherrschen, der sich immer in der Dualität befindet, bis er die Nicht-Dualität erkennt, die seine Erleuchtung oder *Jnana* ist.

10. „Sieh, wie jeder Mensch an seine eigene Existenz glaubt. Blickt er in den Spiegel, um sein Wesen zu sehen? Das Bewusstsein seiner Existenz gibt ihm die Gewissheit davon. Aber er vergleicht sie mit dem Körper usw. Warum sollte er das tun? Ist er sich seines Körpers im Schlaf bewusst? Nein, und doch hört er nicht auf zu existieren, während er schläft. Er muss sich also nur seines Seins bewusst sein, und es wird ihm einleuchten." 363

Anmerkung: Dies ist äußerst klar. Wenn man es paraphrasiert, bedeutet es dies: Niemand braucht in den Spiegel zu schauen, um zu wissen, dass er existiert, denn dieses Wissen ist ihm bereits zugänglich. Wir sind uns unserer Existenz mit einer Gewissheit sicher, die unerschütterlich ist. Deshalb ist die Gewissheit unseres Seins das einzige Element in uns, das niemals verloren gehen kann. Wir mögen an allen anderen Dingen zweifeln, aber niemals an diesem einen. Selbst im Tiefschlaf existieren wir, wie wir es später im *Jagrat* tun. Dies ist weder ein intuitives Wissen, noch ein berichtetes Wissen, noch ein gefolgertes Wissen, sondern ein direktes, unmittelbares Wissen. Solange wir uns an diesem reinen Wissen um unsere Existenz, an diesem Bewusstsein unseres Seins festhalten, kann es für uns keine Schwierigkeit, keine Unwissenheit geben. Aber das Problem ist, dass wir das nicht tun. In dem Moment, in dem wir den Körper sehen, stürzen wir uns sofort auf ihn, umarmen ihn und nennen ihn ‚Ich'. Das ist unser Sündenfall. Das ist die Ursache für unseren gestörten Frieden. Solange wir den Körper nicht sehen, wie im traumlosen Schlaf oder *Samadhi*, sind wir in höchstem Frieden – wir sind in unserem eigenen Zustand, unserem eigenen nackten Sein. Aber sobald wir zu *Jagrat* zurückkehren und wieder in den Körper eintreten, wird der Körper zu diesem Wesen, zu diesem ‚Ich'. Wir übertragen das Bewusstsein dieses Seins auf den unbewussten Körper, und dann wehe uns!

Wenn die Menschen davon sprechen, *MUKTI* zu erlangen, korrigiert sie Bhagavan, dass es durch *Sadhana* nichts zu gewinnen oder hinzuzufügen gibt, was bedeutet, dass es kein Gewinnen ist, sondern die Rückkehr zum Status quo ante, zu dem Zustand, der herrschte, bevor der Körper in unseren Wahrnehmungsbereich eintrat, zum körperlosen Sein.

11. „Wie kann man das Selbst erkennen?"

Der Meister antwortet: „Das Selbst zu erkennen, bedeutet, das Selbst zu sein. Du bist dir deiner selbst bewusst, obwohl das Selbst nicht objektiviert werden kann. Weil du dich an das relative Wissen gewöhnt hast, identifizierst du dich damit. Wer soll das Selbst erkennen? Kann der Körper es erkennen?" 363

Anmerkung: Dies ist eine Fortsetzung des vorherigen Textes. Das höchste Wissen und höchste Sein sind ein und dasselbe. *Chit* (Bewusstsein, Gewahrsein) ist auch *Sat* (Sein, Existenz). Gewahrsein des Seins bedeutet Wissen über die eigene Existenz, das heißt Selbsterkenntnis. Gewahrsein und Sein sind daher simultan und identisch. Zu sagen: „Ich bin mir meiner selbst nicht bewusst" ist also logisch falsch – ein Widerspruch. Das Selbstbewusstsein wird in dem Bekenntnis „Ich bin" zugegeben. Mit „du hast dich an das relative Wissen gewöhnt" ist gemeint, dass wir uns in *Jagrat* nur der Objekte bewusst sind – *Jagrat* ist die Sphäre der Objekte, obwohl es in Wirklichkeit gar keine Objekte gibt. *Jagrat* ist ein geistiger Zustand, in dem die Sinne freie Hand haben, ihre Kräfte unserem Bewusstsein in Form von Gerüchen, Geschmäckern, Klängen, Farben usw. zu manifestieren, die wir in unserem Geist zusammenstellen und als Objekte interpretieren. Wir verlieren also das Sein in der Wahrnehmung von imaginären, synthetischen Objekten. Obwohl das ‚Ich' sich seiner Existenz bewusst ist, wird es durch seine eigene Objektivierung verwirrt, projiziert dieses Bewusstsein fälschlicherweise auf den empfindungslosen Körper und macht ihn zum empfindungsfähigen Selbst. Dies ist der wahre Sündenfall des Menschen.

12. „Gibt es einen sechsten Sinn, um ‚ICH BIN' zu spüren?"

Bhagavan: „Leugnest du deine Existenz? Bist du nicht sogar im Schlaf du selbst? Was die Sinne betrifft: Sie arbeiten nur periodisch. Ihre Werke beginnen und enden, wohingegen das ‚Ich' sowohl im Schlaf als auch jetzt fortbesteht. Es muss eine Grundlage geben, von der die Aktivitäten der Sinne abhängen. Wo erscheinen und verschmelzen sie? Es muss eine einzige Grundlage geben. Das ist das Selbst, von dem sie nicht unabhängig sind. Es ist die Kraft, die durch sie wirkt." 363

Anmerkung: Der Fragesteller ist, wie die meisten Anfänger, ein wenig verwirrt über sein ‚ICH BIN'. Er ist sich seiner eigenen Existenz vollkommen bewusst, aber er ist nicht in der Lage, mit seinem Finger auf das ‚Ich' zu zeigen und zu sagen: ‚Das bin ich'. Also fragt er, ob ein sechster Sinn dies tun kann, denn weder die fünf Sinne noch der Körper können das Selbst erkennen. Bhagavans Gegenfrage: „Leugnest du deine Existenz?", impliziert, dass selbst ein sechster Sinn dies nicht tun kann, denn die Sinne sind *jada* (empfindungslos) und können nichts erkennen. Der Erkennende ist das Selbst allein. Ein Geruch zum Beispiel ist nur für den, der ihn riecht, ein Geruch, und ohne ihn ist er nichts. Außerdem sind die Sinne nur in *Jagrat* Funktionen des Selbst. Einen Sinn zu postulieren, um das Selbst zu erkennen, wäre dasselbe wie vom Inhalt eines Behälters anzunehmen, den Behälter zu enthalten.

Das Selbst muss sich daher selbst erkennen. Nur dort findet die Dualität keine Bleibe, nur dort sind der Wissende und das Gewusste identisch als dasselbe ‚ICH BIN', die Grundlage von beiden.

13. „Das Individuum ist empfindend und kann nicht ohne Bewusstsein sein. Das Selbst ist reines Bewusstsein. Doch der Mensch identifiziert sich mit dem Körper, der empfindungslos ist und nicht sagt: ‚Ich bin der Körper.' Jemand anderes sagt das. Das unbegrenzte Selbst sagt es auch nicht. Wer sagt es dann? Ein fiktives ‚Ich', das zwischen dem reinen Bewusstsein und dem empfindungslosen Körper auftaucht und sich einbildet, sich auf den Körper zu beschränken. Suche es, und es wird als Phantom verschwinden. Dieses Phantom ist das Ego oder die Individualität.

Alle *Shastras* sind zu dem Zweck geschrieben worden, dieses Phantom zu beseitigen. Der gegenwärtige Zustand ist eine reine Illusion. Unser Ziel sollte einfach darin bestehen, diese Illusion zu beseitigen – uns zu desillusionieren." 427

Anmerkung: In den ersten vier Anmerkungen dieses Kapitels haben wir das Verhältnis des Ichs zum Selbst und die fiktive Natur des Egos intensiv studiert. Hier geht Bhagavan das Thema aus einem anderen Blickwinkel an.

Der Körper ist nicht empfindungsfähig und sich seiner nicht gewahr, um zu sagen: „Ich bin dieser Körper." Das Selbst, obwohl es reines Empfinden ist, weil es unbegrenzt ist, beschränkt sich nicht auf den Körper. Wenn weder das reine Empfinden noch das reine Nicht-Empfinden sagen kann: „Ich bin dieser Körper", muss es ein drittes Prinzip geben, das es sagen kann und am Wesen beider teilhat. Aber ein Prinzip, das sowohl empfindend als auch empfindungslos ist, existiert nicht – das eine schließt das andere aus. Deshalb kann ein solches Prinzip nur imaginär, „unecht" sein. Wir nennen es Ego oder Individualität und meinen damit das in die Irre gegangene Empfinden, das durch und durch unter dem Einfluss der Täuschung steht. Alle *Shastras* wurden geschrieben und alle Gurus geboren, um uns davor zu retten.

Zusammengefasst: Das Ego ist das höchste Selbst, das sich vorstellt, ein empfindungsloser Körper zu sein. Diesem psychischen Irrtum, dieser Vorstellung, die für die falsche Entität, den Menschen als Ego, verantwortlich ist, d.h. den Menschen, wie er sich vorstellt zu sein und nicht, wie er in Wirklichkeit ist, müssen wir unser Augenmerk zuwenden. Ich denke, dass dies ein sehr klares Bild des Egos ist, das weiterhin Schwierigkeiten bereitet, bis das Selbst verwirklicht ist.

14. „Du sprichst von einer Vision *Shivas*. Die Vision betrifft immer ein Objekt, was die Existenz des Subjekts impliziert. Was auch immer erscheint, muss auch wieder verschwinden. Eine Vision kann niemals ewig sein. Aber *Shiva* ist ewig. Er ist das Bewusstsein. Er ist das Selbst.

SEIN heißt verwirklichen – daher ICH BIN, DER ICH BIN. ICH BIN ist *Shiva*. Nichts kann ohne Ihn sein. Deshalb frage: ‚Wer bin ich? Wer bin ich?' Versenke dich tief und bleibe das Selbst. Das ist *Shiva* als SEIN. Erwarte nicht, dass du Visionen von Ihm hast." 450

Anmerkung: Dies ist die Antwort für eine europäische Dame, die den Hinduismus im *Shiva*-Kult angenommen und seit ihrer Einweihung immer wieder glückselige Visionen von *Shiva* gehabt hat. Jetzt wünscht sie sich, dass diese Vision „immerwährend" sein möge. Bhagavan antwortet, dass sie etwas Unmögliches verlangt. Visionen können niemals ewig sein, denn sie sind ihrer Natur nach bloße Erscheinungen, die keine Grundlage in der Wirklichkeit haben. Die Wirklichkeit allein ist ewig. Die immerwährende Glückseligkeit von *Shiva* zu haben, bedeutet daher, *Shiva* selbst zu sein. Und *Shiva*, der das höchste Bewusstsein ist, ist das Selbst aller Seher, aller Hörer und aller Wissenden, der Fragenden selbst. *Shiva* zu sein bedeutet also lediglich, man selbst als dieses Bewusstseins zu sein, losgelöst von allem Gesehenen und allen Gedanken, das heißt, einfach ZU SEIN.

„Nichts kann ohne *Shiva* sein" bedeutet, dass es ohne einen Seher kein Sehen und somit kein Gesehenes geben kann. Alles, was gesehen wird, muss daher vom wahrnehmenden Bewusstsein abhängen. Das Bewusstsein ist also die Grundlage von allem, was existiert, d.h. es ist in allen Erfahrungen gegenwärtig.

Wenn Bhagavan *Shiva* als das SEIN erwähnt, ist das lediglich als Antwort auf die Frage gedacht. Jede andere Gottheit kann an die Stelle von *Shiva* treten, ohne die Antwort zu beeinträchtigen, solange wir darunter das Subjekt, den Erkennenden selbst, verstehen. Dies wird im nächsten Text bestätigt.

15. „Es gibt kein Lebewesen, das nicht bewusst und daher nicht *Shiva* ist. Nicht nur es ist *Shiva*, sondern auch alles andere. Doch in seiner Unwissenheit denkt es, dass es das Universum in verschiedenen Formen sieht. Aber wenn es das Selbst sieht, wird es sich nicht bewusst sein, dass es vom Universum getrennt ist. *Shiva* wird dann als das Universum gesehen. Aber (leider) sieht der Seher nicht den Hintergrund. Man denke an den Menschen, der nur den Stoff sieht und nicht die Baumwolle, aus der er gemacht ist, oder die Bilder und nicht die Leinwand, oder die Buchstaben, die er liest, und nicht das Papier, auf dem sie geschrieben stehen. *Shiva* ist sowohl das Wesen, das die Formen im Universum annimmt, als auch das Bewusstsein, das sie sieht. Das heißt, *Shiva* ist der Hintergrund, der sowohl dem Subjekt als auch dem Objekt zugrunde liegt – *Shiva* in Ruhe und *Shiva* in Aktion. Was auch immer man sagt, dass es sein soll, es ist nur Bewusstsein, ob in Ruhe oder in Aktion." 450

Anmerkung: Es ist nun offensichtlich, dass *Shiva* kein anderer ist als der Seher. Der letzte Teil dieses Textes, der besagt, dass das absolute Bewusstsein sowohl „in Ruhe" als auch „in Aktion" ist, ist eine gute Antwort auf die doktrinäre Theorie, dass *Chaitanya* (reines Bewusstsein) die aktiven Sinne nicht einschließt. Wenn es sie nicht einschließt, woher kommen sie dann und erschaffen eine Welt? Sie antworten, dass die Sinne überhaupt nicht existieren – alles ist *Maya*, was impliziert, dass *Maya* der Schöpfer der Sinne ist, was absurd ist. Die Sinne sind, wie das Gedächtnis, der Raumsinn, der Zeitsinn usw., unbestreitbar, denn sie sind für die Erscheinung einer äußeren Welt verantwortlich, während *Maya* die Bezeichnung ist, die dieser Erscheinung, dieser Illusion gegeben wird. *Maya* ist also nicht die Mutter, sondern der Nachkomme der Sinne. Daher sind die Sinne die Aktivität von *Chaitanya*, des reinen Bewusstseins, aber, um es zu wiederholen, eine offensichtliche Aktivität, die eine Welt zeigt, die nicht existiert, wie ein Traum. Es ist eine Aktivität, die innerhalb des Bewusstseins ist, obwohl sie außerhalb davon zu sein scheint, eine Aktivität, die das Bewusstsein selbst nicht beeinflusst. Und da sie eine Erscheinung innerhalb des Bewusstseins ist, ist sie das Bewusstsein selbst, d.h. von gleichem Wesen wie seine Grundlage, denn es kann nicht von fremdem Wesen sein, da es nichts anderes als reines Bewusstsein gibt. So ist die Welt *Shiva* selbst. Er ist sowohl SEIN als auch TUN, sowohl die Ruhe als auch die Aktion. Und dies wird nicht als solches erkannt werden, bis *Shiva* zuerst als SEIN erkannt wird, denn SEIN ist sein eigentliches Wesen, während TUN nur eine Erscheinung in Ihm ist.

Solange die Handlung nicht als bloße Erscheinung im Sein verstanden wird, wird die wahre Natur des Objekts ein Rätsel für den Studenten der Metaphysik bleiben. Dies ist von grundlegender Bedeutung für das richtige Verständnis der Beziehung der Wahrnehmungen zu ihrem Seher, des unveränderlichen Selbst zu den Phänomenen, der Leinwand, um Bhagavans Analogie zu verwenden, zu den Bildern, die sich auf ihr bewegen.

16. „Es muss Stufen des Fortschritts geben, um das Absolute zu erlangen. Gibt es Stufen der Wirklichkeit?"

Bhagavan: „Es gibt keine Stufen der Wirklichkeit. Es gibt Stufen in der Erfahrung des *Jiva*." 132

Anmerkung: „Stufen der Wirklichkeit?" Die Wirklichkeit ist vollkommen, denn sie hat keine Teile. Sie ist integral und unveränderlich, sonst widerspricht sie sich selbst. Die Wirklichkeit ist also nicht von der Evolution betroffen, noch ist sie in eine Anzahl von unvollkommenen Wesen teilbar, die der Evolution bedürfen, um Vollkommenheit zu erlangen. Wir haben an anderer Stelle gesehen, dass der *Jiva* das Selbst ist, aber getäuscht. Die Erscheinung der Vielheit der *Jivas* ist eine Illusion, die durch die Entfaltung der Sinne entsteht, die Eigenschaften und damit Unterschiede schaffen. Bhagavan sagt, dass es nicht das Selbst ist, das Eigenschaften hat, sondern die Erfahrungen der *Jivas*. So liegt der Unterschied zwischen dem Unverwirklichten und dem *Jnani* in der Erfahrung, d.h. in der geistigen Einstellung, und nicht in der Substanz, im Sein.

98

17. „Es gibt eine Vielzahl von *Jivas*. Die *Jivas* sind sicherlich viele."

Bhagavan: „Der *Jiva* wird so genannt, weil er die Welt sieht. Ein Träumer sieht viele *Jivas* im Traum, aber sie sind alle nicht real. Der Träumer allein existiert und sieht alles. So ist es mit den Individuen und der Welt." 571

Anmerkung: Dies ist so klar, dass es keines Kommentars bedarf, außer es auch auf die gewöhnliche Welt anzuwenden, wo alle Menschen dieselben Gegenstände, Farben, Töne, dieselbe Hitze oder Kälte etc. wahrnehmen. Die Kritiker argumentieren: Würde die Welt aus den Sinnen bestehen, wie das *Vedanta* sagt, würden die einzelnen Sinne ausschließlich individuelle Welten zeigen, sodass es so viele Welten gäbe wie es Menschen gibt, die keine Verbindung zueinander haben, was die Erfahrung widerlegt. Bhagavan antwortet, dass alle Sinne, alle Menschen und alle Welten die Träume oder Gedanken des *Jiva* sind, der allein als der Träumer oder Denker existiert. Wie der *Jiva* im Traum andere *Jivas* mit Körpern und Sinnen sieht, ohne dass einer von ihnen wirklich existiert, so ist es auch im Wachzustand (*Jagrat*). *Jagrat* wird nur wach genannt im Vergleich zu dem uns bekannten Traumzustand, weil die Sinne dann alles daransetzen, die Illusion einer realen Außenwelt zu verstärken, während sich der Traumzustand von bloßen Eindrücken, die aus dem *Jagrat*-Zustand übertragen werden, und nicht von den Sinnen, die dann zurückgezogen sind, nährt.

18. „Wenn das Selbst eins ist, müssten alle Menschen befreit sein, wenn ein Mensch befreit ist."

Bhagavan: „Ego, Welt und Individuen erscheinen alle aufgrund der persönlichen *Vasanas*. Wenn diese vergehen, vergehen auch die Halluzinationen dieser Person. … Tatsache ist, dass das Selbst niemals gebunden ist und es daher keine Befreiung geben kann." 571

Anmerkung: Im letzten Text erklärt Bhagavan, dass die Vielfalt der *Jivas*, die im Wachzustand wahrgenommen wird, nicht wirklich existiert, wie es auch die Traum-*Jivas* nicht tun. Hier fügt er hinzu, dass es sich um die *Vasanas* des persönlichen *Jiva* handelt. Wenn die *Vasanas* bei der Befreiung vergehen, geht auch die Halluzination der Existenz anderer *Jivas* verloren, sodass sich die Frage nach ihrer Befreiung offensichtlich nicht stellt.

Kapitel 10: Herz und Geist

1. „Dass das physische Herz auf der linken Seite ist, kann nicht geleugnet werden. Aber das Herz, von dem ich spreche, ist nicht physisch und befindet sich nur auf der rechten Seite. Das ist meine Erfahrung. Dafür muss ich keine Autorität heranziehen. Dennoch kannst du eine Bestätigung dafür in einem Ayurveda-Buch in Malayalam und in der *Sita Upanishad* finden." 4

Anmerkung: Dies ist eine verbindliche Aussage über Bhagavans eigene Erfahrung, die in ihrem praktischen Aspekt jedoch keine Hilfe für den Meditierenden ist. Der Ort des Herzens, ob rechts oder links, muss uns nicht beunruhigen (s. Text 9 unten), denn wenn man sich darin befindet, d.h. im *Samadhi*, verschwindet nicht nur die Brust, sondern auch der Körper und die ganze Welt. Wenn *Dhyana* reift, offenbart sich das Herz automatisch, ohne dass man sich besonders anstrengen muss, seinen entsprechenden Ort im physischen Körper zu suchen.

2. „Man sagt, dass der *Jiva* im Tiefschlaf im Herzen bleibt und im Wachzustand im Gehirn. Das Herz ist nicht die muskuläre Höhle, die das Blut vorantreibt. Es bezeichnet in den *Veden* und den Schriften das Zentrum, aus dem der Gedanke ‚Ich' entspringt. Entsteht es aus dem Fleischklumpen? Nein, sondern von irgendwo in uns, aus dem Zentrum unseres Wesens. Das ‚Ich' hat keinen Ort. Alles ist das Selbst. Es gibt nichts anderes als das Selbst. Daher muss vom Herzen gesagt werden, dass es sowohl der gesamte Körper als auch das Universum ist, das als ‚Ich' verstanden wird. Aber um dem *Abhyasi* zu helfen, müssen wir ihm einen bestimmten Platz im Universum oder im Körper zuweisen. So wird das Herz als Sitz des Selbst bezeichnet. Aber in Wahrheit sind wir überall, wir sind alles, was ist, und es gibt nichts anderes." 29

Anmerkung: Das Herz hat also überhaupt keinen Ort. Seine anderen Namen sind Selbst, ‚Ich', Sein, reiner Geist usw. Es wird Herz genannt, weil es die Quelle ist, aus der das Universum entspringt. In der letzten Anmerkung haben wir gesehen, dass sich das Herz im *Samadhi* als völlig unabhängig von jedem Ort enthüllt. Warum also lokalisiert Bhagavan es in der rechten Brust? Er verortet es nicht im Fleisch und in den Knochen der rechten Brust, sondern nur im Bewusstsein auf der Ebene dieser Region. Doch weil dieses

Bewusstsein eine direkte Beziehung zum Körper hat, muss es eine Kontakt-stelle mit ihm haben, sozusagen eine Schaltstelle im subtilen Gegenstück des Körpers, von dem aus es den Körper aus- und einschaltet. Diese Schalt-stelle wird in *Samadhi* im subtilen Gegenstück der rechten Brust empfun-den.

Für den kritischen Verstand scheint es ein Widerspruch in den Aussagen Bhagavans zu geben, der das Herz einerseits überall und nirgends sein lässt und es andererseits in der rechten Brust fixiert, aus der (wie im nächsten Text) die *Sushumna Nadi* entspringt und wohin sich der *Jiva* im Schlaf zu-rückzieht usw. Der scheinbare Widerspruch ist auf die Wahrnehmung des Körpers zurückzuführen, der sich auf den Geist oder das intelligente Prinzip bezieht, das durch ihn handelt und wahrnimmt. Der Geist muss in einem doppelten Aspekt verstanden werden, zum einen als der Geist, der den Kör-per durchdringt und damit hypothetisch auf seine Form beschränkt ist, und zum anderen als grenzenlos und frei. Mehr dazu im nächsten Punkt.

> 3. „*Atman* ist das Herz selbst. Seine Manifestation ist im Gehirn. Die *Sushumna* oder ein Nerv (*Nadi*) mit einem anderen Namen wird als der Weg vom Herzen zum Gehirn betrachtet. Die *Upanishaden* sprechen von *Para Leena*, was bedeutet, dass die *Sushumna* oder solche *Nadis* in *Para*, d.h. dem *Atma Nadi*, enthalten sind. Die Yogis sagen, dass der Strom, der zum *Sahasrara* (Gehirn) aufsteigt, dort endet. Diese Erfahrung ist nicht vollständig. Für *Jnana* muss er zum Herzen führen. *Hridaya* (das Herz) ist das Alpha und Omega." 57

Anmerkung: Aus dem Herzen entspringt der Körper. Die Energie, das Leben und Bewusstsein – die einzigen Hauptelemente des Körpers und ebenso des Universums – strömen aus dem Herzen durch den ersten Kanal oder *Nadi* direkt zum Kopf, von dem sie durch verschiedene *Nadis* zu allen Teilen des Körpers hinunterfließen. Wir brauchen den *Nadis* keine Namen zu geben, um Konflikte zwischen den von einer Autorität angegebenen Orten und Na-men und denen einer anderen Autorität zu vermeiden. Namen und Formen sind die Ursache für die Weltillusion, also sind sie es auch in der Metaphy-sik. Bhagavan möchte lediglich diese Tatsache über die Verteilung des Le-bens und des Bewusstseins bis zu den entferntesten Punkten im Körper durch die *Nadis*, beginnend mit dem *Para-Nadi*, aufzeigen, damit der Schü-ler die Funktion dieses *Nadis* bei der Erlangung von *Jnana* kennt. Da alle

Nadis im Körper im *Sahasrara* enden, betrachten der *Kundalini*-Yogi, der Hatha-Yogi und eigentlich alle Yogis, die *Pranayama* praktizieren, das *Sahasrara* als den Endpunkt ihrer *Sadhanas*, wohingegen der *Dhyana*-Yogi, auch Raja-Yogi, *Vichara*-Yogi etc. genannt, eine weitere Stufe für die vollständige und absolute Befreiung hinzufügen. Diese letzte Stufe verläuft durch das *Para-Nadi*, auch *Amrita-Nadi* genannt, weil sie von reinstem *Sattva* ist. Sie ist äußerst glückselig und führt direkt zum Herzen.

„Seine Manifestation ist im Gehirn" bedarf einiger Erklärungen. Es ist eine allgemeine Erfahrung, dass Menschen, wenn sie vom Geist sprechen, immer das Gehirn darunter verstehen, und die Wissenschaftler, die sich ihrer Sache so sicher sind, machen es noch schlimmer, wenn sie das Gehirn zum Denker erklären, was natürlich falsch ist, denn das Gehirn ist genauso gefühllos und unfähig zu denken wie jeder andere Teil des Körpers. Wenn das Ganze gefühllos ist, sind es auch die Teile. Dieser Irrtum ist die Folge der Manifestation der Aktivitäten des *Jiva* durch das Gehirngewebe, das sozusagen sein Telegraphenamt ist, das ihm alle von den verschiedenen Sinnesorganen und dem Nervensystem empfangenen Signale usw. übermittelt. Aber die Heimat des *Jiva* ist das Herz, welches das kosmische Lagerhaus aller schöpferischen Impulse ist. Zu dieser Heimat kehrt der *Jiva* mit den Sinnen zurück, wenn er sich im Schlaf aus dem Körper zurückzieht, was als „Tod" bezeichnet wird, und schließlich für immer in *Mukti*.

4. „Das Herz ist nicht physisch. Es ist spirituell. *Hridaya = hrit + ayam* bedeutet ‚das ist das Zentrum'. Es ist das, aus dem Gedanken entstehen, in dem sie bestehen und in dem sie sich auflösen. Gedanken sind der Inhalt des Geistes, und sie formen das Universum. Das Herz ist also das Zentrum von allem. Es wird in den *Upanishaden* als *Brahman* bezeichnet. *Brahman* ist das Herz." 97

Anmerkung: Dieser Text ist die Quintessenz der *Veden*. Die Gedanken entspringen dem Herzen, bestehen in ihm und lösen sich in ihm auf. „Sie formen das Universum." Dies ist eine bedeutungsvolle Aussage. Sie macht die Substanz des Universums zu nichts als Gedanken, zu einem bloßen geistigen Hirngespinst. Das übertrifft sogar den subjektiven Idealismus der westlichen Philosophen.

„Gedanken sind der Inhalt des Geistes" ist insofern bedeutsam, als der Geist nicht einfach *Manas* meint, wie es in der indischen Metaphysik meist falsch übersetzt wird, sondern das Bewusstsein, das die Gedanken hervorbringt und wahrnimmt, das gleichbedeutend mit dem Herzen oder *Brahman* ist. Bhagavan setzt den reinen Geist oft mit *Brahman* gleich, was auch richtig ist. *Manas* kann wiedergegeben werden als Intellekt, als ein Bündel von Gedanken und Empfindungen oder vielleicht als die Prozesse des Denkens. Manchmal wird auch Geist im Sinne von *Manas* verwendet. In jedem Fall wird der Schüler gut daran tun, sich diese doppelte Bedeutung von Geist (mind) zu merken, um Verwirrung zu vermeiden.

Dass „das Herz das Zentrum von allem" ist, bedeutet nicht, dass es nicht auch der Umfang ist. Bhagavan macht es in diesem Text zum Behälter aller Gedanken, das heißt des Universums – Zentrum, Umfang, wie auch alles, was dazwischen liegt.

„Wahrlich, wie der Raum grenzenlos ist, so ist es auch der Äther im Herzen. Sowohl Himmel und Erde, Feuer und Luft, Sonne und Mond, Blitze und Sterne und alles, was ist, als auch alles, was nicht im Universum ist, ist in dieser Leere (im Herzen) enthalten." (Chandogya Upanishad IX, 1.3)

> 5. „Wie kann man das Herz verwirklichen? Es gibt niemanden, der auch nur für eine Weile nicht das Selbst erfährt. Er ist das Selbst. Das Selbst ist das Herz. Wenn du gefragt wirst, wer du bist, legst du deine Hand auf die rechte Seite der Brust und sagst: ‚Ich bin', womit du unbewusst auf das Selbst zeigst. Das Selbst ist somit bekannt." 97

Anmerkung: Hier haben wir einen Hinweis auf den Ort des Herzens im Körper, vielmehr in der subtilen Umgebung des Körpers. Wir benutzen instinktiv eher die rechte als die linke Hand, wenn wir auf unsere eigene Person zeigen. Warum legen wir zu diesem Zweck die Hand nicht auf den Kopf, die Wange, die Wirbelsäule oder auf die Beine oder Füße anstatt auf die rechte Brust? Wenn keine unmittelbare Beziehung zwischen diesem Teil des Brustkorbs und dem ‚Ich' bestehen würde, würden wir nicht sofort und wie selbstverständlich direkt darauf zeigen, wenn wir unsere Identität betonen wollen. Wenn wir auf den Verstand oder das denkende Organ hinweisen wollen, zeigen wir auf den Kopf, aber für das ‚Ich' zeigen wir auf die Brust. Ist das nicht ein klares Eingeständnis der Überlegenheit des Herzens gegenüber dem Gehirn? Das Herz ist das ‚Ich', die Gesamtheit des Seins, während das Gehirn nur der Sitz seiner Gedanken ist.

Das ausschließliche Zeigen auf die Brust, um die eigene Person zu bezeichnen, hat noch eine weitere gewichtige Bedeutung. Sie schließt automatisch die anderen Teile des Körpers davon aus, das ‚Ich' zu sein, wie die Tatsache beweist, dass wir es ablehnen, die Nägel, die Haare, Sekrete und Ausscheidungen usw. als unser ‚Ich' zu bezeichnen. Tatsächlich wissen wir instinktiv, dass sogar die Rippen und das Fleisch der Brust nicht das ‚Ich' sind, auch wenn wir auf sie zeigen. Wir halten den Körper als Ganzes für ‚Ich', doch im Detail leugnen wir ihn. Dieses anomale Verhalten unseres Geistes ist in dieser Hinsicht so offenkundig, dass nichts als falsche Gewohnheiten uns blind dafür machen. Die Anomalien vermehren sich, wenn wir tiefer in die Beziehung des Körpers zum Bewusstsein eindringen. Deshalb wird auf diesem Pfad auf *Vichara* oder Nachforschung bestanden, um die lächerlichen Ungereimtheiten unserer Überzeugungen und Einstellungen aufzudecken, sodass wir durch ihre Korrektur zur Wahrheit über uns selbst und über die Welt um uns herum gelangen.

> 6. „Der kosmische Geist, der nicht durch das Ego begrenzt ist, hat nichts, was von ihm selbst getrennt ist, und ist daher nur gewahr. Das ist es, was die Bibel mit ‚Ich bin, der ich bin' meint." 187

Anmerkung: Der kosmische Geist wird im *Advaita* und von Bhagavan mit *Brahman* gleichgesetzt, da er „nur gewahr" ist. Es ist leicht zu beobachten, dass dieser Geist nichts mit dem kosmischen Geist der westlichen Mystiker zu tun hat, der seine eigene Bedeutung hat – was auch immer das sein mag –, die sich von der des *advaitischen Brahman* unterscheidet. Der biblische Jehova wird in Hebräisch YHWH geschrieben, das von dem Verb HAYA (sein) abgeleitet ist und IMMER IST, ‚ICH BIN, DER ICH BIN' oder SEIN bedeutet, genau was *Advaita* mit *Brahman* oder *SAT* meint.

> 7. „Der Geist sieht sich nun als das Universum in seiner Vielfalt. Wenn die Vielfalt nicht manifest ist, bleibt er in seiner eigenen Essenz, das heißt im Herzen. Das Herz ist die einzige Realität. Der Geist ist nur eine vergängliche Phase. Als das eigene Selbst zu bleiben bedeutet, ins Herz einzutreten. Ins Herz einzutreten, bedeutet, ohne Ablenkungen zu bleiben." 252

Anmerkung: Der Geist verwandelt sich in das Universum. Wenn er das Universum oder die Vielfalt wahrnimmt, prägt sich diese auf seiner reinen Oberfläche ein, sodass seine Aufmerksamkeit ständig auf die Vielfalt und nicht auf sich selbst gerichtet ist. Wenn die Vielfalt eliminiert wird, nimmt der Geist sich selbst in seiner Essenz wahr, in seiner eigenen nackten Reinheit. Dann heißt es, er sei in das Herz eingetreten, In Wirklichkeit ist er selbst das Herz. Dies ist sein ungestörter Zustand, der ruhige Zustand von *Samadhi*.

Die Bedeckung des Geistes durch Gedanken ist offensichtlich „eine vorübergehende Phase", denn die Gedanken selbst sind vergänglich, sehr instabil und können daher durch Übung ausgelöscht werden. Der Geist selbst kann nicht ausgelöscht werden, denn der Auslöscher wäre der Geist selbst. Wenn der Geist den Geist auslöschen würde, wäre der Rückstand immer noch der Geist. Der Geist ist also unzerstörbar.

8. „Es gibt den friedlichen Geist, der das Höchste ist. Wenn er unruhig ist, wird er von Gedanken heimgesucht. Der Geist ist nur die dynamische Kraft (*Shakti*) des Selbst. Es gibt keinen Unterschied zwischen Materie und Geist. Die moderne Wissenschaft gibt zu, dass alle Materie Energie ist. Energie ist Macht oder Kraft (*Shakti*). Deshalb ist alles in *Shiva* und *Shakti*, d.h. im Selbst und im Geist aufgelöst." 268

Anmerkung: Nachdem die Identität von Selbst und Geist erklärt wurde, endet dieser Text, indem er sie zu *Shiva* und *Shakti* macht, was den Dualisten die falsche Vorstellung vermitteln könnte, sie seien getrennte Prinzipien, Geist bzw. Materie, was weit von Bhagavans Absichten entfernt ist. Am Anfang des Textes wurde der „friedliche Geist" als das Höchste identifiziert, das heißt als das Selbst. Selbst und friedvoller Geist sind also austauschbare Begriffe. Aber wenn der Geist aus irgendeinem Grund „ruhelos" oder aktiv wird, manifestiert er Energie. Die Energie, die ihm innewohnt, verwandelt sich in Wahrnehmungen, Gedanken, Empfindungen, die die Phänomene, das Universum sind. Dies wird von den *Shaktas* als Schöpfung der „dynamischen" *Shakti* interpretiert, im Unterschied zu *Shiva*, dem „statischen", friedlichen Geist, der in *Samadhi* erfahren wird. Dies ist die ganze Wahrheit über Geist und Materie. Sie sind ein und dasselbe Bewusstsein. Der Wissende (oder Geist) entwickelt Aktivität in sich selbst, die Empfindungen des Sehens, Riechens, Hörens, Denkens usw., und beginnt, das Schauspiel zu genießen, als ob es außerhalb von ihm stattfände. Dann ist er verwirrt über eine Welt und ihren Schöpfer, Gott und Seine *Shakti* und so weiter. Dies ist dann das Wesen der Energie, die die Wissenschaft als Bestandteil des „physischen" Universums, der Atome, verkündet. Das Selbst ist also nicht nur die Quelle aller kosmischen Energie, sondern die kosmische Energie selbst. *Shiva* ist also *Shakti* selbst.

9. „Soll ich über die rechte Brust meditieren, um über das Herz zu meditieren?"

Bhagavan: „Das Herz ist nicht physisch. Die Meditation sollte nicht auf die rechte oder linke Seite gerichtet sein. Sie sollte auf das Selbst gerichtet sein. Jeder weiß: ‚Ich bin.' Es ist weder innerhalb noch außerhalb, weder rechts noch links. ‚Ich bin' – das ist alles." 273

Anmerkung: Der bemerkenswerte Punkt in diesem Text, abgesehen von dem, was wir bereits besprochen haben, ist, dass die Meditation nicht auf die physische Brust, ob rechts oder links, gerichtet werden sollte, denn das ist überhaupt nicht das Herz. Das ‚Ich' ist raumlos, völlig frei von der Assoziation einer Richtung oder Seite. Es ist einfach ‚Sein' oder ‚Ich bin' und nichts anderes. Dieses Empfinden des reinen Seins sollte unsere Richtung in der Meditation sein. Wenn wir es anfangs nicht einfangen können, müssen wir es immer wieder versuchen, bis es uns gelingt. Da es die ganze Zeit in uns präsent ist, wächst die Intuition dafür schnell wie eine einst bekannte, aber vergessene Sprache. Wir werden nach anfänglichem Zögern aufholen, was unvermeidlich ist. Dies ist einer der besten Hinweise, die uns der Meister gegeben hat, wie wir unsere längst vergessene Essenz wieder erkennen.

10. „Wie kann die Welt eine Vorstellung oder ein Gedanke sein? Der Gedanke ist eine Funktion des Geistes. Der Geist befindet sich im Gehirn. Das Gehirn befindet sich im Schädel des Menschen, der ein winziger Teil des Universums ist. Wie kann dann das Universum in den Zellen des Gehirns enthalten sein?"

Bhagavan: „Solange der Geist als eine Entität der beschriebenen Art betrachtet wird, wird der Zweifel fortbestehen. Aber was ist der Geist? Lasst uns überlegen. Was ist die Welt? Sie ist die Objekte, die sich im Raum (*Akasha*) ausbreiten. Wer begreift sie? Der Geist. Ist nicht der Geist, der den Raum begreift, selbst Raum (*Akasha*)? Wenn man ihn als Äther des Wissens (*Akasha* oder *Jnana Tattva*) begreift, wird es keine

Schwierigkeiten geben, den scheinbaren Widerspruch aufzulösen. *Rajas* und *Tamas* agieren als grobe Objekte usw. Somit ist das ganze Universum nur geistig." 451

Anmerkung: Die Frage kommt von einem Philosophielehrer, der scheinbar auf dem Trockenen sitzt und sehr verwirrt die Frage formuliert. Auf der einen Seite identifiziert er den Menschen mit seinem Körper als „winzigen Teil des Universums", d.h. den Geist mit dem Gehirn, und andererseits „verortet" er den Geist im Gehirn, indem er das eine vom anderen unterscheidet. In diesem Fall behauptet Bhagavan, „wird der Zweifel fortbestehen", das Problem wird unlösbar bleiben. Wenn das Gehirn der Geist ist, dann wird es kein Ende der Unwissenheit und kein Ende der Argumentation geben. Wie kann zum Beispiel das empfindungslose Gehirn denken, erschaffen, verstehen, riechen, schmecken usw.? Wie können Shakespeare, Gandhi und Ramana Maharshi Teile von verderblichem Fleisch sein? Wie entstehen immaterielle Gedanken aus den materiellen Gehirnzellen, und in welcher Beziehung stehen sie zueinander und so weiter? Aber wenn sich der Geist im Gehirn befindet, wie die Frage es ausdrückt, dann gibt es viel Hoffnung auf eine Lösung. Dann stimmt es mit der yogischen Erfahrung überein, dass der Geist oder das individuelle Bewusstsein im Gehirn wohnt, wie es bereits in Anmerkung 3 dieses Kapitels erklärt wurde. Das Individuum ist nicht das Gehirngewebe, sondern das intelligente Wesen, das Bewusstsein, das in ihm wohnt und es als sein Instrument benutzt. Das Bewusstsein selbst ist reines *Akasha* (Äther), in dem sich die Welt ausbreitet, wie sie im Weltraum erscheint, der selbst Äther ist. Somit ist die Welt nichts als Bewusstsein oder Geist. Dass die Objekte weich oder hart, heiß oder kalt, klein oder groß, gelb oder grün, sauer oder süß erscheinen, liegt an den Sinnen, die Funktionen desselben Geistes sind. Die Welt besteht aus nichts anderem als dem, was die Sinne aus sich selbst heraus entwickeln. „Somit ist das ganze Universum nur geistig." Die Vielfalt der Eigenschaften, die die Sinne unseren Wahrnehmungen als Objekte verleihen, sind die *Gunas*, von denen Bhagavan spricht. Im manifestierten Universum gibt es also nichts als Eigenschaften, die dem Bewusstsein überlagert sind.

Kapitel 11: Wahres und falsches Schweigen

1. „Das Schweigen der Einsamkeit ist erzwungen. Zurückhaltendes Sprechen in Gesellschaft kommt dem Schweigen gleich, denn dann kontrolliert der Mensch seine Rede. Ist der Redner anderweitig beschäftigt, ist das Reden verhalten. Der introvertierte Geist ist anderweitig aktiv und nicht bestrebt, zu sprechen." 60

Anmerkung: *Mouna* (Schweigen) in der spirituellen Praxis ist eine Tugend, die eifrig kultiviert wird. Bhagavan sagt, dass das Aufsuchen von Orten der Einsamkeit, um die Gewohnheit der Stille zu kultivieren, nicht von großem Wert ist, denn es ist ein erzwungener Zustand aus Mangel an Gesellschaft, wohingegen die Beherrschung der Zunge in Gesellschaft wahres Schweigen ist und also wahre Selbstbeherrschung.

Der Wunsch zu sprechen entsteht im Geist, aber wenn der Geist mit einem anderen Thema als dem des Gesprächs beschäftigt ist, wird das Sprechen stark minimiert. Das Thema, mit dem der Geist des *Abhyasi* gewöhnlich beschäftigt ist, ist das Wesen des Geistes selbst, d.h. die Meditation, was dazu führt, dass er sich nur ungern durch Konversation ablenken lässt. Dies ist natürliches, nicht erzwungenes *Mouna*.

Bhagavan fährt fort:

2. „*Mouna* als Disziplinarmaßnahme ist dazu gedacht, die geistigen Aktivitäten aufgrund von Sprache zu vermindern. Wenn der Geist anderweitig kontrolliert wird, ist *Mouna* als Disziplin unnötig, denn *Mouna* wird natürlich." 60

Anmerkung: Warum kultivieren *Sadhakas* die Stille? Um den Geist zum Schweigen zu bringen. Aber das ist ein falsches Verständnis, denn nicht das Sprechen verursacht das Denken, sondern das Denken verursacht das Sprechen. Das Gespräch provoziert zweifellos das Denken und daher das Sprechen, aber wenn der Verstand nicht unter Kontrolle gebracht ist, selbst wenn es niemanden gibt, mit dem man reden kann, spricht der Verstand mit sich selbst. Es werden vor allem Erinnerungen auftauchen, und sie werden den Geist mit Gedanken an die tote Vergangenheit füllen. Der Verstand ist in der Einsamkeit in einem viel schlechteren Zustand als in Gesellschaft. Die Erinnerung ist ein gefährlicherer Begleiter als die Gesellschaft von *sattvischen*

Freunden, die manchmal über irrelevante Dinge reden, aber das kann sich für den *Sadhaka* als hilfreich erweisen, indem es dazu dient, sein Grübeln über eine Kette von unglücklichen Ereignissen zu unterbrechen, die tot und vergangen sind und deren Wiederbelebung den Geist deprimieren kann, den er um eines erfolgreichen *Sadhanas* willen fröhlich halten will.

„Wenn der Geist anderweitig kontrolliert wird", ist damit *Dhyana*, *Vichara* und Studium, ein hartnäckiger Widerstand gegen den Druck der Erinnerung gemeint. Dann sind Schweigegelübde nicht nur überflüssig, sondern ausgesprochen schädlich. Geistige Stille spiegelt sich in sprachlichem Schweigen wider, das natürliches *Mouna* ist.

3. „*Vidyaranya* behauptet, dass zwölf Jahre erzwungenes *Mouna* absolutes *Mouna* hervorruft, das heißt, es macht einen unfähig, zu sprechen. Es ist mehr wie bei einem stummen Tier, nichts sonst. Das ist kein *Mouna*." 60

Anmerkung: Die Moral ist, dass ein Schweigegelübde und die erzwungene Zurückhaltung der Rede wertlos sind, wenn der Geist rastlos aktiv bleibt. Und wenn er nicht so aktiv ist, hat er keinen Bedarf an Zwang. *Mouna* wird zur Gewohnheit.

Der Seitenhieb auf den gezwungenen ,*Mouni*', der „wie ein stummes Tier ist, nichts sonst", ist nicht unberechtigt, denn es sind Fälle bekannt, in denen das erzwungene *Mouna* den *Mouni* eher verbittert als erweicht hat. Jahre der Gewalt gegen sich selbst verwandelt sich am Ende in Gewalt gegen andere. Aus anfänglicher Demut wird Arroganz und Selbstgerechtigkeit, die dem Charakter eines wahren Suchers fremd sind. Die Vorstellung, in seiner eigenen Einschätzung ein großer *Tapasvin* zu sein, trägt viel zu dieser Selbstaufblähung bei. Es kommt ihm nicht in den Sinn, dass alle Tiere *Mounis* sind, sondern noch weit davon entfernt sind, einen kontrollierten Geist zu haben oder heilige *Tapasvins* zu sein.

4. „*Mouna* ist ständige Rede. Untätigkeit ist ständige Aktivität." 60

Anmerkung: Ist dies ein Paradoxon oder ein Rätsel? Weder noch, wenn wir es sorgfältig untersuchen. Wir haben oben zugegeben, dass die wahre Stille die des Geistes ist, was auf natürliche Weise zum Schweigen führt. Aber dieses *Mouna* hat durch seine Negation eine ganz eigene Bedeutung und

Beredsamkeit, die stärker ist als jede Rede, wie es im Schweigen von *Sita* im nächsten Text veranschaulichen wird.

Schauen wir genauer hin, ist das *Mouna* des Geistes überhaupt keine Untätigkeit. Der stille Geist ist das dynamische, reine Sein, das die Gesamtheit ist, die Quelle aller Phänomene, wie wir in den vorangegangenen Kapiteln studiert haben, und somit allmächtig und allwissend. Um aus diesem „untätigen" Sein zum Tun, zum Denken, zum Reden zu kommen, ist in der Tat Energieverschwendung, eine Degeneration, eine Entkräftung, die Ursache von Unwissenheit und Elend. Deshalb ist die „Untätigkeit" des stillen Geistes unermesslich mächtiger als die Pseudoaktivität der Welt des Handelns und Sprechens. Sie ist „ständige Aktivität".

> 5. „Als *Sita* von den Ehefrauen der *Rishis* gefragt wurde, wer ihr Ehemann unter den versammelten *Rishis* im Wald war, verneinte sie bei jedem, auf den man zeigte, aber sie ließ ihren Kopf sprachlos hängen, als man auf *Rama* wies. Ihr Schweigen war beredt.
>
> Die *Veden* sind ähnlich beredt mit „*Neti*", „*Neti*" („nicht dies", „nicht dies") und schweigen dann. Ihr Schweigen ist der wahre Zustand. Das ist die Bedeutung der Lehre durch Stille. Wenn die Quelle des ‚Ich'-Gedankens erreicht ist, verschwindet er, und was übrig bleibt, ist das Selbst."
> 130

Anmerkung: Dies ist eine äußerst treffende Illustration über das Selbst und seine Verneinung, die ein tieferes Studium verdient. Bleiben wir bei dem „*Neti*"-Teil. Wir sagen *Neti* (nicht dies) zu was? Sicherlich zu allen Dingen, die wir wahrnehmen, und zu allen Dingen, die wir uns vorstellen – wir lehnen die Welt insgesamt als falsch, als unintelligent ab. Was als Rest übrig bleibt, ist der Ablehnende oder Wahrnehmende selbst, aber aller Wahrnehmungen beraubt und daher völlig untätig – still. Dies ist das Selbst, die absolute Intelligenz, die wahrnimmt, ohne wahrgenommen zu werden, die denkt, ohne gedacht zu werden. Daher führt die „*Neti, Neti*"-Praxis der Zurückweisung den *Sadhaka* zu sich selbst als der Seher alles Sichtbaren, Hörer aller Klänge, Riecher aller Gerüche zurück. Er schaut sich zunächst um und beginnt, eine Sache nach der anderen zu verwerfen, bis nichts mehr zum Verwerfen übrig bleibt, außer ein plötzlicher Blitz der Intuition, der aus seinem Inneren kommt, aus dem Selbst, der ihn auf sich selbst zurückwirft und ihm die Wahrheit über sich selbst als den logischen Rest, den reinen Wissenden, der nicht verworfen werden kann, enthüllt. „Das ist die Bedeutung, die Lehre durch Stille", erklärt Bhagavan.

6. „*Mouna* bedeutet nicht, den Mund zu schließen. Es ist der Zustand, der Sprache und Gedanken transzendiert. Halte ein Konzept fest und verfolge es zurück. Durch solche Konzentration entsteht Stille. Wenn die Praxis natürlich wird, endet sie in Stille. Meditation ohne geistige Aktivität ist Stille." 231

Anmerkung: Wir müssen daher unsere Ansichten über das *Mouna* der Sprache und schweigende *Mounis* ändern. Um es zu wiederholen: Geistige Stille ist das wahre *Mouna*. Es ist ein Zustand für sich – der wahre Zustand. Wie erreicht man diesen Zustand? Im letzten Text wird die *Neti*-Methode beschrieben. Hier gibt Bhagavan eine andere Methode, nämlich das Festhalten an nur einem einzigen Gedanken, einem einzigen Konzept. Indem wir an einem Gedanken festhalten, werden wir *Mouna* in allen anderen Gedanken erreichen. Ständiges Springen von einem Thema zum anderen und nicht einmal eine Minute bei einem einzigen Thema zu verweilen, ist die Routinearbeit des Geistes. Wenn dieses Herumflattern wie ein Schmetterling bis zu einem gewissen Grad eingedämmt werden kann, indem man den Geist an ein Thema – und nur an ein einziges – kettet, ist das an sich schon eine große Errungenschaft. Es führt dazu, dass schließlich auch das eine Konzept fallen gelassen wird, wenn der ultimative Zustand des absoluten *Mouna* oder *Samadhi* erfolgt.

Was meint Bhagavan mit dem Zurückverfolgen eines Gedankens? Er meint, dass er zu dem Geist zurückverfolgt werden muss, aus dem er entstanden ist, denn Gedanken können von nirgendwo anders kommen als aus dem Denker selbst. Ein Gedanke von mir zum Beispiel kann nur aus meinem eigenen Ich kommen. Indem man also die Gedanken zu ihrer Quelle zurückverfolgt, kann das Selbst entdeckt werden.

7. „Ist ein Schweigegelübde nicht hilfreich?"

Bhagavan: „Ein Gelübde ist nur ein Gelübde. Es kann *Dhyana* in gewissem Maße helfen. Aber was nützt es, den Mund geschlossen zu halten und dem Geist freie Bahn zu lassen? Wenn der Geist mit *Dhyana* beschäftigt ist, wo ist dann die Notwendigkeit fürs Sprechen? Nichts ist so gut wie *Dhyana*. Was soll ein Schweigegelübde helfen, wenn man weiterhin seiner Arbeit nachgeht?" 371

Anmerkung: Um zu arbeiten, ist Denken notwendig, da sonst keine Arbeit getan werden kann, geschweige denn erfolgreich. Das Schweigen zielt darauf ab, alle Gedanken abzuwehren und den Geist frei zu halten. Ein Schweigegelübde abzulegen und trotzdem weiterzuarbeiten, ist daher schlimmer als sich selbst zu widersprechen – es ist Selbsttäuschung, ganz zu schweigen von der Qual für die Menschen, mit denen man arbeitet.

Wahres *Mouna* der Sprache kommt natürlich und spontan zu den wenigen, denen es gelungen ist, ihren Geist durch *Dhyana* zu vernichten. Vorübergehendes *Mouna* für kurze Zeiten des gelegentlichen „Rückzugs" ist durchaus sinnvoll. Es hilft, Eindringlinge abzuwehren, wenn man sich der Andacht widmet. Aber langwieriges *Mouna* muss strengstens unterlassen werden, insbesondere wenn es mit der Arbeit mit anderen Menschen einhergeht und auf einem Gelübde beruht.

Lasst uns immer an die Worte des Meisters denken, dass „nichts so gut ist wie *Dhyana*", das den ersten Platz in der *Sadhana*-Praxis einnehmen muss. Es bringt maximale Ergebnisse in einem Minimum an Zeit.

Kapitel 12: Gnade

1. „Ist *Ishwara Prasad* (göttliche Gnade) oder die eigene Anstrengung des *Jiva* notwendig, um das zu erreichen, von dem es keine Rückkehr zum Rad von Leben und Tod gibt?"

Bhagavan: „Göttliche Gnade ist wesentlich für die Verwirklichung. Aber diese Gnade wird nur demjenigen zuteil, der ein wahrer Verehrer oder ein Yogi ist, der unnachgiebig und unaufhörlich nach Freiheit strebt." 24

Anmerkung: Die Schlussfolgerung ist eindeutig, dass die Anstrengung von äußerster Bedeutung ist. Gnade wird nur demjenigen gewährt, der sich „unnachgiebig und unaufhörlich" bemüht. So scheint die Gnade wie eine Prämie zu sein, die zum Lohn desjenigen hinzukommt, der arbeitet und sie verdient und nicht demjenigen gewährt wird, der sie nicht verdient. Verdienst du mehr, bekommst du eine größere Prämie. Verdienst du weniger, bekommst du eine kleinere. Nichts wird umsonst gegeben, geistliche Gaben am allerwenigsten. Gnade kann nicht mit Bemühung gleichgesetzt werden, denn dann wäre sie nicht mehr *Ishwara Prasad*, sondern streng verdienter Lohn, eine Bezahlung für die Bemühungen selbst. Auch kann sie nicht mit Nicht-Bemühen gleichgesetzt werden, als zufällige, unverdiente Gaben, denn solche Gaben gibt es bekanntlich nicht. Gott in seiner unendlichen Barmherzigkeit gibt die Gnade als Zuschuss, als eine Art Prämie für echte Anstrengung und als Ansporn zu noch größerer Anstrengung.

„Gnade wird nur demjenigen zuteil, der ein wahrer Verehrer ist oder ein Yogi, der unnachgiebig und unaufhörlich nach Freiheit strebt." Wir wollen diesen edlen Gedanken in uns sinken lassen. Er kommt von der höchsten Autorität über die Wahrheit, die es gibt, und muss daher von den ernsthaften Suchern gehütet und unablässig bedacht werden. Wer also den Predigern zuhört, die kühn Gottes Barmherzigkeit und Gnade verkünden, die von Gottes Launen abhängen, soll nicht in ihre Falle tappen, denn sie sind unwissende Dogmatiker. Sie stellen sich vor, dass Gott launisch ist wie sie selbst oder schwach genug, um Gebete zu erhören. Auch sollte er nicht auf diejenigen hören, die Anstrengungslosigkeit predigen. Ihre Worte werden durch die Erfahrung und Weisheit der Meister-*Rishis* widerlegt, die der Welt über Jahrtausende hinweg ihr wertvollstes Erbe gegeben haben – die Wissenschaft des Yoga.

Bhagavan nennt Gnade unerlässlich für die Verwirklichung. So ist es. Die Prämie, die sich von Tag zu Tag, von Jahr zu Jahr ansammelt, wird am Ende zu einem beträchtlichen Haufen, der weit wertvoller ist als der Lohn, denn er sichert die Ruhe und den Trost des Subjekts für den Rest seines Lebens. Im Falle des Suchenden regnet er in Form des höchsten Gurus und schließlich als *Jnana* selbst hernieder, als die kumulative Belohnung vieler Leben des Strebens und der bewussten Buße.

Der nächste Text setzt Gnade, Guru und Gott identisch.

2. „Ist die Gnade des Meisters (*Guru Anugraha*) nicht das Ergebnis der Gnade Gottes?"

Der Meister antwortet: „Warum sollte man zwischen diesen beiden unterscheiden? Der Meister ist Gott (*Ishwara*) selbst und nichts anderes als Er." 29

Anmerkung: Hier ist die Gnade der Guru, der nichts anderes als Gott selbst ist, was im Umkehrschluss bedeutet, dass die Gnade erst nach der Begegnung mit dem Guru voll erkannt werden kann, wenn ihr Wirken für das Bewusstsein des Subjekts zunehmend wahrnehmbar wird. Obwohl man das ganze Leben hindurch etwas von ihr spüren kann, kann sich die Fülle der Gnade erst nach der inneren Transformation durch die Anwesenheit und Führung des Gurus und die Praxis des *Sadhanas* einstellen.

3. Der amerikanische Besucher fragt: „Hat die Entfernung irgendeine Auswirkung auf die Gnade?"

Sri Bhagavan antwortet: „Zeit und Raum sind in dir. Du bist immer das Selbst, das du suchst. Wie beeinflussen Zeit und Raum es?" 127

Anmerkung: Der Besucher, ein typischer Westler, illustriert die obige Frage mit der Analogie der Radiosendung, die, wie er sagt, bei der näheren Empfangsstation klarer und bei der entfernteren schwächer zu hören ist. Er gibt nicht an, wo er die Sendestation der Gnade, die ihm vorschwebt, verortet, im Pazifik, im Atlantik, im Himalaya oder vielleicht in Tiruvannamalai. Wenn er sie in der Person von Bhagavan verortet, dann hat er Recht, wenn er sich in diesem Punkt sicher sein will. Denn die ständige Nähe des Weisen macht einen großen Unterschied für die rasche Reinigung des Geistes und seine Neigung zu Meditation und Konzentration. Die Gelegenheit, in dieser

Nähe zu sein, ist ein Akt der Gnade. Wenn Bhagavan bei der Übermittlung der Gnade die Entfernung aufhebt, bedeutet das, dass das Selbst über Zeit und Raum steht. Außerdem möchte Bhagavan den Besucher nicht entmutigen, dessen *Prarabdha* ihn auf Distanz hält. Dennoch hat die Gnade, die der Besucher im Sinn hat, ein ganz bestimmtes Wirkungsfeld. Ich wiederhole: Immer beim Meister zu sein – gelegentliche Abwesenheit ausgenommen – ist auf einen deutlich hohen Grad der Gnade zurückzuführen, denn sie beschleunigt die Reife zur Verwirklichung. Darin sollte man sich nicht täuschen. Wir haben die Beweise der *Srutis*, aller Yogis und von Bhagavan selbst an vielen Stellen in diesem Werk, wie zum Beispiel in Text 31 des nächsten Kapitels. Wir lesen im Bhagavatam (XI, 12. 1-7), dass Sri *Krishna* seinem wichtigsten Schüler Uddava mit auf den Weg gab, bevor er sich von ihm verabschiedete und die Welt verließ, immer *Satsanga* zu suchen, denn, so sagte Er, nichts erfreut Ihn mehr und nichts führt schneller zu Ergebnissen auf dem Pfad als die Gesellschaft von Weisen. Die Gesellschaft des Gurus ist das größte *Satsanga*.

4. „Gib mir bitte deine Gnade."

Bhagavan: „Gnade ist immer da und wird nicht gegeben." 133

5. „Es gibt Schüler von Bhagavan, die seine Gnade erhalten und ohne nennenswerte Schwierigkeiten verwirklicht haben. Auch ich wünsche mir diese Gnade."

Bhagavan: „Die Gnade ist in dir. Wenn sie äußerlich wäre, wäre sie nutzlos. Gnade ist das Selbst. Du bist nie außerhalb ihres Wirkungsbereichs. Wenn du dich an Bhagavan erinnerst, wirst du vom Selbst dazu aufgefordert. Ist das nicht Gnade? Ist nicht die Gnade bereits da? Das ist der Anreiz, das ist die Antwort, das ist die Gnade." 251

Anmerkung: Der zweite Fragesteller ist eine Dame, wahrscheinlich eine Hoheit aus einem zentralindischen Staat, die sich nicht in den Ashram zurückziehen und immer in der Nähe des Meisters sein kann. Sie vermutet, dass einige von Bhagavans Schülern seine Gnade „ohne große Schwierigkeiten" erhalten und das Selbst verwirklicht haben, sodass auch sie sie ohne beträchtliche Schwierigkeiten haben kann, ungeachtet der Entfernung ihres Wohnsitzes von ihm. Es ist selten sicher, sich auf Vermutungen zu verlassen. Wie wir festgestellt haben, ist harte Anstrengung notwendig, um sich die

Gnade zu verdienen, die immer im Überfluss vorhanden ist, weil sie immer da ist. Einfache Bitten werden nicht ausreichen, denn die Gnade ist nicht gegeben.

Gnade, so versichert Bhagavan, ist nicht äußerlich, denn „wenn sie äußerlich wäre, wäre sie nutzlos". Sie könnte dann sogar ohne Verdienste gekauft werden. Die Gnade ist innerlich und muss daher durch Verdienste, die durch Anstrengung entstehen, erworben werden. Diejenigen, die sich nicht anstrengen können, müssen sich mit Brosamen oder kleinen Häppchen begnügen. Mangel an Zeit und an günstigen Umständen sind die Feinde des *Sadhanas*. Sie mögen auf *Prarabdha* zurückzuführen sein, doch Bhagavan behauptet an anderer Stelle, dass *Prarabdha* unter den Hammerschlägen der Anstrengung zerbricht. Die Praxis bleibt letztlich von höchster Notwendigkeit für den ernsthaft gesinnten Sucher (s. Text 27 im nächsten Kapitel).

6. Der Besucher sagt: „Ich bin nicht in der Lage, mich zu konzentrieren, um selbst Frieden zu finden. Ich bin auf der Suche nach einer Kraft, die mir hilft."

Der Meister antwortet: „Ja, das nennt man Gnade. Individuell sind wir nicht fähig, weil der Geist schwach ist. Gnade ist notwendig. *Sadhu Seva* (der Dienst für die Heiligen) ist nur dazu gedacht. So wie ein schwacher Mensch unter die Kontrolle eines stärkeren kommt, so kommt der schwache Geist in der Gegenwart des Heiligen mit einem stärkeren Geist leicht unter Kontrolle. Es gibt jedoch nichts Neues zu erlangen. Das, was ist, ist nur Gnade. Es gibt nichts anderes." 287

Anmerkung: Der Fragesteller ist in großer seelischer Not, die er aus eigener Kraft nicht überwinden kann. Er hat versucht zu meditieren, hat die *Gita*, die *Upanishaden* und alle Bücher dieses Ashrams gelesen, doch er bleibt ruhelos, und so braucht er Bhagavans Hilfe. Welche Medizin kann einen solchen Geist heilen? Man kann ihn nicht belehren, denn er hat alles gelernt, was es zu lernen gibt. Man kann ihn nicht aus seiner Notlage herausholen, denn wir können sicher sein, dass er sich schon unzählige Male selbst damit befasst hat. Das einzige Mittel, das ihm bleibt, so schlägt Bhagavan vor, ist der Dienst für die Heiligen, was einen langen Aufenthalt in ihrer Gesellschaft voraussetzt und allein seinen verstörten Geisteszustand normalisieren kann. Deshalb raten die Schriften zu *Satsanga*, um zerrüttete Nerven zu beruhigen und Unwissenheit zu beseitigen. Es gibt wirklich keinen anderen Weg. Selbst wenn man ein Millionär ist, der es sich leisten kann, eine Weltreise zu machen und seine Sorgen in den Meeren, die er durchquert, oder in den Wundern, denen er im Ausland begegnet, zu versenken, wird er bei der Rückkehr in sein altes Umfeld wieder seine alten Sorgen aufnehmen, genauso wie er seine alten Kleider tragen wird. Dies ist nur ein vorübergehendes Mittel, aber die Gesellschaft der Heiligen verwandelt die innere Sichtweise zum Besseren und zum Guten. Durch die Tendenz zur Introversion nähert man sich dem Frieden und der Glückseligkeit des Selbst. Abgesehen von der Meditation vermittelt die bloße Nähe eines Heiligen Glück für alle um ihn herum.

7. „Ist Gnade nicht das Geschenk des Gurus?"

Bhagavan: „Gott, Gnade und Guru sind synonyme Begriffe. Sie sind ewig und immanent. Wenn ein Guru denkt, dass er das Selbst geben kann, das bereits gegenwärtig ist, verdient er diesen Namen nicht. In den Büchern heißt es, es gebe verschiedene Arten von *Diksha* oder Einweihungen – *Hasta, Sparsa, Chakshu, Mano* (durch Berührung, Blick, Gedanken) usw. Der Guru vollzieht einige Riten mit Feuer, Wasser, *Japa*, Mantras usw. und nennt diese fantastischen Darbietungen *Dikshas*, als ob der Schüler erst danach reif werden würde.

Was hat *Dakshinamurti*, der höchste Guru, getan? Er blieb einfach still, und die Zweifel der Schüler wurden zerstreut. Sie verloren ihre Individualität. Das ist *Jnana*, und nicht das ganze Gerede, das man gewöhnlich damit verbindet.

Schweigen ist in seiner Wirkung am stärksten. Die *Shastras*, wie umfangreich und nachdrücklich sie auch sein mögen, versagen in ihrer Wirkung. Der Guru ist still, und Frieden durchdringt alles. Sein Schweigen ist weitreichender und wirksamer als alle *Shastras* zusammen. Diese Fragen kommen auf, weil einige das Gefühl haben, dass sie, nachdem sie so lange hier gewesen sind, so viel gehört und sich so angestrengt haben, nichts gewonnen haben. Die Arbeit, die im Inneren stattfindet, ist nicht sichtbar, obwohl der Guru immer in dir ist." 398

Anmerkung: Die drei Gs [Gott, Gnade, Guru] sind eine Formel, die man sich immer als eine Dreifaltigkeit in der Einheit in Erinnerung rufen kann – die

Quelle der göttlichen Barmherzigkeit für die Erlösung des irrenden Menschen. Der Guru ist also Gnade, sodass es sinnlos ist, vom äußeren Guru Gnade zu erbitten. In unserer extrovertierten Sichtweise stellen wir uns den Körper des Gurus als den Guru selbst und die Gnade als mitteilbar vor, d.h. dass sie von einem äußeren Objekt kommt, während die Gnade in Wirklichkeit aus dem Inneren des Suchenden selbst entspringt. Bhagavan missbilligt alle äußeren Träger von Gnade und auch Pseudogurus, die behaupten, die Gnade mündlich durch geflüsterte Mantras, Feuer und Wasser zu vermitteln. Bhagavan betitelt diese nutzlosen Riten, die als „Einweihungen" bezeichnet werden, als fantastisch, und zu Recht. Sie sind billiges Zeug, das der reine Mensch mit spirituellem Durchhaltevermögen summarisch ablehnt. Diejenigen, die Fähigkeit und Autorität beanspruchen, Gnade zu verleihen, oder, was dasselbe ist, das Selbst, kennen das Selbst nicht. „Sie verdienen den Namen Guru nicht", sagt Bhagavan.

Wenn wir ernsthaft über diese Äußerungen Bhagavans im Licht unserer eigenen Erfahrung und Vernunft nachdenken, finden wir, dass sie durch und durch wahr sind. Mit Spiritualität aufgeladene Mantras wurden Millionen und Abermillionen in die Ohren geflüstert und haben zu fast nichts geführt, außer vielleicht zu einem vorübergehenden imaginären Hochgefühl der „Eingeweihten", für das sie oft mit Geld, Dienstleistungen usw. bezahlen müssen. Im Westen haben wir analoge Riten, die angeblich bei Millionen von Anhängern, die daran teilnehmen, Wunder bewirken. Was ist das Ergebnis? *Adhikara* (natürliche Reife) allein zählt. Sie kommt genauso zu denen, die nicht an Riten und „Einweihungen" teilnehmen, wie zu denen, die es tun.

Stille, fährt Bhagavan fort, ist weitaus hilfreicher als all die dicken Wälzer der *Shastras* und die Gelehrsamkeit, denn das Selbst ist der stille Zeuge aller Dinge und ist in jedem und kann daher nur durch die Stille des Geistes erreicht werden. Um Es zu sein, müssen wir still sein wie Es.

Daher versichert Bhagavan denjenigen, die lange im Ashram bleiben, dass sie sich nicht im Geringsten vernachlässigt fühlen dürfen. Die Gnade als das Selbst wirkt still und unmerklich. Sie sind von ihr durchdrungen und schreiten in jeder Minute unaufhörlich der glorreichen Erfahrung des Selbst entgegen, das das unmittelbare Ziel aller echten *Sadhakas* ist.

Kapitel 13: Konzentration, Meditation und Samadhi

1. „Wie kann man den Geist transzendieren?"

Der Meister antwortet: „Der Geist ist von Natur aus ruhelos. Beginne, ihn von seiner Unruhe zu befreien. Gib ihm Frieden, mach ihn frei von Ablenkungen, trainiere ihn, nach innen zu schauen, mach dies zur Gewohnheit. Dies geschieht durch Ignorieren der äußeren Welt und Beseitigung der Hindernisse, die dem Frieden des Geistes entgegenstehen." 26

Anmerkung: In den vorangegangenen Kapiteln haben wir einige der Möglichkeiten, den Geist zu transzendieren, um das Selbst zu erreichen, diskutiert. Hier empfiehlt Bhagavan, mit Ruhe zu beginnen, denn wir können nicht mit dem *Vichara* fortfahren, wenn der Geist aufgewühlt ist, genauso wenig wie wir unser Schiff in stürmischer See steuern können. Wir müssen es zuerst in einen Schutzraum steuern, bis Ruhe einkehrt. Dann können wir unsere Ruder betätigen und unser Ziel sicher erreichen.

Die Menschen klagen, dass die Welt zu stürmisch ist, um ihnen Frieden zu geben. Bhagavan schlägt ihnen vor, die Welt zu ignorieren, sodass, wenn sie für die Unruhe ihres Geistes verantwortlich ist, dieser nach und nach zur Ruhe kommt. Wenn das nicht hilft, beweist das, dass der Sturm in ihnen ist und nicht außerhalb von ihnen. Dann müssen sie nach innen schauen. Das ist *Vichara*.

Da die Meditation in diesem Yoga von größter Bedeutung ist, enthält dieses Kapitel eine umfangreiche Auswahl an Hinweisen dazu. Es versteht sich von selbst, dass die Arbeitsweise des menschlichen Geistes sich von einander unterscheidet, sodass es nicht möglich ist, yogische Regeln zu formulieren, die auf alle anwendbar sind. Ein Guru ist notwendig, um jeden Schüler entsprechend seiner besonderen Umstände anzuleiten. Bestenfalls können den allgemeinen Anwärtern nur Hinweise gegeben werden, um ihren Weg zu erhellen und ihnen das nötige Vertrauen einzuflößen, ihn zu beschreiten. Solche Hinweise finden sich hier in ausreichender Zahl.

Als ersten Schritt schlägt Bhagavan geistige Ruhe vor, denn es ist nicht möglich, sich aus den hektischen Aktivitäten des gewöhnlichen Lebens direkt in die Meditation zu stürzen und zu erwarten, dass sie erfolgreich ist. Es muss viel Vorbereitung durch Studium, Reflexion und *Satsanga* geleistet werden, um die weltlichen *Vasanas* in die des *Sadhanas* zu verwandeln, wobei der Geist von selbst dazu neigt, „nach innen zu schauen".

Es ist daher für die Praktizierenden besser, nicht sofort zu meditieren, sondern zunächst Bhagavans Lehre zu beherrschen und zu lernen, wie man die Meditation so lenkt, um ihr Ziel zu erreichen. Diese Zeit ist nicht vergeudet, denn tiefes Studium nimmt nicht nur die weltlichen *Vasanas* weg, sondern ist *Dharana* (Konzentration), das Sprungbrett zu einer erfolgreichen Meditation (*Dhyana*).

Bhagavan entwickelt das Thema weiter:

> 2. „Äußere Kontakte – Kontakte mit anderen Objekten als sich selbst – machen den Geist ruhelos. Der Verlust des Interesses am Nicht-Selbst (*Vairagya*) ist der erste Schritt. Dann folgen die Gewohnheiten der Introspektion und Konzentration, die in *Samadhi* enden." 26

Anmerkung: Bhagavan beleuchtet hier die Beziehung der geistigen Unruhe zur Welt. Er unterscheidet zwischen dem Geist selbst und den äußeren Objekten, d.h. zwischen dem Selbst, das wir suchen, und dem Nicht-Selbst, das wir aufgeben müssen, nämlich die Welt der Sinnesobjekte, die immer ruhelos ist. Er lässt uns den direkten Gegensatz zwischen dem Letzteren und dem Ersteren sehen – dem Nicht-Selbst zum Selbst. Wenn wir uns an das Nicht-Selbst klammern, liegt es auf der Hand, dass wir nicht hoffen können, das Selbst zu erreichen. Dann sind wir nicht berechtigt, über unser Versagen zu trauern oder Gott oder dem Guru die Schuld dafür zu geben. Klammere dich an die Welt, und du bist für das Selbst verloren, zumindest für die Dauer deines Festhaltens. Klammere dich an das Selbst, und du bist für die Welt verloren, vielmehr ist die Welt für dich verloren. Wir können nicht hoffen, das Licht zu sehen, wenn wir hartnäckig an der Dunkelheit festhalten. Das eine steht dem anderen entgegen. Wenn wir das eine aufgeben, werden wir das andere in vollen Zügen genießen (oder erleiden). Das ist einfach gesunder Menschenverstand.

Dies könnte jedoch als Aufforderung missverstanden werden, das eigene Heim, Frau, Kinder und anderer Verpflichtungen aufzugeben. Nichts ist weiter von der Wahrheit entfernt. Diese Art der Auslegung führt ins Verderben und macht die trostlosen Aussichten noch trostloser. Wir haben gesehen, wie

Bhagavan von Realitätsflucht abrät, die in Wahrheit nicht *Vairagya* ist, sondern gefühlloser Egoismus. Rationale Sucher machen diesen Fehler nicht und argumentieren nicht damit, dass alle familiären und häuslichen Belastungen nur ein Traum sind, den man nicht ernst zu nehmen braucht, da das Selbst allein wirklich ist. Dieses Argument ähnelt dem der törichten Schüler in der Geschichte, die ihren *Rishi* in eine tiefe Grube warfen, um seine Lehre von *Maya* der Lächerlichkeit preiszugeben. Sie dachten, so die Geschichte, er würde sie darum bitten, ihn aus der Grube herauszuholen, womit er seine Lehre von *Maya* widerrufen würde. Sie riefen ihm von oben spöttisch zu: „Nun, Meister, kannst du uns sagen, ob die Welt eine Illusion ist. Aber bitte bedenke, wo du bist." Der *Rishi* antwortete unerschrocken aus der abgrundtiefen Finsternis: „Die Welt ist eine Illusion, aber nicht diese Grube", und meinte damit, dass das Leiden in der Grube, wie das Leiden im Traum, real ist, solange es andauert, obwohl die Welt eine Illusion ist. Obwohl die Welt das Nicht-Selbst, eine Illusion ist, ist das Leiden, das wir anderen, in diesem Fall unserer Familie, zufügen, echt und wird die Ursache für unser eigenes zukünftiges Leiden sein, denn das Selbst ist eins. Sri *Krishna*, das Selbst, sagt zu *Arjuna* über die verblendeten und arroganten Menschen, die anderen Leid zufügen: „Diese Bösartigen hassen Mich in den Körpern anderer und in ihrem eigenen." (*Bhagavad Gita* XVI, 18)

Bhagavan fordert uns in diesem Text auf, „das Interesse am Nicht-Selbst zu verlieren", was Losgelöstheit bei der Erfüllung der Pflicht und Freiheit von der anhaftenden Leidenschaft für die Familie und den Besitz bedeutet. Das Aufgeben der Verliebtheit in die Familie ist eine Sache, die Familie selbst aufzugeben eine ganz andere. Dieser Leidenschaft abzuschwören, was nicht dasselbe ist wie die negative Realitätsflucht, führt zu geistiger Gelassenheit. Dies ist die wahre Bedeutung von *Vairagya*, die durch die Analyse von *Vichara* erlangt werden kann, denn, so fährt Bhagavan fort:

> 3. „Eine Untersuchung des vergänglichen Wesens der äußeren Phänomene führt zu *Vairagya*. Daher ist Nachforschung der erste und wichtigste Schritt, der zu Verachtung von Reichtum, Ruhm, Bequemlichkeit, Vergnügen etc. führt. Der ‚Ich'-Gedanke wird für die Untersuchung eindeutiger." 27

Anmerkung: Dies ist eine klare Anweisung für die Erlangung von *Vairagya*. Diese beiden Texte kommen praktisch zu folgendem Schluss: Das ‚Ich' ist bisher mit Dingen beladen, die nicht ‚ich' sind – mit Reichtum, Ruhm, Macht, familiären Beziehungen, sozialem Status, individuellen Namen und Titeln, mit verschiedenen *Koshas* (Körpern) usw., die vorübergehend, „flüchtig" sind. Entferne diese überflüssige Last durch Erkundung und Unterscheidung, und das ‚Ich' bleibt allein als das ewige Selbst bestehen. Das ist wahres *Vairagya*. Deshalb muss die Entsagung sich auf diese Last beziehen, auf diese nutzlosen Fallen, die das wahre Wesen des ‚Ichs' durch ihren Glanz und ihre eigentümlichen Reize vor unserer Sicht verbergen. *Vichara* befreit das ‚Ich' von all dem Plunder und gibt uns die Fülle des Seins und seine ewige Freiheit zurück, auch wenn wir den Körper und alle menschlichen Beziehungen beibehalten. Wir werden dann zu uns selbst im vollen Wortsinn. Wir haben uns dann selbst bewiesen, dass sich das Plus auf lange Sicht zum Minus entwickelt – der Gewinn eigentlich ein Verlust ist. Reichtum und Besitz, solange wir eine Leidenschaft für sie hegen, sind in Wirklichkeit eher Hinzufügungen. Dies ist das Paradoxon des Lebens des Körpers und der Welt.

Bhagavan wendet sich nun anderen Methoden als dem *Vichara* zu.

4. „Wenn der Aspirant jedoch von seinem Temperament her nicht für *Vichara Marga* geeignet ist, muss er *Bhakti* (Hingabe) zu einem Ideal entwickeln – mag es sich um Gott, den Guru, die Menschheit im Allgemeinen, ethische Gesetze oder sogar die Idee der Schönheit handeln. Wenn eines dieser Ideale vom Individuum Besitz ergriffen hat, werden andere Anhaftungen schwächer, und Leidenschaftslosigkeit (*Vairagya*) entsteht. So entsteht gleichzeitig und unmerklich *Ekagrata* (Konzentration).

In Ermangelung von *Vichara* und *Bhakti* kann die Kontrolle des Atems (*Pranayama*) versucht werden. Dies ist als Yoga *Marga* bekannt. Wenn der Atem angehalten wird, kann der Geist nicht zu seinen Lieblingen, den Objekten, springen. So gibt es Ruhe für den Geist, solange der Atem angehalten wird. Der Geist verbessert sich durch die Praxis und wird feiner, so wie die Klinge eines Rasiermessers durch Abziehen am Streichriemen scharf wird." 27

Anmerkung: *Vichara* ist also nicht die einzige Methode der Praxis, mit der man beginnen kann. Es gibt einige, die nicht wissen, wie man nachforscht und wie sie ihre Gedanken und Gefühle analysieren können. Sie beginnen und enden mit dem empirischen ‚Ich'. Wie man seine Wurzel findet und wie man dem ‚Ich'-Gedanken nachgeht, ist ein Problem, für das sie keine Lösung finden. Für sie bleibt das *Vichara Marga* unfruchtbar – eher ein Hindernis als eine Hilfe. Bhagavan rät ihnen, sich der *Bhakti* zuzuwenden, das heißt, Hingabe an ein Ideal zu entwickeln, auch wenn dieses Ideal so konkret sein mag wie der Dienst an der Menschheit oder eine Tugend, nach der sie streben. Wenn *Bhakti* ausreichend entwickelt ist, werden *Vairagya* und Konzentration wie selbstverständlich folgen.

Wenn auch die Hingabe an ein Ideal fehlt, kann der Suchende zu *Japa* oder *Pranayama* greifen, um die Unruhe des Geistes zu unterdrücken. All diese Praktiken zielen speziell darauf ab, *Vritti*, die unaufhörliche Veränderung des Geistes, zu stoppen, sodass dieser an sich selbst genagelt wird und schließlich seinen eigenen ursprünglichen Zustand erkennt. Die geistige Ausschweifung ähnelt einer Mischung aus Goldstaub, Sand, Erde, Asche und Schmutz aller Art. Konzentration (*Dharana*) und Meditation (*Dhyana*) sind das Sieb, das den Goldstaub vom anderen trennt. Sie wühlen die *Nadis* (Nerven) auf, entlang derer das Bewusstsein in den ganzen Körper fließt, und verfolgen sie bis zu ihrer Quelle, dem Herzen. Das Nervensystem entspannt sich, was das Abfließen des Bewusstseins von den *Nadis* zurück zum Herzen bedeutet. Die Ebbe und Flut des Bewusstseins, die durch ständige Übung für den Meditierenden zunehmend wahrnehmbar werden, lösen allmählich das Bewusstsein vom Körper und enden mit der Trennung im *Samadhi*, sodass der *Sadhaka* in der Lage ist, das Bewusstsein allein und rein wahrzunehmen. Dies ist das Selbst, Gott, das Absolute.

Daher wird die Konzentration in jeder Form der spirituellen Praxis und in jeder Yogaschule empfohlen. Sie wird durch *Bhakti* herbeigeführt, die das Feuer von *Tapas* entfacht und am Leben hält. *Bhakti* ist also allumfassend, und sie erreicht ihren Höhepunkt in der vollständigen Hingabe, die der Yogi auf dem Pfad von *Jnana* und *Vichara* erreicht. Einige Praktizierende finden es einfacher, mit *Pranayama* den Geist zu kontrollieren. Auch das ist eine wirksame Methode der Verwirklichung, vorausgesetzt, sie verwickeln sich nicht in den *Chakras*, sondern enden im Herzen.

5. „Was sind die Schritte im praktischen *Sadhana*?"

Der Meister: „Sie hängen von den Qualifikationen und dem Wesen des Suchenden ab. Wenn du Götter verehrst, solltest du es fortsetzen. Es wird dich zur Konzentration führen. Konzentriere dich auf einen Punkt, und alles wird gut werden. Die Menschen denken, dass die Befreiung weit weg ist und man sie suchen sollte. Sie irren sich. Es geht nur darum, das Selbst in sich selbst zu erkennen. Konzentriere dich, und du wirst es bekommen. Der Geist ist der Kreislauf von Geburten und Tode. Übe weiter, und die Konzentration wird so leicht sein wie das Atmen. Das wird die Krone deiner Errungenschaften sein." 31

Anmerkung: Spirituelle Praktiken sind also rein individuell, abhängig vom Temperament, den intellektuellen Fähigkeiten, Denkweisen, den besonderen Umständen und anderen emotionalen und spirituellen Faktoren. Aber was auch immer diese sein mögen, die Konzentration ist, wie wir oben gesehen haben, eine conditio sine qua non, unabdingbar, wofür jedes geeignete Instrument verwendet werden kann. Die *Yoga-Sutras* von *Patanjali* und die *Upanishaden* beschreiben einige der Methoden, ohne sie zu erschöpfen, denn sie sind so zahlreich wie die Suchenden selbst.

Befreiung, sagt uns Bhagavan, ist nicht der Erwerb einer neuen Gegebenheit oder Qualifikation, sondern nur der Erwerb der korrektesten Sichtweise über sein eigenes Selbst, das bereits hier und jetzt da ist. Wir haben eine falsche Vorstellung von unserer Identität, wie der sprichwörtliche Millionär, der sich hartnäckig einbildet, er sei ein armer Schlucker, und so handelt, als wäre er wirklich einer, und damit sein Elend aufrechterhält. Wir sind unsterblich, aber stellen uns vor, sterblich zu sein, und handeln nach diesem Glauben. Wir sind nichts anderes als die höchste Intelligenz oder das reine Wissen, der Wissende aller Dinge, der Denkende, der Fühlende, der Erschaffende, der Schöpfer und nicht bloße chemische Verbindungen, bloßes Fleisch, Blut, Knochen, Galle und Schleim, die kaum einer ästhetischen Untersuchung standhalten. Es gibt eine ausgeprägte Diskrepanz zwischen dem Glauben, der Körper zu sein, und dem Abscheu, den wir bei der Entblößung der inneren Teile des Körpers empfinden. Wir lieben uns selbst am meisten. Wenn wir der Körper wären, wie kommt es dann, dass wir diese Vorstellung nicht ertragen können? Wir brauchen kaum eine hoch entwickelte analytische Fähigkeit, um diese offensichtliche Inkongruenz zu entdecken. Sobald wir das Intelligente in uns vom unintelligenten Körper trennen, sind wir im selben

Augenblick befreit. Also steht uns die Befreiung zur Verfügung, wenn wir nur wollen, wenn wir uns nur dazu entschließen und mit Entschlossenheit handeln. Selbstverwirklichung bedeutet also einfach, als „wirklich" zu entdecken, was wir bisher für unwirklich und sterblich gehalten haben. „Es geht nur darum, das Selbst in sich selbst zu erkennen."

6. „Wenn du den Weg deiner Gedanken gehst, wirst du von ihnen mitgerissen und findest dich in einem endlosen Labyrinth wieder. Aber wenn du die Quelle der Gedanken zurückverfolgst, werden diese verschwinden, und das Selbst allein wird bleiben. In der Tat gibt es für das Selbst kein Innen oder Außen. Sie sind die Projektionen des Egos. Das Selbst ist rein und absolut." 13

Anmerkung: Gedanken umfassen Empfindungen, Lieblingsvorstellungen, alle Gewohnheiten des Geistes (*Vasanas*), das Gefühl von ‚ich' und ‚mein' usw. Wenn wir uns gedankenlos gehen lassen und den Eingebungen dieser Gewohnheiten und Instinkte nachgeben, werden wir überschwemmt, buchstäblich in ein „endloses Labyrinth" verwickelt, welches das Ego fest in *Avidya* verankert, das die Folgen seiner Unwissenheit erleidet. Wir müssen Ballast abwerfen. Werde die *Vasanas* los. Spüre sie durch Erforschung bis zu ihrer Quelle auf, und du wirst zwangsläufig das Selbst erreichen. Du wirst niemals in die Irre gehen, denn alle Gedanken sind im Selbst verwurzelt, so wie alle Äste eines Baumes in der Erde verwurzelt sind.

7. „Wenn der Ursprung nur *Sat* ist, warum wird er nicht gefühlt?"

Bhagavan: „Salz in Klumpen ist sichtbar, aber in einer Lösung unsichtbar. Dennoch wird es durch seinen Geschmack wahrgenommen. In ähnlicher Weise ist *Sat* (oder Wahrheit), wenn es auch nicht durch den Intellekt wahrgenommen wird, doch auf andere Weise wahrnehmbar. Wie das? So wie ein Mann, der von Räubern ausgeraubt und mit verbundenen Augen im Dschungel zurückgelassen wird, seinen Weg erkundet und nach Hause zurückkehrt, so erfragt auch der *Ajnani*, der durch Unwissenheit geblendet ist, seinen Weg vom *Jnani* und kehrt zu seiner Quelle zurück." 108

Anmerkung: *Sat* „in Klumpen" ist *Brahman*, das Selbst, allein und rein. Es wird als konzentriertes Bewusstsein im *Samadhi* erfahren. Sobald die Sinne wieder nach außen gerichtet sind, breitet sich das konzentrierte Bewusstsein

(„in Klumpen") auf den ganzen Körper aus und wird eine „Lösung" und somit nicht wahrnehmbar. Doch der *Jnani* erkennt es an seinem „Geschmack". Dies ist eine reizvolle Metapher. Was wir jetzt wollen, ist, es in seiner Klumpigkeit zu „schmecken", damit wir es vom Körper unterscheiden können, in dem es sich jetzt in einer „Lösung" befindet – in einem ununterscheidbaren Zustand. Bhagavan rät uns, denjenigen zu fragen, der es in beiden Zuständen gekostet hat, so wie der Mann mit verbundenen Augen seinen Weg nach Hause mit Hilfe derer findet, deren Augen offen sind. Räuber (die Sinne) haben uns das Wissen über das Selbst gestohlen, indem sie uns mit der Illusion der Welt geblendet haben. Wir müssen uns nun an den Meister wenden, der das Selbst gefunden hat, damit auch wir es wieder sehen und „schmecken" können, wie wir es früher vor dem Raub getan haben.

8. „Bitte hilf mir, das Selbst zu erkennen. Es ist sinnlos, Bücher zu lesen."

Bhagavan antwortet: „So ist es. Wenn das Selbst in Büchern zu finden wäre, wäre es schon vor langer Zeit verwirklicht worden. Ist es nicht ein Wunder, dass wir das Selbst in Büchern suchen? Kann es dort gefunden werden? Allerdings haben gute Bücher schon manchen veranlasst, sich auf die Suche zu machen." 117

Anmerkung: Bhagavan hat natürlich Recht, wenn er sich satirisch darüber äußert, das Selbst in Büchern zu finden. Sich selbst zu verlieren und sich dann in Büchern zu suchen, ähnelt dem Fall der sprichwörtlichen Prinzessin, die die ganze Zeit ihre Halskette um den Hals trägt, aber überall außerhalb ihrer Person danach sucht. Ein einziger Blick in den Spiegel hätte ausgereicht. Der Spiegel des Selbst ist das ‚Ich', unser eigenes Wesen. Wie können Bücher als dessen Spiegel fungieren? Gute Bücher können die Suche nur anregen und Wege und Mittel vorschlagen. Selbst dann müssen wir nach den Anregungen handeln, was wir meistens nicht tun. Warum eigentlich? Wir glauben, dafür keine Zeit zu haben.

9. „Die *Srutis* sprechen vom Selbst als von der Größe eines Daumens, der Spitze eines Haares, eines Funkens, subtiler als das Feinstoffliche usw. Sie haben dafür keine Grundlage. Es ist einfach das Sein. Die Menschen wünschen sich, es als ein strahlendes Licht zu sehen etc. Wie kann das sein? Es ist weder Licht noch Dunkelheit. Es ist nur so, wie es ist. Es

kann nicht definiert werden. Die beste Definition für Es ist: ‚Ich bin, der ich bin‘.“ 122

Anmerkung: Damit ist es klar: Wir dürfen nicht alle Beschreibungen des Selbst wörtlich nehmen, die man hier und da findet. Wenn wir das tun, dann geben wir dem Formlosen eine Form, dem Namenlosen einen Namen und dem Eigenschaftslosen Eigenschaften. Alle objektiven Beschreibungen und Vergleiche des Selbst sind bedeutungslos. Bhagavan möchte die *Srutis* nicht herabwürdigen, denn er zitiert sie oft. Was er anprangert, ist lediglich der Mangel an Einheitlichkeit und Zusammenhalt, was den Gelegenheitsstudenten und voreingenommenen Theologen verwirrt, der in ihnen ein weites Feld für gegnerische Propaganda findet. Der Anfänger fühlt sich verloren in einem Labyrinth von Ungereimtheiten und Übertreibungen wie diese Beschreibungen des Selbst. Der *Jnani* weiß, wie er mit den *Upanishaden* umzugehen hat. Auch der erfahrene Sucher schöpft, je nach seiner intuitiven Reife, viel von ihrem Rahm ab. Die anderen nehmen sie wörtlich und lassen ihrer Fantasie freien Lauf, oder sie kleben hartnäckig am Buchstaben, übersehen aber den eigentlichen Sinn.

Bhagavan ist sehr daran interessiert, dass wir eine Vorstellung vom Selbst haben, das von allen Analogien und sinnlichen Beschreibungen befreit ist. Das Selbst ist das reine Sein. Sein bedeutet seiner Definition nach zu existieren, was Nichtexistenz negiert. Sein bedeutet daher ewige Existenz, was man nur von einer unzerstörbaren Substanz sagen kann. Alle objektiven Dinge sind zerstörbar, da sie empfindungslos sind. Daher kann ewige Existenz nur dem Sein zugesprochen werden, das reines Empfindungsvermögen ist. Dieses nennen wir das unendliche Selbst oder höchste Bewusstsein, das alle Objektivität transzendiert. Welche Beschreibung oder Analogie kann daher darauf passen? Bhagavan findet eine einzige Definition, die dies tut, nämlich: „Ich bin, der ich bin“, das heißt das „undefinierbare Sein“.

10. „Man sollte sich nicht mit der bloßen Schülerschaft wie Einweihungen, Übergabezeremonien usw. begnügen. Dies sind äußere Phänomene. Vergiss niemals die Wahrheit, die allen Phänomenen zugrunde liegt.“ 133

Anmerkung: Dieser Text sollte zusammen mit der letzten Anmerkung des letzten Kapitels, dem Kapitel über Gnade, gelesen werden, das sich auch auf Zeremonien und Einweihungen bezieht. Diejenigen, die ihnen Bedeutung beimessen, können sie gerne weiterführen, aber sie sollten wissen, dass „Einweihungen" nicht für den spirituellen Fortschritt unerlässlich sind. Sie kommen nirgendwo vor der direkten Ergründung und Meditation des Yoga *Sadhana*. Zeremonien sind Phänomene und haben daher einen magischen Wert für diejenigen, die an sie glauben. Der Suchende muss lernen, auf sie zu verzichten und sich auf die ewige Wahrheit zu konzentrieren, die allen Phänomenen zugrunde liegt und die nirgendwo anders zu finden ist als in seinem eigenen Herzen. Wer durch Zeremonien und Mantras Verehrung übt, bleibt in der Illusion und unter dem Einfluss der *Devas*, die den Mantras vorstehen. Sri *Krishna* sagt in der *Gita*, dass derjenige, der *Devas* verehrt, zu den *Devas* geht, wobei Sein Verehrer direkt zu Ihm, dem höchsten *Atman*, gelangt.

Wenn die Mantras bei der Einweihung Befreiung schenken könnten, könnte sie jeder erlangen. Es spricht natürlich nichts gegen eine kleine Zeremonie in bestimmten Lebensphasen, z.B. bei der Geburt, Heirat, dem Tod, dem Nehmen von *Sannyasa*, um dem Ganzen einen Hauch von Feierlichkeit zu verleihen und die Betroffenen zu beeindrucken, aber wenn man glaubt, dass es mehr als das ist, verliert man sich im Reich der Illusion.

Die Mantras, die als *Japa* in der spirituellen Praxis verwendet werden, sind allerdings völlig anders. Das ist das eigentliche *Sadhana*, und vielen *Sadhakas* ist damit sehr geholfen. Sie haben keine Verbindung mit irgendeinem *Deva* und führen schließlich zum Selbst.

11. „Was ist der Unterschied zwischen Meditation und Ablenkung?"

Bhagavan: „Wenn es Gedanken gibt, ist es Ablenkung. Wenn die Gedanken abwesend sind, ist es Meditation. Wie auch immer, Meditation ist nur eine Übung, die sich von dem wirklichen Zustand des Friedens unterscheidet." 68

Anmerkung: Der letzte Satz bedeutet, dass vom Geist in der Meditation zwar erwartet wird, frei von Gedanken zu sein, es jedoch nicht die Verwirklichung selbst ist, die der Zustand des Friedens ist, sondern noch das Stadium der Praxis für die Verwirklichung. Meditation bedeutet der Versuch, Freiheit von Gedanken zu erlangen, und Ablenkung ist die Unfähigkeit, diese Freiheit zu erlangen. Denken, gleich welcher Art und Qualität, ist daher Ablenkung, Unwissenheit und die Ursache von Leiden. Aber die Vorstellung, dass es in der fortgeschrittenen Meditation keinen Frieden gibt, ist falsch, denn wenn der Druck der Gedanken auf den Geist nachlässt, nimmt die Störung proportional ab, was als Frieden, Ruhe, geistige Leichtigkeit und Wohlbefinden erlebt wird und ein Vorgeschmack auf den absoluten Frieden des Selbst ist, der folgt.

12. „Für wen ist die Leere? Finde es heraus. Du kannst dich selbst zu keiner Zeit verleugnen. Das Selbst ist immer da und besteht in allen Zuständen fort." 13

Anmerkung: Dies ist die Antwort für einen Fragesteller, der entweder in der Meditation Leere erlebt oder einschläft. Es ist die ständige Beschwerde von Anfängern, dass die Grundlage oder das Selbst nicht wahrgenommen wird, wenn die Gedanken aufhören. Man ist noch nicht fest in der Praxis verankert, um sensibel genug zu sein, die Grundlage der Gedanken zu erahnen. Eine Leere zu suchen, bedeutet, eine Leere zu denken, was wiederum ein Gedanke ist. Der freie Geist ist also noch nicht erreicht. Statt einen aktiven Gedanken hat man dann einen passiven, der immer noch ein Gedanke ist. Ich nenne ihn einen passiven Gedanken, weil er keine wohldefinierte Vorstellung oder sinnliche Wahrnehmung von einem Geräusch, Geruch oder Geschmack ist, aber dennoch ein Gedanke ist, dessen der Meditierende sich bewusst ist, sonst würde er nicht davon sprechen. An diesem Punkt ergibt sich eine Gelegenheit für eine leicht erhöhte Wachsamkeit, die zu einem erfolgreichen Ergebnis führen kann. Die Wahrnehmung der Leere ist dann offensichtlich, aber der Seher steht im Hintergrund, obwohl er in Wirklichkeit im Mittelpunkt der Erfahrung als der Seher der Leere steht. Wenn dies in diesem Moment erinnert wird und die Aufmerksamkeit sich von der Leere auf den Seher – sich selbst – richtet, nicht auf den Körper des Sehers, sondern auf das Bewusstsein, das die Leere sieht, hat man eine große Chance, es wahrzunehmen oder zumindest zu beginnen, sein Wesen zu begreifen. Durch ständige Wiederholung wird es zwangsläufig zu einer direkten Wahrnehmung kommen. Dies ist Selbsterkenntnis.

13. „Der Geist muss (in der Meditation, *Dhyana*) nach innen gerichtet und aktiv in seinem Streben sein. Manchmal, wenn die Augen geschlossen sind, strömen latente Gedanken mit großer Kraft hervor. Es kann auch schwierig sein, den Geist mit offenen Augen nach innen zu richten.

Es erfordert Stärke des Geistes, dies zu tun. Der Geist ist verunreinigt, wenn er Objekte aufnimmt. Ansonsten ist er rein." 61

Anmerkung: Sollten die Augen in der Meditation offen oder geschlossen sein? Dieser Text gibt die Antwort, die „so oder so" bedeutet. Im Allgemeinen werden die Augen geschlossen gehalten, um Seherfahrungen zu vermeiden, die weitaus störender sind als die der anderen Sinnesorgane. Das Wichtigste ist, dass der Geist mit der Meditation beschäftigt sein und niemals träge oder willkürlich umherschweifen sollte. Er muss auf den Fokus der Meditation gerichtet sein. Dennoch wird er abschweifen, was den Meditierenden nicht beunruhigen sollte. Er muss nur wachsam genug sein, um sich dieses Abschweifens bewusst zu sein und ihn sofort wieder zu zügeln, um ihm keinen Spielraum zu geben, sich seiner Kontrolle zu entziehen. Letzteres geschieht, wenn der Meditierende sich in ein Thema verwickelt, an dem er jetzt interessiert ist oder früher interessiert war, sodass er sich selbst und die Arbeit, mit der er gerade beschäftigt ist, völlig vergisst. Daran ist die Erinnerung schuld. Sie sollte sorgfältig beobachtet und fest im Zaum gehalten werden.

14. „*Sphurana* wird bei verschiedenen Gelegenheiten empfunden, z.B. bei Angst, Aufregung etc. Obwohl es immer und überall vorhanden ist, wird es doch in einem bestimmten Zentrum und bei bestimmten Gelegenheiten empfunden. Es wird auch mit früheren Ursachen in Verbindung gebracht und mit dem Körper verwechselt, obgleich es allein und rein ist. Es ist das Selbst. Wenn der Geist auf das *Sphurana* fixiert ist und man es kontinuierlich und automatisch wahrnimmt, ist es die Verwirklichung." 62

Anmerkung: Dies ist ein faszinierendes Thema, wie auch die Empfindung des *Sphurana* selbst. Offensichtlich hat der Fragesteller eine Erfahrung gemacht, die ihn dazu veranlasst, eine Erklärung dafür zu suchen. Es gibt diejenigen, die es mit Argwohn betrachten. Sie irren sich natürlich. *Sphurana* wird als eine „Art von unbeschreiblicher, aber spürbarer Empfindung im Herzzentrum" definiert, von der Bhagavan sagt, dass sie „bei bestimmten Gelegenheiten" empfunden wird und „überall". Diejenigen, die es zum ersten Mal in der Meditation spüren, werden davon ergriffen, und wenn sie zufällig nichts darüber gelesen haben oder wissen, fragen sie sich verwirrt, was das alles bedeuten soll. Bhagavan gibt eine Erklärung. Die scheinbare

Diskrepanz in der Aussage, dass die Erfahrung „überall" und im „Herzzentrum" erfolgt, abgesehen von den im Text erwähnten verschiedenen Gelegenheiten, ist durch den Grad der Festigkeit im Selbst oder der Nähe zum Selbst in dem Moment bedingt. Am Anfang, wenn sich das Herz noch nicht offenbart hat, ist es „überall" zu spüren wie immer, besonders auf der rechten Seite des Körpers. Aber mit ständiger Übung nimmt seine Ausbreitung allmählich ab und verankert sich im Herzen, ja, es wird zum Herzen selbst. Die Ausbreitung des Bewusstseins „überall" ist das Bewusstsein „in der Lösung" von Text 7 in diesem Kapitel. Zwischen der ersten Wahrnehmung des *Sphurana* und der Entdeckung des Herzens, das das eigentliche Selbst ist – das Bewusstsein „in Klumpen" – liegt nur eine kurze Zeitspanne, sodass diejenigen, die das Glück haben, es zu spüren, durch die Unmittelbarkeit der höchsten Erfahrung Mut fassen. Danach wird es weiterhin gefühlt. Es ist dann *Mukti* selbst, sagt Bhagavan, was er im nächsten Text bestätigt.

15. „Nochmals: *Sphurana* ist der Vorgeschmack auf die Verwirklichung. Es ist rein." 62

Anmerkung: Es ist für die Anhänger des Pfades von *Vichara* ermutigend zu wissen, dass das höchste Bewusstsein seinen Vorboten schickt, um sie eine gute Zeit im Voraus zu begrüßen – ein Vorbote, der sich am Ende als der Gastgeber selbst entpuppt, der höchste Herr des Hauses, nein, Gastgeber, Gast und Heim in einem (Text 32).

16. „Ich habe Vertrauen in *Murti Dhyana* (die Verehrung einer Gestalt). Wird sie mir helfen, *Jnana* zu erlangen?"

Bhagavan: „Sicherlich wird sie das. *Upasana* hilft der Konzentration des Geistes. Dann ist der Geist frei von anderen Gedanken und erfüllt von der meditierten Gestalt. Der Geist wird zu ihr und somit ganz rein. Dann überlege, wer der Verehrer ist. Die Antwort ist ‚Ich', das Selbst. So wird das Selbst letztlich gewonnen." 63

Anmerkung: Solange der Geist der Kontrolle zugänglich ist, ist das Mittel, um dies zu tun, unerheblich. Sobald die geistige Zerstreuung zurückgehalten wird, geht die Verehrung der Gestalt (*Upasana*) automatisch in *Vichara* über, d.h. in die Erforschung der Identität des Verehrers selbst. Dies ist unvermeidlich, denn Tatsache ist: Wie teuer einem die verehrte Gestalt auch sein mag, sie kann nicht teurer sein als das eigene Selbst, und zweitens ist sie wandelbar, während das Subjekt, der Verehrer selbst, unveränderlich ist, da er Zeuge aller Veränderungen und Objekte ist. Vollständige Zufriedenheit wird nie erreicht, bis das Wissen um sich selbst als die unveränderliche und absolute bewusste Existenz einsetzt, wozu *Vichara* natürlicherweise führt.

Es wird vorausgesetzt, dass die verehrte Gestalt *sattvisch*, rein ist, um eine ähnliche Reinheit im Geist des Verehrers hervorzurufen.

17. „Alle sind sich einig, dass der *Jiva* existiert. Wir wollen zuerst den *Jiva* finden. Dann wird es Zeit sein, herauszufinden, ob er im Höchsten aufgeht, ein Teil davon ist oder von ihm verschieden bleibt. Wir wollen die Schlussfolgerung nicht vorwegnehmen. Halte deinen Geist offen, tauche nach innen und finde das Selbst. Die Wahrheit wird dir aufdämmern. Warum solltest du im Voraus festlegen, ob die Endgültigkeit Einheit oder Dualität, absolut oder eingeschränkt ist?" 63

Anmerkung: Der Kontext ist das Verhältnis von Monismus und Dualismus zueinander, ob sie sich abwechseln, ob man mit der Dualität beginnen und mit der Einheit enden sollte usw. Bhagavan argumentiert, dass es völlig unnötig ist, dies im Voraus zu wissen. Alle Schulen, ob dualistisch, monistisch oder qualifiziert monistisch, stimmen darin überein, dass die Grundlage ihrer Glaubensbekenntnisse der *Jiva* ist, dessen Existenz alle zugeben. Da der *Jiva* unbestreitbar ist, sollte man mit ihm beginnen, was unsere monistische Schule mit ihrer Untersuchung des Wesens des eigenen Selbst tut. Der Rest wird sich von selbst ergeben, wenn man in der Lage sein wird, selbst zu beurteilen, welche der drei Schulen die richtige ist. Zum jetzigen Stadium sollte man die Frage ruhen lassen, denn sie kann nicht gelöst werden.

18. „Was ist, wenn man ohne *Karma* (ohne Handlung) ununterbrochen meditiert?"

Der Meister antwortet: „Versuch es, und sieh. Die *Vasanas* werden dich nicht lassen. *Dhyana* kommt nur Schritt für Schritt mit der allmählichen Schwächung der *Vasanas* durch die Gnade des Meisters." 80

Anmerkung: Mit *Vasanas* sind die Gewohnheiten des Geistes gemeint, die unaufhörlich als Gedanken auftauchen wie die Wellen des Ozeans. Die Erinnerung ist das Lagerhaus der *Vasanas* und damit der schlimmste Feind eines ruhigen Geistes.

Unter Handeln ist nicht nur manuelle Arbeit zu verstehen, sondern auch das Denken. Das Handeln ergibt sich nur aus dem Denken. Es ist seine Manifestation in der phänomenalen Welt, die Ausführung seiner Befehle. So erweist sich die Arbeit letztlich als nichts anderes als *Vasanas*. Die Kontrolle über die *Vasanas* kann durch einen langsamen Prozess erreicht werden, durch ständige Praxis, unterstützt durch die Anwesenheit des Meisters, der nach und nach den Schmutz des Geistes entfernt und ihn stärkt. *Guru Sanga* ist die größte aller Segnungen, wenn sie von entschlossenen Bemühungen begleitet wird.

Das Studieren der Tricks der Erinnerungen ist eine sehr hilfreiche Übung, die dazu führt, dass man auf der Hut ist vor ihrem heimtückischen Druck auf den gesamten Verlauf des *Sadhanas*. Rückblicke, außer wenn sie einen direkten Bezug zum *Vichara* haben, sind immer ein Nachteil in dieser Praxis, denn die Erfahrungen eines weniger reifen Alters enthalten normalerweise nichts Erhebendes. Meistens wecken sie traurige Erinnerungen, Bedauern und Leidenschaften, die man besser vergisst, anstatt sie in einem Geist wiederzubeleben, der nach oben blickt, zu dem Licht, das nie erlischt.

19. „Derjenige, der einen eifrigen Sucher anweist, diese oder jene (Arbeit) zu tun, ist kein wahrer Meister. Der Suchende ist bereits von Aktivitäten geplagt und wünscht sich Frieden und Ruhe. Er will die Beendigung seiner Aktivitäten. Stattdessen wird ihm gesagt, er solle etwas zusätzlich oder anstelle seiner anderen Aktivitäten tun." 601

20. „Aktivität ist Schöpfung. Aktivität ist die Zerstörung des eigenen, innewohnenden Glücks. Wenn sie befürwortet wird, ist der Berater nicht ein Meister, sondern ein Mörder. Man kann sagen, dass entweder der Schöpfer (*Brahma*) oder der Tod (*Yama*) in der Gestalt eines solchen Meisters kommt. Er kann den Aspiranten nicht befreien, sondern verstärkt seine Fesseln." 601

Anmerkung: Niemand kann leugnen, dass Bhagavan die Arbeit des Aspiranten sehr entschieden ablehnt. Er hatte von einigen der meditierenden Schüler erfahren, dass sie gebeten wurden, als Dienst für ihn, den Guru, zu arbeiten. Bhagavan stellt Meditation auf eine höhere Stufe als die edelste Arbeit. Er rät davon ab, „glühende" *Sadhakas*, die geistige Ruhe brauchen, mit fremder Arbeit im Namen des Dienstes für den Meister zu belasten. Arbeit ist weltlich und benötigt ein gewisses Maß an Aufmerksamkeit, wenn sie gut ausgeführt werden soll, was den Geist des Aspiranten in eine Richtung lenkt, die dem *Sadhana* entgegensteht. Ashrams müssen zweifelsohne von Verehrern als ehrenamtliche Mitarbeiter geführt werden, aber diese müssen aus nicht meditierenden oder weniger „glühenden" Bewohnern ausgewählt werden. Einige solcher Einrichtungen gehen so weit, dass sie niemanden, der nicht arbeitet, auf ihrem Gelände zulassen, denn sie bestehen darauf, dass alle arbeiten müssen, um die Ideale ihrer besonderen Art von Wahrheit zu fördern. Für Bhagavan ist „dieser Berater kein Meister, sondern ein Mörder". Man hört fast die Stimme von *Vyasa* im *Bhagavata Purana*, die in vier langen Kapiteln (XI, 10-13) das Handeln für den Verehrer verurteilt. *Shankara* fügt in Strophe 3 seines *Atma Bodha* hinzu: „Handlung kann die Unwissenheit nicht zerstören, denn sie ist ihr nicht feindlich gesinnt. Wissen allein kann sie zerstören, wie das Licht die Dunkelheit zerstört."

Was das weltliche Handeln angeht, so betont Bhagavan, dass es das Glück zerstört, denn es wird durch Unwissenheit geschaffen, unterstützt und aufrechterhalten. Es wird durch Begehren verursacht und endet in der Knechtschaft, die im Grunde genommen Elend ist. Bhagavan charakterisiert den Prediger der Handlung als Verkörperung von *Yama*, dem Herrn des Todes, was die stärkste Sprache ist, die er gegen die Befürworter des Handelns gebrauchen kann.[1]

> 21. „'Wer bin ich?'" ist das beste *Japa*. Was kann konkreter sein als das Selbst? Es ist in jedem Moment in der Erfahrung eines jeden. Warum sollte man versuchen, (als *Japa*) etwas Äußeres zu erfassen und dabei das Selbst auslassen? Jeder sollte versuchen, das bekannte Selbst zu finden, anstatt nach dem Unbekannten jenseits davon zu suchen." 81

---

[1] Allerdings ist anzumerken, dass Sri Ramana die Arbeit, die Verehrer im Ashram leisteten, sehr schätzte und von den Verehrern verlangte, dass sie ordentlich ausgeführt wurde. Er unterwies sie z.B. in der Küche, wo er selbst lange Zeit arbeitete. Von jedem, der im Ashram lebte, wurde von der Ashram-Verwaltung erwartet, dass er arbeitete. Diejenigen, die „nur" meditieren wollten, lebten in Palakothu, der kleinen *Sadhu*-Kolonie nebenan. Insofern ist Cohens Deutung etwas einseitig geraten. Sri Ramana zielt in seinem Gespräch nicht so sehr auf die Arbeit an sich ab, sondern auf die Ruhelosigkeit des Geistes, die nicht unbedingt mit der Arbeit zu tun haben muss. Auch ein arbeitender Mensch kann im Geist still sein. (Anm. d. Übers.)

Anmerkung: Dies ist die Antwort auf die Forderung eines amerikanischen Besuchers nach einem konkreten Konzept wie *Japa*, *Dhyana* usw., an das man sich auf der Suche nach dem, was er das „Licht" nennt, festhalten kann, anstatt nur gesagt zu bekommen, dass das Selbst allein übrig bleibt, wenn die Gedanken aufhören. Der Besucher scheint die Implikation der Selbsterforschung nicht verstanden zu haben. In erster Linie identifiziert er das Selbst oder ‚Ich' nicht mit dem „Licht" oder der Wirklichkeit, die er sucht. Bhagavan sagt ihm, dass die Frage ‚Wer bin ich' das beste *Japa* ist. Denn das ganze *Sadhana* besteht aus nichts anderem, als das Selbst zu erkennen, und wenn das geschehen ist, ist unsere Arbeit zu Ende. Der Besucher hat noch nicht die Tatsache gelernt, dass das ‚Ich' die einzige Intelligenz ist, die in diesem riesigen Universum existiert, und alles leblos ist und unfähig, sich durch sein eigenes Licht erkennbar zu machen. Nur das Licht des ‚Ichs' kann es offenbaren. Kein Objekt und keine Welt können für sich selbst existieren, abgesehen von diesem ‚Ich' (von dem das Objekt ein Gedanke ist), das sowohl sein Behältnis als auch sein Erkennender ist. Das ‚Ich' ist das einzige immanente Element in all unseren Erfahrungen. Wir kennen es am besten als unser eigenes Selbst, und weil wir es nicht wahrnehmen, da wir alle anderen Dinge wahrnehmen, versuchen wir nun, es in all diesen spirituellen Praktiken durch die Führung des Meisters zu erkennen, denn es ist reiner Geist (spirit) oder reines Wissen. „Welches andere *Japa* kann nützlicher und konkreter sein als unser ‚Ich'", fragt Bhagavan? Bhagavan hebt hervor, dass es keinen Menschen gibt, der nicht glaubt, dass das ‚Ich' existiert.

Die nächsten Texte werfen mehr Licht darauf, was Bhagavan mit der Frage „Wer bin ich?" meint.

22. „Bitte sag mir, wie ich das ‚Ich' erkennen soll. Soll ich ‚Wer bin ich?' als *Japa* üben?"

Bhagavan: „Es ist kein *Japa* dieser Art gemeint."

Ein Besucher: „Soll ich ‚Wer bin ich?' denken?"

Bhagavan: „Halte den ‚Ich'-Gedanken fest und finde seine Quelle." 486

23. „Die Frage ‚Wer bin ich?' bedeutet, die Quelle des ‚Ichs' zu finden. Wenn diese gefunden ist, ist das, was du suchst, erreicht." 67

Anmerkung: Die obigen zwei Texte sollten beim *Abhyasi* (Praktizierenden) keinen Zweifel über Bhagavans Verwendung der Frage „Wer bin ich?" bestehen lassen. Es ist weder ein Slogan noch ein Mantra, sondern eine intensive Erforschung des eigenen Wesens. Deshalb wird diese Methode *Vichara* (Ergründung) genannt. Obwohl er manchmal den Beinamen *Japa* dafür verwendet, wie in Text 21 oben, meint er damit keine mechanische Beschwörung, sondern eine tatsächliche Erforschung des wahren Wesens des „Ichs", was er im nächsten Text weiterentwickelt.

24. „Das eine, unendliche, ungebrochene Ganze wird sich seiner als ‚Ich' gewahr. Dies ist sein ursprünglicher Name. Alle anderen Namen, z.B. OM usw., sind spätere Hinzufügungen. Befreiung bedeutet nur, sich des Selbst bewusst zu bleiben. Das *Mahavakya* ‚Ich bin *Brahman*' ist dafür die Autorität. Obwohl das ‚Ich' immer erfahren wird, muss die Aufmerksamkeit darauf gelenkt werden. Dann dämmert erst das Wissen. Daraus ergibt sich die Notwendigkeit der Lehre der *Upanishaden* und der Weisen." 92

Anmerkung: Bhagavan führt uns hier zur Entstehung des ‚Ichs', das die allererste Selbstwahrnehmung des „ungebrochenen Ganzen" ist. Es ist der Name, den das Selbst sich selbst gibt und der allen anderen Namen des Absoluten vorausgeht. Wenn es durch direkte Erfahrung als solches erkannt wird, gilt die Befreiung als erreicht. Das *Yoga Vasishta* bezeichnet dieses erste Selbstgewahrsein durch das Absolute als die erste Regung des Denkens in *Brahman*, die wie die erste Welle eines ruhigen Ozeans ist, die aus sich selbst heraus entsteht.

Es gibt zwei Arten, sich seiner selbst gewahr zu werden: objektiv und subjektiv. Wenn ich auf der einen Seite stehe und auf der anderen Seite die anderen und die Welt – ich im Gegensatz zu dir – dann ist das ‚Ich' der objektive Körper, ein Teil der Welt der Vielheit. Aber wenn ich mich meiner selbst als reines Gewahrsein bewusst bin, ist es subjektives Selbst-Bewusstsein, wobei die Welt völlig abwesend ist. Das ehemalige ‚Ich', das objektiv ist, ist ein bloßer Gedanke – der ‚Ich'-Gedanke – und sollte wie alle anderen Gedanken zerstört werden, damit das ‚Ich' aufhören kann, ein Gedanke zu sein und sich durch die Hilfe des Gurus oder der Schriften als derjenige einstellt, der sich des Gedankens bewusst ist. Das ist die Bedeutung von: „Die eigene Aufmerksamkeit muss auf ihn gelenkt werden." Mit anderen Worten, das ‚Ich' wird aufhören, ein Gedanke zu sein und nur noch das Bewusstsein „Ich bin" bleiben, das das *Mahavakya* meint, auf das sich der Text bezieht. Dies ist die Befreiung.

Mit „seinem ursprünglichen Namen" und „späteren Hinzufügungen" in dem Text ist nicht gemeint, dass das ‚Ich' einen Anfang hat und einen Fortschritt zu einem Ende hin. Eine solche Interpretation widerspricht dem Absolutismus des *Advaita* und allem, was wir bisher studiert haben. Es bezieht sich nur auf die Entstehung dieses Traums, den wir den *Jiva* und das Universum nennen, die Entstehung des ‚Ich'-Gedankens, die ‚Ich'- Vorstellung, die sich selbst als Teil einer Welt der Vielheit vorstellt.

25. „Solange es einen Wissenden gibt, gibt es Wissen – Wissen aller Art: direkt, schlussfolgernd, intellektuell usw. Lass den Wissenden verschwinden, und sie werden alle gleichzeitig verschwinden. Ihre Gültigkeit steht und fällt mit ihm." 93

Anmerkung: Der Wissende kommt vor seinem Wissen. Das Wissen der verschiedenen Arten ist nichts anderes als die Vielheit der Welt. So kommt die Welt nach dem Wissenden und hängt von ihm ab, mit dem sie „steht und fällt". Ohne den Seher kann es kein Gesehenes geben, denn das Gesehene ist ein bloßer Gedanke im Seher, der kein Gedanke ist. Denn wäre er einer, so würde er mit seinen Gedanken verschwinden, und es bliebe niemand übrig, der die Geschichte erzählen könnte, niemand, der von gestern oder von den Ereignissen des letzten Jahres erzählen könnte. Unser Leben besteht hauptsächlich aus Erinnerung, aus erinnerten Personen, Szenen und Ereignissen, was unsere Unveränderlichkeit in einer veränderlichen Welt beweist. Wir sind sozusagen der feste Beobachtungsposten, und alle Dinge, von der Geburt bis zum Tod, ziehen an uns vorbei. Sie kommen und gehen, aber wir, das ‚Ich', bleibt immer. Selbst wenn der Körper durch Operationen zerschnitten wird und eine Hand, ein Bein oder eine Lunge verliert, bleibt das ‚Ich' unvermindert dasselbe.

26. „Die Erfahrung (der Wirklichkeit) ist vorübergehend oder dauerhaft. Die erste Erfahrung ist vorübergehend. Durch Konzentration kann sie dauerhaft werden. Bei der ersten Art ist die Bindung nicht vollständig zerstört. Sie bleibt und setzt sich zu gegebener Zeit wieder durch. Aber bei der zweiten wird sie mit der Wurzel zerstört." 95

Anmerkung: Dies ist von erheblicher Bedeutung für diejenigen, die eine Erfahrung mit dem Selbst gemacht haben. In erster Linie wird zwischen der vorübergehenden und der dauerhaften Erfahrung unterschieden. Zweitens werden sie gewarnt, dass die Bindung weiterhin bestehen bleiben und ihre Wiedergeburt verursachen wird, wenn sie die Praxis aufgeben. Die Bindung „setzt sich zu gegebener Zeit durch", wenn man nicht darauf achtet, die Erfahrung in *Sahaja* zu konsolidieren. Es darf keinen Raum für Bequemlichkeit geben.

27. „Es gibt zwei Klassen von Suchenden: den *Kritopasaka* und den *Akritopasaka*. Der erste hat seine Veranlagungen bereits durch ständige Hingabe überwunden, sodass sein Geist rein geworden ist. Er hat eine Art von Erfahrung gemacht, *aber er versteht sie nicht*. Sobald er von einem kompetenten Meister unterwiesen wird, entsteht eine dauerhafte Erfahrung. Die andere Klasse der Suchenden muss sich sehr anstrengen, um dieses Ziel zu erreichen." 95

Anmerkung: Ich habe „*aber er versteht sie nicht*" kursiv geschrieben, um die große Bedeutung von *Sahaja* für die Verwirklichung des Selbst zu verdeutlichen. Vollkommene Festigkeit im Wesen und damit die Fähigkeit, es zu lehren, wird nur im *Sahaja* erreicht, sodass jedes Wissen darüber vorher nur partiell sein kann, auch wenn das Selbst täglich im *Samadhi* erfahren wird. Die Praxis und die Gegenwart des Meisters beschleunigen die Reife des *Kritopasaka* für *Sahaja*.

Die andere Klasse der Suchenden, nämlich die *Akritopasakas*, die unreifen Verehrer, müssen sich mühsam den Berg hinaufquälen. Sie müssen schieben, ziehen und heben, um die Stufe des *Kritopasaka* zu erreichen, und dann weiter zur großen Befreiung fortschreiten.

28. „Welcher Art ist die Verwirklichung der Westler, die von Blitzen des kosmischen Bewusstseins berichten?"

Der Meister antwortet: „Es kommt wie ein Blitz und verschwindet ebenfalls wie ein Blitz. Das, was einen Anfang hat, muss auch enden. Erst wenn das allgegenwärtige Bewusstsein verwirklicht ist, wird es dauerhaft sein. Das Bewusstsein ist tatsächlich immer bei uns. Jeder kennt sich selbst als ‚Ich bin'. Keiner kann sein eigenes Sein verleugnen." 96

Anmerkung: Die Antwort auf diese Frage liegt bereits in der Frage selbst. Die Realität, die nicht länger als einen Sekundenbruchteil dauert, ist so gut wie nichts. In den vorangegangenen Anmerkungen haben wir festgestellt, dass selbst die tägliche Erfahrung des reinen Bewusstseins in *Nirvikalpa*, die viel länger als eine Sekunde dauert, keine zufriedenstellende Kenntnis der Realität geben kann, sondern erst jahrelange, unaufhörliche, bewusste und planmäßige Praxis, um vervollkommnet zu werden. Welchen Wert kann man dann noch diesen Blitzen beimessen? Außerdem, wer kann sagen, ob sie ernst zu nehmen sind oder ob es sich dabei nur um raffinierte Tricks des Geistes handelt?

Was das „kosmische Bewusstsein" selbst betrifft, gibt es ein solches Bewusstsein überhaupt im Sinne der Westler? Bhagavan verwendet diesen Begriff für *Brahman*, das Selbst oder *Chaitanya* (das reine Bewusstsein), aber für den westlichen „Okkultisten" hat er einen ganz anderen Geschmack. Wir glauben an das Absolute, in dem weder das Individuum noch der Kosmos existiert, während die westlichen Mystiker und Hellseher Dualisten sind, die große Geheimnisse im Kosmos und im Individuum finden und noch größere Mysterien im kosmischen Bewusstsein. Studenten des kosmischen Bewusstseins müssen daher zwischen der *advaitischen* Bedeutung dieses Begriffs und der seines westlichen Gegenstücks unterscheiden. Wahrscheinlich hat diese Unterscheidung den Fragesteller dazu veranlasst, nach „der Natur der Verwirklichung der Westler" zu fragen. Die Verwirklichung des einen Bewusstseins ist für alle Menschen ohne jede Unterscheidung dieselbe.

29. „*Samadhi* transzendiert Gedanken und Sprache und kann nicht beschrieben werden. So wie der Zustand des Tiefschlafs nicht beschrieben werden kann, so ist es auch mit *Samadhi*. Du weißt, dass du im Tiefschlaf unbewusst bist, aber Bewusstsein und Unbewusstheit sind nur Modi des Geistes. *Samadhi* transzendiert sie. Du kennst *Samadhi* nur, wenn du in *Samadhi* bist." 110

Anmerkung: Dies ist die Antwort auf die Bitte einer amerikanischen Dame, *Samadhi* zu beschreiben. Es ist offensichtlich, dass keiner in der Lage ist, etwas zu beschreiben, was nicht einmal gedacht werden kann. Auch hier gilt, dass Beschreibungen in Form von sinnlichen Erfahrungen gemacht werden – eine Wahrnehmung, ein Gefühl oder eine Idee. Aber *Samadhi* ist weder eine Idee noch ein Objekt, das in Zeit und Raum in Form von Gestalten,

Farben, Klängen, Gerüchen usw. erkannt wird, die beschrieben werden können. Es ist der reine Geist selbst, von dem der Fragesteller nicht die geringste Vorstellung hat, und daher ist eine Beschreibung unmöglich. Außerdem: „Du weißt nur, was *Samadhi* ist, wenn du in *Samadhi* bist", d. h., wenn alle Gedanken verschwunden sind und man sich nichts bewusst ist außer des reinen Geistes oder Bewusstseins und nicht, wenn man sich außerhalb davon befindet, zum Beispiel zu dem Zeitpunkt, wenn die Frage gestellt wird. So wird die Aufgabe, es zu beschreiben, doppelt schwierig.

„Du weißt, dass du im Tiefschlaf unbewusst bist", bedeutet nicht, dass das Wissen um diese Unbewusstheit oder die Unbewusstheit selbst in diesem Zustand tatsächlich vorherrscht, sondern dass sie nur für denjenigen so erscheint, der sich im Wachzustand befindet. Die Unbewusstheit von *Sushupti* ist nicht die Unbewusstheit in *Sushupti* selbst. Der Mensch in *Jagrat* beurteilt die Dinge aus seinem eigenen Zustand heraus, welcher der des Spiels der Sinne und damit der Objektivität ist. Wenn die Objektivität abwesend ist, erscheint ihm dieser Zustand als ein Zustand des leeren Unbewusstseins. Bewusstsein und Unbewusstheit bedeuten für ihn nichts anderes als die Wahrnehmung bzw. Nicht-Wahrnehmung von Objekten, weshalb der Text von ihnen als „nur Modi des Geistes" spricht. Betrachtet man den Zustand der Nicht- Wahrnehmung, d.h. von *Sushupti*, ist das Bewusstsein immer präsent wie der Mensch selbst, der zu keiner Zeit nicht-existent ist. Der Zustand von *Sushupti* ist daher nicht der Zustand der Bewusstlosigkeit, sondern des Bewusstseins, das von objektiven Wahrnehmungen befreit ist. Mit anderen Worten, *Sushupti* ist der Zustand des Menschen selbst, befreit von der Bedrängnis durch Körper und Sinnen, die seinen Frieden im *Jagrat* stören. Er ist dasselbe wie der Zustand von *Samadhi*, mit dem Unterschied, dass sich der Mensch in letzterem seiner selbst als dieses reine Bewusstsein gewahr ist. *Antahkarana* oder die Gesamtheit der psychischen Funktionen, einschließlich derer der Erkenntnis, verschmelzen in *Sushupti* vollständig mit diesem reinen Bewusstsein, während sie in *Samadhi* zwar vorhanden, aber ruhend und funktionsunfähig sind.

30. „Das Herz ist gestaltlos. Sollten wir uns vorstellen, es hätte eine Gestalt, und darüber meditieren?"

Bhagavan: „Nein. Nur die Frage ‚Wer bin ich?' ist notwendig. Die Erforschung des ‚Ichs' ist der Punkt, und nicht die Meditation über das Herz-

Zentrum. Es gibt nichts wie innen und außen. Beide bedeuten entweder dasselbe oder nichts.

Natürlich gibt es auch die Praxis der Meditation auf das Herz-Zentrum. Aber das ist nur eine Praxis und keine Ergründung. Nur derjenige, der auf das Herz meditiert, kann bewusst bleiben, wenn der Geist aufhört, aktiv zu sein und still bleibt." 131

Anmerkung: Es sieht so aus, als ob Bhagavan in der zweiten Hälfte dieses Textes die Aussage aus der ersten Hälfte zurücknimmt, nicht über das Herz-zentrum zu meditieren. Tatsächlich tut er das nicht. Beide Aussagen sind in ihrem jeweiligen Kontext richtig. In der ersten geht es um die Frage des Gebrauchs der Vorstellungskraft, um dem gestaltlosen Herzen eine Gestalt zu geben, was absurd ist. Nach allem ist das Herz nichts anderes als das Selbst, das in unserem Verständnis durch das Prinzip ‚Ich' repräsentiert wird. Wäre es nicht logischer und einfacher, dieses Prinzip zu ergreifen und zu erforschen, anstatt ein künstliches Bild von ihm, dem Bildlosen, zu schaffen und darüber zu meditieren? Damit hat sich die Frage in der Form, in der sie gestellt wird, vollständig erledigt. (s. Texte 9 in Kapitel 10 und 23 in diesem Kapitel)

Nun wenden wir uns der positiven Seite der Frage zu, ob die Meditation über das Herz möglich ist. Bhagavan erklärt, dass sie möglich ist, aber nicht in Form der Ergründung, wie es getan wird, wenn das ‚Ich' das Thema ist. Die Meditation über das Herz muss eine besondere Meditation sein, voraus-gesetzt der Meditierende sieht das Herz als reines Bewusstsein und hat zu-mindest ein intuitives Wissen darüber, was reines Bewusstsein ist. Nur die Meditation gelingt, die mit diesem intuitiven Wissen und mit der größten Wachsamkeit durchgeführt wird, sodass in dem Moment, wenn die Gedan-ken aufhören, der Geist sich in seinem eigenen Zuhause wahrnimmt – dem Herzen selbst. Dies ist sicherlich schwieriger zu erreichen als die Erfor-schung der Quelle des ‚Ichs', denn es ist ein direkter Angriff auf die Quelle selbst anstatt einem direkten Kontakt mit ihr. Es ist zweifellos die schnellste Methode, aber sie erfordert die größte Wachsamkeit und die konzentrierteste Aufmerksamkeit, was eine größere Reife voraussetzt.

31. „*Jnana*, einmal offenbart, braucht Zeit, um sich zu festigen. Das Selbst ist sicherlich in der direkten Erfahrung eines jeden Menschen, aber

nicht so, wie man es sich vorstellt. Es ist nur so, wie es ist. Diese Erfahrung ist *Samadhi*. Aufgrund der Schwankungen der *Vasanas* braucht *Jnana* Zeit, um sich zu festigen. Unstetes *Jnana* reicht nicht aus, um Wiedergeburten zu beenden. *Jnana* kann neben den *Vasanas* nicht stetig bleiben. Es stimmt, dass in der Nähe eines großen Meisters die *Vasanas* aufhören, aktiv zu sein. Der Geist wird ruhig, und *Samadhi* entsteht. So erlangt der Schüler in der Gegenwart des Meisters wahres Wissen und rechte Erfahrung. Um darin unerschütterlich zu bleiben, sind weitere Anstrengungen notwendig. Er wird es als sein wahres Wesen erkennen und so schon zu Lebzeiten befreit werden." 141

Anmerkung: Dies bestätigt Text 26 in diesem Kapitel. Diejenigen, die das Selbst erfahren haben und rätseln, warum sie das höchste Wissen und die Weisheit Bhagavans nicht besitzen, erhalten hier eine Antwort. Bhagavan bittet sie, die Praxis fortzusetzen, um Festigkeit in *Jnana* und damit absolute Vollkommenheit zu erlangen.

„Aufgrund der Schwankungen der *Vasanas* braucht *Jnana* Zeit, um sich zu festigen. ... *Jnana* kann neben den *Vasanas* nicht stetig bleiben." Die Sinne sind im Wachzustand immer aktiv, selbst beim *Jnani*. Die Gewohnheiten der Wahrnehmung sowie andere besondere geistige Gewohnheiten stören die klare Schau des Selbst, wenn diese noch jung ist. Die Geburt im Selbst ähnelt der Geburt in dieser Welt des *Jagrat*, die dem Neugeborenen zunächst inkohärent und unverständlich erscheint, aber allmählich gibt die tägliche Erfahrung Bedeutung und Kohärenz. Das Säuglingsalter muss in die Jugend übergehen, dann zur Adoleszenz und schließlich zum Erwachsenenalter. Das Gleiche gilt für die Geburt im Selbst, aber dieser Prozess wird beschleunigt, wenn der *Sadhaka* bis zum Ende bei seinem Guru bleibt. Dies ist auch eine vollständige Antwort für diejenigen, die glauben, dass ein kurzer Aufenthalt beim Meister für vollwertiges *Jnana* ausreicht. Anmerkung 3 des letzten Kapitels hat bereits die Notwendigkeit eines langen Aufenthalts betont, bis *Mukti* erlangt wird.

„Das Selbst ist nicht so, wie man es sich vorstellt. Es ist nur so, wie es ist." Die Vorstellung vom Selbst ist uns allen gemeinsam. Wir stellen uns vor, wir hätten Höhe, Breite, Farbe, Geruch – kurzum einen Körper –, während wir in Wirklichkeit nur „Ich bin" sind, das heißt der Kenner des Geruchs, der Farbe, der Gestalt – das Prinzip des Wissens. Uns selbst durch direkte

Erfahrung als dieses Prinzip zu erkennen, das rein und einfach ist, ist *Samadhi*. Eine langwierige Praxis reift zu einer intuitiven Annäherung an das Selbst. Ansonsten bleibt das Selbst für *Sadhakas* nur eine imaginäre Vorstellung.

32. „Herz und *Sphurana* sind dasselbe wie das Selbst. Wie kann *Sphurana* beschrieben werden? Es beinhaltet all dies (Licht, Bewegung etc.) – es ist das Selbst. Richte deine Aufmerksamkeit darauf, und lass die Vorstellung von seiner endgültigen Wesenheit nicht los." 160

Anmerkung: Dies ist eine weitere Bestätigung von Bhagavan über die Identität des *Sphurana* mit dem Selbst oder dem Herzen. Mit „Lass die Vorstellung von seiner endgültigen Wesenheit nicht los" scheint er zur Konzentration auf das reine Bewusstsein zu raten, das der Meditierende über das Herz immer im Auge behalten muss und auf das sich Bhagavan in Text 30 oben bezieht.

33. „*Sei, was du bist.* Es gibt nichts, was herunterkommt oder sich manifestiert. Was nötig ist, ist, das Ego zu verlieren. Das, was ist, ist immer gegenwärtig. Sogar jetzt bist du Es und nicht getrennt von Ihm. Die Leere wird von dir gesehen. Du bist immer da. Worauf wartest du? Die Erwartung, zu sehen, und der Wunsch, etwas zu bekommen, sind allesamt das Werk des Egos. Du bist in die Schlinge des Egos geraten, das all das sagt. *Sei du selbst* und sonst nichts." 183

Anmerkung: Dieser Satz kann ohne seinen Kontext nicht vollständig verstanden werden. Der Fragesteller hat den Guru eines Ashrams gefragt, warum er, obwohl er seinen Geist leer gehalten hat, wie es dieser Guru forderte, damit Gott sich darin „in Seinem wahren Wesen" zeigt, bis jetzt nichts erfahren hat, und die Antwort, die er von diesem Guru erhielt, lautete: „Die Einstellung ist richtig. Die Kraft wird von oben herabkommen. Es ist eine direkte Erfahrung." Nun möchte er die Meinung von Bhagavan zu diesem Thema hören. Dies ist Bhagavans Antwort.

Wie wir gut sehen, lehnt Bhagavan so etwas wie eine Herabkunft von Gott oder von irgendeiner Macht ab. Wenn du die Wirklichkeit suchst, suche sie hier, denn sie ist immer vorhanden. Sie ist hier und jetzt vollständig manifestiert, sonst kann sie nicht real sein. Die Wirklichkeit, die auf- und absteigt, die immer wieder abwesend ist, ist ein Traum. Der Test der Realität ist die

Unveränderlichkeit, die eine ewige Existenz, ewige Gegenwart impliziert. Wenn das der Fall ist, ist dann Gott abwesend, sodass man an ihn appellieren könnte, herunterzukommen? Wenn ja, wie könnte er von unserer Bitte erfahren? Zweitens: Entlarvt dieser Appell nicht unsere Unwissenheit und die Hohlheit unserer Unterwerfung? Was die Mächte Gottes betrifft, sind sie von Ihm verschieden? Solche Vorstellungen sind eine Schöpfung der Fantasie, eine Selbsterhöhung des Egos, behauptet Bhagavan. Töte das Ego, und all diese Vorstellungen werden aufhören. Die Wirklichkeit wird sich offenbaren.

> 34. „Es genügt, wenn man sich selbst hingibt. Hingabe bedeutet, sich dem Ursprung des eigenen Seins zu überlassen. Mach dir nichts vor, indem du dir vorstellst, diese Quelle sei ein Gott außerhalb von dir. Die Quelle ist in einem selbst. Gib dich ihr hin. Das heißt, du solltest die Quelle suchen und in ihr aufgehen. Weil du dir vorstellst, außerhalb von ihr zu sein, stellst du die Frage ‚Wo ist die Quelle?‘" 208

Anmerkung: Dies ist eine gute Art, Hingabe zu definieren, und für viele eine neue. Wenn wir uns vorstellen, dass unsere Hingabe einem äußeren Gott gilt, wird uns hier gesagt, dass sie niemandem gilt außer dem „Ursprung des eigenen Seins". Dieser Illusion eines äußeren Gottes tritt Bhagavan mit der festen Mahnung entgegen: „Mach dir nichts vor." Deutlicher kann er es nicht formulieren.

Die Vorstellung von einem äußeren Schöpfer liegt allen Religionen zugrunde, was die Anbeter dazu bringt, an einen falschen äußeren Gott zu glauben, sodass die Suchenden auf dem Pfad des *Jnana* sich mit der Notwendigkeit konfrontiert sehen, dieses festgefahrene Dogma durch die Praxis des *Vichara* auszurotten, indem sie ihren Blick nach innen auf das Selbst richten. Da es nichts Wirkliches neben dem Selbst gibt, ist die Hingabe des Äußeren an das Innere allein die wahre Hingabe. Sie ist die Verschmelzung mit der Quelle des eigenen Seins.

Wiederum führt die Antwort auf die Frage „Wo ist die Quelle der Dinge?" logischerweise zu sich selbst. Da man der Urheber der Frage ist, wird man durch bloßes Nachfragen zu seiner eigenen Quelle zurückgetrieben. Auf der Suche nach ihr endet man, indem man mit ihr verschmilzt.

35. „Ja, Kontrolle des Geistes und Kontemplation sind voneinander abhängig. Sie müssen sich begleiten. Praxis (*Abhyasa*) und Leidenschaftslosigkeit (*Vairagya*) bringen nach und nach die gewünschten Ergebnisse. Leidenschaftslosigkeit hindert den Geist daran, nach außen zu gehen. Die Praxis hält ihn nach innen gerichtet. Die beiden Prozesse laufen ständig im Inneren ab. Die Kontemplation wird zu gegebener Zeit erfolgreich sein." 220

Anmerkung: Das Bemühen, ohne die Einmischung von Gedanken zu meditieren, die den Meditierenden ständig belästigen, ist Geisteskontrolle, wohingegen Kontemplation die eigentliche Meditation ist, d.h. die Freiheit von fremden Gedanken. Beide Prozesse müssen natürlich nebeneinander ablaufen. Aber die Fähigkeit, den Geist zu kontrollieren, kommt nicht plötzlich am ersten Tag oder im ersten Monat. Es ist ständige Übung notwendig, und die kann man nur erlangen, nachdem man eine ausreichende Abneigung gegen die Dinge der Welt entwickelt hat.

Alles beginnt mit *Viveka* (Unterscheidung) – der Unterscheidung zwischen echtem und falschem Glück, zwischen dem wirklich und dem fiktiv Nützlichen. Dies führt zum Verzicht auf das fiktiv Nützliche und zum Streben nach dem wirklich Nützlichen. Dann beginnt die Suche nach den Mitteln, um letzteres zu erreichen, worauf die Praxis mit den Mitteln folgt. Dies ist *Sadhana*, das im vollständigen Erfolg der Kontemplation endet, bis hin zur Befreiung selbst.

36. „Die Gnade ist immer da, aber Praxis ist notwendig." 220

Anmerkung: Im Kapitel über Gnade wurde die Gnade mit der Prämie verglichen, die mit den Erträgen wächst – sie ist kein kostenloses Geschenk. Gnade zu erwarten, ohne sie zu verdienen, ist eine unbedachte Erwartung. Außerdem gibt es niemanden, der Gnade gewährt, weder Gott noch der Guru, noch irgendjemand sonst. Gnade verleiht sich selbst. Sie ist wie ein Ozean, der immer voll ist und bereit, in alle Flüsse und Kanäle zu fließen, die Zugang zu ihm haben, die ihm keine Hindernisse in den Weg legen. Die Anstrengung beseitigt die Hindernisse ohne die Notwendigkeit, darum zu beten. Wenn das Schleusentor eines Kanals geschlossen ist, kann dann ein Gebet dem Wasser helfen, in den Kanal zu fließen? Das Gebet um Gnade hilft in dem Maße, in dem es echte *Bhakti* enthält, und wenn sich diese in einen regelmäßigen und kontinuierlichen Strom verwandelt, wird sie zur Praxis, die die Schleuse öffnet und den Fluss der Gnade in Fülle ermöglicht.

37. „Warum versinkt der Geist nicht im Herzen, wenn man meditiert?"

Der Meister antwortet: „Ein auf der Oberfläche treibender Körper sinkt nicht ohne weiteres, es sei denn, es wird ein Mittel benutzt, um ihn dazu zu bringen. Die Kontrolle des Atems macht den Geist ruhig. Der Geist muss wachsam sein, und die Meditation muss unablässig fortgesetzt werden, selbst wenn er in Frieden ist. Dann sinkt er ins Herz. Auch die Verbindung mit den Weisen lässt den Geist ins Herz sinken.

Eine solche Verbindung ist sowohl geistig als auch körperlich. Der äußere Guru drängt den Geist nach innen. Derselbe Guru ist auch im Herz des Suchenden, und so zieht er seinen nach innen gekehrten Geist ins Herz." 223

Anmerkung: Wir hatten schon viel Gelegenheit, den höchsten Wert der physischen Gesellschaft des Gurus und des *Satsanga* zu diskutieren. Hier haben wir eine weitere klare und präzise Aussage von Bhagavan dazu, was sowohl die geistig als auch die körperliche Gesellschaft betrifft. Die Nähe des Gurus ist wesentlich für den schnellen Fortschritt, und je mehr davon, desto besser. Der Ausweichende kann nun nicht mehr so leicht mit seinem fadenscheinigen Gegenargument entkommen, nur weil es seinem weltlichen Zweck passt. Um es zu wiederholen: Die physische Anwesenheit des Meisters ist die größte Hilfe in diesem *Sadhana*.

„Warum versinkt der Geist bei der Meditation nicht im Herzen?" Weil die Konzentration nicht stark genug ist, um ihn zu versenken. Der Geist ist, wie wir alle wissen, von Natur aus unruhig und muss durch unaufhörliche Übung zur Ruhe gebracht werden. Eine der Methoden, die Bhagavan vorschlägt, ist die Kontrolle des Atems, wenn kein direkter Angriff auf den Geist durch *Vichara* und Meditation erfolgen kann. Wenn du keine Meisterschaft in der Schießkunst erworben hast, werden deine Schüsse mit Sicherheit daneben gehen. Sie werden niemals das Ziel treffen, aber durch wiederholte Versuche werden sie es.

38. „Der Geist versinkt jetzt nicht im Herzen, weil die latenten Neigungen es verhindern. Sie werden durch Atemkontrolle oder Gesellschaft mit den Weisen beseitigt. In der Tat ist der Geist immer im Herzen. Aber

er ist unruhig und bewegt sich aufgrund latenter Neigungen. Wenn die Neigungen unwirksam gemacht werden, wird er ruhevoll und ist in Frieden.

Durch Atemkontrolle wird der Geist nur vorübergehend ruhig, denn die Neigungen sind immer noch da. Wenn der Geist zum Selbst umgewandelt wird, wird er nicht länger Probleme bereiten. Das wird durch Meditation erreicht." 223

Anmerkung: Dies ist eine Weiterentwicklung des vorangegangenen Textes und erklärt ganz zu Recht, dass die Meditation dem *Pranayama*, der Atemkontrolle, überlegen ist, weil letztere die *Vasanas* nicht zerstören kann, die rein mental sind. Mentale Praktiken allein können sie durch *Vichara* und *Dhyana* zerstören, die den Geist in seine ursprüngliche Reinheit als das Selbst zurückführen. Wie das? Weil der Geist das Selbst ist. „Er ist immer im Herzen", ja, er ist das Herz selbst, aber wenn Gedanken oder latente Neigungen ihn überwältigen, treiben sie ihn sozusagen an die Oberfläche, weg von der Realität seiner selbst. Deshalb verirrt er sich in *Ajnana*, er „treibt an der Oberfläche". *Pranayama* dient lediglich dazu, seine Unruhe durch das vorübergehende Anhalten des Atems zu beruhigen, aber es lehrt ihn nicht die Wahrheit über sein wahres Wesen, wie es *Vichara* tut. Die Reflexion enthüllt einerseits seine Beziehung zur Welt und andererseits zur Wirklichkeit, die er selbst ist. Sie zeigt ihm, wo das Hindernis für die Sicht auf sein wahres Selbst liegt und wie es beseitigt werden kann. *Dhyana* beseitigt das Hindernis tatsächlich, indem es alle Gedanken und *Vasanas* stoppt. *Vichara* und *Dhyana* sind die Vorder- und Rückseite des *advaitischen Sadhanas*, während *Pranayama* ein einfaches mechanisches Mittel ist – in diesem Sinne eine bloße Krücke, denn wenn Bhagavan *Pranayama* vorschlägt, ist es immer in dem Verständnis, dass es mit *Dhyana* kombiniert wird, welches folgt, nachdem es (das *Pranayama*) vorübergehend die Wellen des Geistes gedämpft hat. Erinnern wir uns noch einmal daran, dass die Umwandlung des Geistes in das Selbst allein durch *Dhyana* oder durch das richtige *Japa* erreicht wird, das genauso gut wie *Dhyana* ist.

39. „Es gibt keine Wesenheit mit dem Namen Geist. Aufgrund der Entstehung der Gedanken vermuten wir ein Ding, von dem sie ausgehen. Das bezeichnen wir als Geist. Wenn wir untersuchen, was er ist, gibt es nichts Vergleichbares. *Buddhi* oder Intellekt ist das Denk- oder Unter-

scheidungsvermögen. Aber das sind nur Namen. Ego, Geist und Intellekt sind alle dasselbe. Wessen Verstand? Wessen Intellekt? Der des Egos. Ist das Ego real? Nein. Wir verwechseln das Ego und nennen es Intellekt oder Geist." 237

Anmerkung: Philosophen, Metaphysiker und Theologen werden bei dieser Aussage Bhagavans die Augen weit öffnen. Wie sie sich um Worte streiten, die absolut nichts bedeuten! *Buddhi, Manas, Ahankara, Chitta* usw. scheinen ihnen wasserdichte psychische Bereiche zu sein, mit genau definierten Grenzen, während sie in Wirklichkeit nur eine Schöpfung des analytischen Geistes sind. Sie erschaffen die Abteilungen und sind dann durch sie verwirrt. All dies sind nur verschiedene Funktionen des Geistes oder des Selbst, außerhalb dessen sie keine Existenz haben. Bei unserer Suche nach der Wahrheit sollten wir sie völlig ignorieren. Unser Ziel ist der reine Geist selbst, nicht seine Funktionen – nicht seine Manifestationen als Phänomene, als Wahrnehmungen, als Empfindungen, als Ideen, als Vorstellungen. All dies ist für unsere Suche irrelevant, und so müssen wir sie verwerfen, um zum reinen Geist zu gelangen, der sie gleichsam ausstrahlt oder absondert. Solange unsere Aufmerksamkeit auf sie gerichtet ist, können wir niemals ihre Grundlage erreichen, das Reale. Sie sind nichts als Schatten, und daher, wie Bhagavan sagt, unwirklich, „nur Namen". Wenn wir sie erforschen, verschwinden sie. Die Ironie dabei ist, dass alle der Menschheit bekannten Wissenschaften von der Physik bis hin zur Psychologie und sogar die Philosophie sich nur mit diesen unwirklichen psychischen Prozessen beschäftigen, niemals mit dem Geist selbst.

40. „Um das Selbst zu erkennen, ist Anstrengung notwendig. So wie man Wasser erhält, indem man Brunnen bohrt, so verwirklicht man das Selbst durch Ergründung." 240

Anmerkung: Wie wir bereits festgestellt haben, sind Anstrengungen absolut unabdingbar, mit allem Respekt vor den modernen Propheten der Mühelosigkeit. Es werden Anstrengungen unternommen, um den mühelosen Zustand zu erreichen, der ungetrübte Glückseligkeit und ewig ist.

41. „*Ravi Marga* (der Sonnenpfad) ist *Jnana*. Der Mondpfad ist Yoga. Man glaubt, dass nach der Reinigung der 72.000 *Nadis* im Körper der Geist in die *Sushumna* eintritt, zum *Sahasrara* aufsteigt und dort der

Nektar fließt. Dies sind alles mentale Konzepte des Menschen, der bereits von den Weltkonzepten überwältigt ist. Andere Konzepte werden nun in der Form dieses Yoga hinzugefügt. Das Ziel all dessen ist, den Menschen von Konzepten zu befreien und ihn zum reinen Selbst zu bringen, d.h. zum absoluten Bewusstsein, das frei von Gedanken ist. Warum nicht direkt dorthin gehen? Warum neue Behinderungen zu den bereits bestehenden hinzufügen?" 251-252

Anmerkung: Der Sonnenpfad ist *Vichara* und *Dhyana*, der von allen Konzepten und Gedanken befreit, sodass das reine Bewusstsein wahrgenommen werden kann. Der Mondpfad ist indirekt und führt nicht zum Herzen, sondern zum Kopf. Letzterer führt durch die *Sushumna*, wo der Atem durch die Praxis von *Pranayama* zurückgehalten wird, und von dort zum *Sahasrara* (Gehirnzentrum), wo Glückseligkeit oder Nektar gespeichert sein soll. Bhagavan weist darauf hin, dass der Mondpfad auf bloßen Vermutungen, „Konzepten", basiert, die besonders von den Hatha- und *Kundalini*-Yogis auf alle möglichen Arten aufgebauscht und variiert wurden, um ihn schwierig und geheimnisvoll erscheinen zu lassen. „Hellseher" gehen sogar noch weiter und schreiben spezielle Bücher über die *Chakras* – ihre Formen, Farben, Bewegungen und die besonderen *Siddhis*, die sie verleihen. Doch all dies nützt nichts bei der Suche nach der Wirklichkeit, die weder Form noch Farbe hat und gewiss frei von Geheimnissen ist. Außer für die Sucher nach *Siddhis* ist das erklärte Ziel all dieser Yogasysteme die Wirklichkeit. Da dies der Fall ist, fragt Bhagavan, warum man dann all diese verschlungenen Wege nehmen soll? Warum soll man neue Begriffe zu den Millionen von Begriffen hinzufügen, mit denen wir bereits belastet sind und von denen sich die Yogis befreien müssen? Warum nicht den direkten „Sonnenpfad" gehen und sich viel Zeit und Ärger ersparen?

42. „*Kevala Nirvikalpa* findet sogar im *Tanumanasi*-Stadium statt. … Die drei Klassen der *Jnanis*, nämlich die unteren, mittelmäßigen und überlegenen, sind auf ihr *Prarabdha* zurückzuführen, je nachdem wie stark, mittelmäßig bzw. schwach es ist. Es gibt keinen Unterschied in ihrem *Samadhi* oder *Jnana*. Die Klassifizierung erfolgt nur vom Standpunkt des Beobachters aus. Die siebte und höchste Stufe ist *Turiyaga*, das jenseits aller Worte ist.

Es ist nicht nötig, diese Punkte zu diskutieren. *Jivanmukti* und *Videhamukti* werden von verschiedenen Autoritäten unterschiedlich beschrieben. Es heißt auch, dass *Videhamukti* sogar bei *Jnanis* vorkommt, die sich noch in einem Körper befinden." 256

Anmerkung: Dieser Text ist von besonderem Interesse für diejenigen, die kurz vor dem Ende ihrer spirituellen Reise stehen. Er ermutigt sie, ihren Schritt zu beschleunigen, damit sie einen Vorgeschmack auf *Nirvikalpa* bekommen können, das, wie Bhagavan sagt, sogar in einem schwachen Geisteszustand erfahren werden kann, bevor alle *Vrittis* und *Vasanas* vollständig zerstört sind, eine Kostprobe, die ihren Glauben an das glorreiche Schicksal, das sich bald erfüllen wird, festigt.

Diese Einteilung der *Jnanis* in drei Klassen darf nicht zu ernst genommen werden, denn sie bedeutet für die *Jnanis* selbst nichts. Der *Jnani*, ob er nun der ersten, zweiten oder dritten Klasse angehört, hat die Befreiung vom Rad der Geburt und des Todes erlangt, und es kümmert ihn nicht im Geringsten, wie er und seine Errungenschaften auf andere wirken. Das *Prarabdha* des *Jnani* dritten Grades wirkt immer noch „stark" auf ihn, d.h. in seinen weltlichen Umständen, und kann dazu führen, dass er nicht einmal als *Jnani* erkannt wird. Es ist nicht „stark" in seiner eigenen Wahrnehmung, wird aber von den anderen so wahrgenommen. Diejenigen, die mit unserem Meister Sri Ramana Maharshi gelebt haben, der als der höchste, der *Turiyaga*, gilt, kann von niemand Geringerem als ihm beeindruckt werden. Ihn allein nennen sie einen *Jnani* und ignorieren jeden Anspruch auf *Jnana* bei einem anderen. Wegen der Erhabenheit der Errungenschaften ihres Meisters setzen sie die Messlatte so hoch, dass die drei oben genannten Klassen von *Jnanis* unbemerkt an ihnen vorbeigehen. Das bedeutet nicht, dass diese *Jnanis* nicht existieren. In der Tat gibt es sie, und sie leben ihr normales Leben, ohne sich darum zu kümmern, was andere über sie denken. Einige mögen eine große Anzahl von Anhängern haben, und einige haben das vielleicht überhaupt nicht. Einige mögen es nicht einmal, als *Jnanis* erkannt zu werden, um sich die Unannehmlichkeiten zu ersparen, Schüler zu nehmen. Sie ziehen es vor, im Verborgenen zu bleiben und ihre individuelle Freiheit zu genießen. Die Anerkennung hängt vom individuellen *Prarabdha* ab, das nur die äußeren Umstände des *Jnani* betrifft, wie bereits gesagt wurde, und nicht die inneren, die für alle *Jnanis* und alle ihre Klassen gleich sind.

Andererseits kann es einige Menschen geben, die einen hochintuitiven Intellekt entwickelt haben und die, ohne *Jnanis* zu sein, als große Lehrer mit einer enormen Anhängerschaft hervorstechen, die von ihren intellektuellen, ästhetischen oder anderen Fähigkeiten angezogen wird. Popularität und hohes Ansehen sind also keineswegs ein Kriterium, nach dem der *Jnani* und seine spirituelle Größe beurteilt werden sollte. Für diese weltliche Show ist das *Prarabdha* verantwortlich.

Was *Jivanmukti* und *Videhamukti* betrifft, so sind dies Begriffe, die gewöhnlich die Zustände des lebenden *Jnani* und desjenigen bezeichnen, der seinen physischen Körper abgeworfen hat. *Videha* bedeutet ohne Körper, also bedeutet *Videhamukti* den Zustand des befreiten Menschen, der körperlos ist. Aber derselbe Begriff gilt auch für den *Jivanmukta*, weil er, was seine Selbstwahrnehmung angeht, körperlos und das reine *Brahman*, das reine Bewusstsein ist, obwohl er sich noch in einem Körper befindet. Aus diesem Grund vermeidet Bhagavan es, über diese Unterscheidung zu sprechen, die auf seiner eigenen Ebene nicht existiert (s. Text 56).

43. „Wenn einem Gedanken durch den Kopf gehen und man sich bemüht, sie zu beseitigen, wird diese Anstrengung als Meditation bezeichnet. Meditation ist nur insofern negativ, als die Gedanken ferngehalten werden."
294

Anmerkung: Das Abwehren von Gedanken ist eine der negativen Funktionen der Meditation. Text 35 spricht von Gedankenkontrolle und Kontemplation, als ob sie getrennte Prozesse wären. Sie sind genauso wenig voneinander getrennt wie das Kauen vom Essen. Gedankenkontrolle, Konzentration, Kontemplation und Meditation sind Teile ein und desselben Prozesses, der allgemeinen *Dhyana* genannt wird, der sich letztlich als negativer Prozess erweist. Die positive Seite der Praxis ist ihr Ziel, das *Atmanishtha* lautet, die beständige Fixierung auf das Selbst. Letzteres kann nicht erreicht werden ohne das erste, das den Weg dafür frei macht. Wenn Gedanken und Gefühle nicht weggefegt werden, kann das stabile Bewusstsein, aus dem sie entstehen und das ihnen zugrunde liegt, nicht wahrgenommen werden. In der Tat gibt es auch in der Ergründung nichts Positives, weil es nur ein Prozess der Eliminierung ist, nicht der Aneignung. Das Ego und alle *Upadhis* müssen aufgelöst werden, damit sich die Wirklichkeit unter ihnen zeigen kann. So wie die ewig scheinende Sonne nicht gesehen werden kann, wenn sie von dicken Wolken bedeckt ist, so ist das reine Bewusstsein durch diese Anhäufungen und Überlagerungen vor der Wahrnehmung verborgen.

44. „Meditation ist das Festhalten an einem Gedanken. Dieser eine Gedanke hält andere Gedanken fern. Ablenkung des Geistes ist ein Zeichen seiner Schwäche. Durch ständige Meditation gewinnt er an Stärke, d.h. die Schwäche der flüchtigen Gedanken macht Platz für den dauerhaften Hintergrund, der frei von Gedanken ist. Diese Weite, die frei von Gedanken ist, ist das Selbst. Der Geist in Reinheit ist das Selbst." 293

Anmerkung: Der vorherige Text definiert Meditation als das Bemühen, Gedanken zu eliminieren, und dieser Text als das Festhalten an einem Gedanken. Beide Definitionen erweisen sich bei näherer Betrachtung als gleichwertig. Um alle Gedanken zu stoppen, sollte ein Gedanke gewählt werden, um den Geist zu binden. Das schließt automatisch alle anderen Gedanken aus, denn so etwas wie einen absolut gedankenfreien Geist gibt es im *Jagrat* nicht. Das Ziel ist, die Ablenkungen zu bändigen, die ihn schwächen. Die Praxis reduziert die Ablenkungen, die mentalen Wellen, und stärkt so den Geist, bis absolute geistige Stabilität erlangt wird, die nichts anderes ist als das Selbst, denn der stabile, wellenlose Geist ist der reine Geist, das reine Bewusstsein. Dies ist einfach zu verstehen, sagt Bhagavan uns oft, und es ist leicht zu praktizieren.

45. „Trance ist der natürliche Zustand. Es gibt zwar Aktivitäten und Phänomene, aber sie beeinträchtigen die Trance nicht. Wenn erkannt wird, dass sie nicht vom Selbst getrennt sind, wird das Selbst erkannt. Es muss mit dem Geist erkannt werden. Der reine Geist, d.h. der Geist, der frei von Gedanken ist, ist das Selbst. Der reine Geist ist jenseits des unreinen Geistes." 317

Anmerkung: Das Wort, das Bhagavan verwendet, ist *Samadhi* und nicht Trance, was die traditionelle Übersetzung von *Samadhi* ist und was der Schreiber der Gespräche übernommen hat. Diese Übersetzung ist natürlich nicht nur unpassend, sondern fehlerhaft. Wenn wir das Wort *Samadhi* auch im Englischen beibehalten, wird es dem Leser weniger Mühe bereiten, dem Gedanken zu folgen.

In diesem Text beseitigt Bhagavan viele der Missverständnisse, die um den Begriff „*Samadhi*" herum schweben, und gibt ihm seine natürliche Bedeutung als der natürliche Zustand aller Dinge. „Trance" ist weit davon entfernt, diese Vorstellung zu vermitteln, und umhüllt sie mit dunklen Wolken und Assoziationen. Hier sieht man, wie gefährlich fehlerhafte Übersetzungen von Schlüsselwörtern sind.

In *Sahaja Samadhi*, dem permanenten Zustand des *Jnani*, wie von Bhagavan selbst, verschwindet die Welt nicht wie in *Kevala Nirvikalpa*, sondern ist ganz da – mit ihren Formen und Farben, Gerüchen, Geschmäckern und Klängen, mit ihren festen und flüssigen Stoffen, Sommer, Frühling und Herbst, mit ihren Kinos und Musiksälen – mit all ihren Vergnügungen, Tragödien und Komödien – vollständig und lebendig. Aber diese stehen nicht mehr als isolierte oder verbundene Inseln in einem äußeren, grenzenlosen Raum, nicht mehr als Gottes Schöpfung, nicht mehr als die Regenbogenschönheit, die einst die junge Fantasie bezauberte und das jugendliche Herz beherrschte. Sie sind jetzt bloße Gedanken und Empfindungen, bloße Fetzen seiner *Jagrat*-Träume, in denen er, der Träumer, allein real ist. Sie trüben nicht mehr die Wahrnehmung seiner eigenen Realität. In einem anderen Sinne sind sie auch real, weil er, der Wahrnehmende, real ist. Sie sind „der Stoff, aus dem die Träume sind", und Träume entstehen nur aus dem Träumer, der ihre Seele und Substanz ist. Wie die Substanz real ist, so müssen sie es auch sein.

Auch hier identifiziert Bhagavan den reinen Geist mit dem Selbst. Geist ist also nicht *Manas* (das Denkorgan) – eine weitere falsche Übersetzung von den alten Gelehrten, die zur Tradition geworden und in ihren Augen sakrosankt ist und die wir ablehnen. Geist ist Geist. Wenn er von Gedanken bedeckt ist, nennt man ihn *Manas* oder unreiner Geist. Wenn die Gedanken aufgehalten werden, ist es der reine Geist oder das Selbst.

> 46. „Die Bibel sagt: ‚Sei still und wisse, dass ich Gott bin.' Stille ist die einzige Bedingung für die Verwirklichung des Selbst als Gott. Das gesamte *Vedanta* ist in den beiden biblischen Aussagen: ‚ICH BIN, DER ICH BIN', und ‚SEI STILL UND WISSE, DASS ICH GOTT BIN' enthalten." 338

Anmerkung: Die Fragestellerin ist eine Amerikanerin, die meint, dass die Behauptung „Ich bin das höchste Sein" hilfreicher sei als die Frage „Wer bin ich?" Ersteres ist ihrer Meinung nach ein positiver Ansatz, während der zweite ein negativer oder neutraler Ansatz ist. Es ist offensichtlich, dass sie den Sinn der Suche verfehlt. Die Suche ist eine Ergründung, keine Selbsthypnose, und auch nicht der Couéismus[1], der von „positiven" Autosuggestionen lebt. Bhagavan antwortet, sie solle zuerst herausfinden, wer derjenige ist, der diese positive Aussage macht, was sie zwingen würde, die Natur des empirischen ‚Ichs', für das sie sich hält und das auf den ersten Blick nichts vom „höchsten Sein" an sich hat, zu ergründen.

Auf jeden Fall muss der Geist still sein, um zum Wesen ihrer Suggestion zu gelangen. Deshalb zitiert Bhagavan zweimal das Alte Testament, um ihr seine Bedeutung zu erklären. Das erste, nämlich „Ich bin, der ich bin", vermittelt das Wesen der Realität als das Sein oder, wie sie es nennt, „das höchste Sein", und das zweite, nämlich, „Sei still und wisse, dass ich Gott bin", die Methode, es zu erreichen. Diese beiden Sprüche, so meint Bhagavan, drücken das Herz und die Essenz des *Vedanta* aus – sein Ziel und sein Weg zugleich.

47. „Obwohl man sich nicht aktiv irgendeiner Art von Selbstsein bewusst ist, gibt es eine tiefe Stille im Geist. Ist man in solchen Zeiten bereit, in das Selbst einzutauchen? Oder ist dieser Zustand ungesund, eine Art von Selbsthypnose?"

Bhagavan: „Da ist Bewusstsein zusammen mit der Ruhe im Geist. Das ist genau der Zustand, den man anstreben sollte. Die Tatsache, dass es in diesem Punkt einen Zweifel gibt, zeigt, dass der Zustand nicht beständig, sondern zufällig ist.

Wenn tiefe Ruhe vorherrscht, ohne das Bewusstsein zu behindern, wo ist dann die Notwendigkeit zu tauchen?" 348

Anmerkung: Die Erfahrung des Fragestellers ist insofern interessant, als sie eine Vorstufe zur großen Erfahrung des Selbst ist. Er befindet sich gerade unterhalb der mentalen Wellen und ertastet seinen Weg zur Grundlage. Er fragt, ob er dann „tauchen" soll, und Bhagavan antwortet, dass dies nicht nötig sei, denn das Bewusstsein, das sich der Stille bewusst ist, ist die

---

[1] die Lehre des Franzosen Emil Coué (im 19./20 Jh.), der die Methode der Autosuggestion begründet hat (Anm. d. Übers.)

Realität selbst, was bedeutet, dass der Fragesteller sich nur dieses Bewusstseins gewahr sein muss.

Wir haben oft beobachtet, dass das Bewusstsein zu jeder Zeit vorherrscht, denn durch es sind wir uns der Dinge bewusst. Um das Bewusstsein an sich zu fassen, müssen wir die Dinge nur fallen lassen, was unser Freund, der Fragesteller, getan zu haben scheint, wie das Gefühl des inneren Friedens beweist, das die Gedanken oder Dinge des Geistes sonst nicht zugelassen hätten. Alles, was er jetzt tun muss, ist zu versuchen, sich des Bewusstseins gewahr zu werden, das die Ruhe spürt oder wahrnimmt, die bereits vorhanden ist und nicht erst aufgesucht werden muss, um wahrgenommen zu werden. Ein bisschen Scharfsinn sozusagen, ein wenig mehr Wachsamkeit in diesem erhabenen Moment, und es wird sicher gelingen.

48. „Wie durch das Rühren des Rahms Butter gewonnen und durch Reibung ein Feuer entfacht wird, so kommt durch unentwegtes wachsames Verharren im Selbst, das wie der ununterbrochene, fadenförmige Fluss des Öls ist, das natürliche oder unveränderliche *Nirvikalpa Samadhi*, das spontan die direkte Wahrnehmung von *Brahman* hervorbringt, die zugleich Wissen und Erfahrung ist und Zeit und Raum transzendiert. Dies ist Selbstverwirklichung, das Durchtrennen des *Hridaya-granthi* oder des Knotens des Herzens, der aus Verblendung, Unwissenheit und den üblen und althergebrachten Neigungen des Geistes besteht. So werden alle Zweifel zerstreut, und die Fesseln des *Karmas* werden durchtrennt." 349

Anmerkung: Das Rühren des Rahms und die Reibung beziehen sich auf das unaufhörliche Aufgewühltsein in der Ergründung. Das „unentwegte wachsame Verharren im Selbst" ist das Festhalten an der meditativen Strömung, die dem ununterbrochenen Fluss von Öl ähnelt – wachsam, weil es wachsam genug ist, um sowohl Abschweifungen als auch den Schlaf abzuwehren. Diese letzte Neigung ist ebenso lästig wie die Neigung zum Schwelgen in Erinnerungen. Der Erfolg darin führt zu *Nirvikalpa*, wobei der Knoten der Unwissenheit, der im Herzen des *Jiva* festsitzt, zerreißt und die Tür zur Selbstverwirklichung weit geöffnet wird, die normalerweise durch diesen „*Hridaya-granthi*" verschlossen ist.

Es sollte nicht angenommen werden, dass die Gedanken im *Samadhi* aufhören wie eine ausgelöschte Kerze, denn das ist überhaupt nicht möglich. Feine Gedanken schweben die ganze Zeit weiter, und die Wachsamkeit wird gleichzeitig weiter gegen sie geübt. Doch es herrscht höchster Friede, und das Selbst wird deutlich erfahren. Die Anwesenheit von Gedanken in ihrer subtilsten Form ist auf das Vorhandensein der Sinne in ihrem ruhigen Zustand zurückzuführen. Die Sinne – genau genommen das *Antahkarana* (alle Prozesse des Denkens) – gehen nur im Schlaf und im *Videhamukti* unter. Sie gehen nicht im *Samadhi* unter, denn sonst wäre *Samadhi* nichts als Schlaf, aus dem nichts in den Wachzustand zurückgebracht werden könnte, und das Selbst würde immer unbekannt bleiben. Nur weil das *Antahkarana* im *Samadhi* vorhanden ist, obwohl es ruht oder weil es ruht, wird das Selbst erkannt, und wir haben alle *Srutis*, *Smritis* und alles, was über das Selbst bekannt ist. Dieser Gegenwart verdanken die *Rishis* ihr *Jnana* und ihre Befreiung. In *Sushupti* gibt es keine Erkenntnis des Selbst, denn das Erkenntnisvermögen ist nicht vorhanden, sondern im Selbst aufgegangen, wie alle anderen Fähigkeiten.

49. „Die *Shastras* sagen, dass wir dem Guru zwölf Jahre lang dienen müssen, um die Selbstverwirklichung zu erlangen. Was kann der Guru tun? Kann er sie an den Schüler weitergeben? Ist das Selbst nicht immer verwirklicht? Den Körper mit dem Selbst zu verwechseln, ist auf Unwissenheit zurückzuführen. Wenn Unwissenheit ausgelöscht wird, endet die Verwirrung, und wahres Wissen entfaltet sich. Indem man in Kontakt mit verwirklichten Weisen bleibt, verliert man allmählich seine Unwissenheit, bis sie ganz verschwindet. Das ewige Selbst wird so offenbart.

Ohne es richtig zu verstehen, denken die Menschen, dass der Guru etwas wie „TAT VAM ASI" (Das bist du) lehrt und der Schüler sofort erkennt: „Ich bin *Brahman*". In ihrer Unwissenheit stellen sie sich *Brahman* als etwas vor, das viel größer und viel mächtiger ist als alles andere. Mit seinem begrenzten ‚Ich' ist der Mensch bereits hochnäsig und wild. Was wird er erst sein, wenn dasselbe ‚Ich' gewaltig zunimmt? Er wird sicherlich proportional unwissend und töricht sein. Dieses falsche ‚Ich' muss untergehen. Seine Vernichtung ist die Frucht des Dienstes für den Guru. Die Verwirklichung ist ewig und wird nicht durch den Guru gewährt. Der Guru hilft nur bei der Beseitigung der Unwissenheit – das ist alles." 350

Anmerkung: Bhagavan nimmt freimütig Stellung in seiner Haltung gegenüber der Orthodoxie und der Art und Weise, wie Menschen die *Shastras* interpretieren. In alten Tagen, wie wir im Mahabharata und anderswo lesen, wurde die Ungenauigkeit mit einem Augenzwinkern betrachtet und die Berechnung der Perioden sehr locker gesehen. Das Jahr war nicht dasselbe wie unser Jahr, noch hatten die Ziffern denselben Wert wie ihre heutigen Namensvetter, sodass wir höchst töricht wären, wenn wir die Zahlen oder die Jahre in ihrer wörtlichen Bedeutung verstehen würden, wenn wir von einem bestimmten *Rishi* lesen, der tausend oder eine Million Jahre in Meditation oder *Samadhi* verbracht hat. Außerdem waren Hyperbeln das eigentliche Salz ihrer poetischen Ergüsse. Wenn sie uns zum Beispiel sagen, dass es für einen Menschen leichter sei, die Sonne für sein Kind zum Spielen herabzuholen als *Paramatman*, das höchste Selbst, zu erreichen, sollten wir wissen, wie wir es verstehen sollten. Tausende und Abertausende von Suchenden sind bisher durch die Portale von *Mukti* gegangen, aber nicht einem ist es gelungen, die Sonne herabzuholen und mit ihr Ball zu spielen. Wir sollten nicht alles wörtlich nehmen, was wir in den *Shastras* lesen. Gold und Schlacke sind darin vermischt, entweder zufällig oder absichtlich, damit die Willensstarken das wertvolle Gold aufklauben und die Schlacke den Schwachen überlassen, die sie brauchen.

Nun ist der zwölfjährige Dienst für den Guru als Preis für *Mukti* offenkundig absurd. Denn nicht alle Schüler haben den gleichen Reinheitsgrad, die gleiche Vorbereitung, die Haltung der Hingabe, noch haben sie die gleiche spirituelle Bildung. Wie kann es allen gelingen, das Ziel zur gleichen Zeit zu erreichen? Zweitens: Ist *Mukti* eine Sache, die in den Händen des Gurus liegt, um sie zu gewähren oder zu verweigern? Ist das Selbst, das wir sind, das Geschenk des äußeren Gurus, dass wir jetzt existieren, dass wir sind, was wir sind und wo wir sind? Wenn nicht, wodurch sind wir dann berechtigt anzunehmen, dass der Guru die Realität an seine Schüler weitergibt? Alles, was er tun kann, ist, ihnen zu helfen, sie wahrzunehmen. Wir sind diese Wirklichkeit, aber aufgrund der *Upadhis*, die uns überlagern, sind wir nicht in der Lage, uns selbst so wahrzunehmen, wie wir in Wahrheit sind. Der Guru reicht uns eine helfende Hand. Das ist alles, was er tun kann. Wenn der zwölfjährige Dienst irgendetwas bedeutet, dann ist es die Vorstellung eines beständigen Aufenthalts beim Guru.

Auch die Vorstellung von einem gewaltigen *Brahman*, das von verschiedenen pseudo-selbstverwirklichten Lehrern beschrieben wird, verhindert, dass sogar erfahrene *Sadhakas Brahman* in sich selbst oder in denen erkennen, die es tatsächlich verwirklicht haben. Mehr noch ist es der Fall, wenn sie wörtlich nehmen, was sie in verschiedenen Schriften über einen persönlichen Schöpfer lesen, der voller Handlungen und Eigenschaften ist und unendliche Kräfte hat. Wenn zugelassen wird, dass die Vorstellung, eines Tages dieser allmächtige Gott zu sein, ihnen in ihre mickrigen Köpfe kommt, werden sie jede Menge Ärger wegen ihrer Sünden haben, und Bhagavans erfreuliche Tirade wird eine gute und rechtzeitige Warnung sein. „Mit seinem begrenzten ‚Ich‘", mahnt er, „ist der Mensch bereits hochnäsig und wild. Was wird er erst sein, wenn das gleiche ‚Ich‘ gewaltig zunimmt? Dieses falsche ‚Ich‘ muss untergehen."

> 50. „Wie meditiert man? Konzentriere dich auf die Gottheit oder das Mantra, das dir am besten gefällt. Wenn ein einziger Gedanke vorherrscht, werden alle anderen Gedanken zurückgestellt und schließlich ausgelöscht. *Dhyana* ist ein Kampf. Sobald du mit der Meditation beginnst, werden andere Gedanken sich zusammentun und versuchen, dich von dem einzigen Gedanken, an dem du festhältst, abzubringen. Der gute Gedanke gewinnt allmählich durch Übung an Stärke und schlägt die anderen Gedanken in die Flucht. Dies ist der königliche Kampf, der ständig in der Meditation stattfindet.
>
> Man will sich vom Elend befreien und braucht dafür Geistesfrieden. Geistesfrieden, d.h. die Befreiung des Geistes von allen Gedanken, wird durch *Dhyana* herbeigeführt." 371

Anmerkung: Wir meditieren mit dem letztendlichen Ziel, Frieden zu erlangen. Denn der Geist hat die Tendenz, Wirbel von Gedanken über das eine oder andere Objekt, das eine oder andere Problem zu bilden, um das er unaufhörlich kreist. So leben wir im Strudel ständiger Sorgen, die mal offenkundig, mal unterdrückt sind, dem wir nur durch Meditation oder Gedankenkontrolle entkommen können.

Der einzige Gedanke, den Bhagavan uns für die Meditation empfiehlt, wirkt sowohl als beruhigender Einfluss als auch als Anker, an dem sich der Geist unter Ausschluss aller anderen Gedanken, einschließlich derer, die Sorgen bereiten, festmachen kann. Dieser Gedanke kann nach Belieben einer Gottheit, einem Mantra, einem Lehrer, einem erhabenen Ideal oder einer Tugend, für die der Meditierende eine besondere Vorliebe hat, gelten.

Zuerst wird der Meditierende erstaunt sein, dass neue Gedanken in seinem Geist auftauchen, sobald dieser sich bis zu einem gewissen Grad von den Wellen der Oberfläche befreit hat, die ihn gestört haben. Es sind Erinnerungen an die Erfahrungen, die er im Leben gemacht hat. Sie wählen gezielt Momente des gedämpften Geistes aus, um aus der Enge des Unterbewusstseins zu entkommen, wo sie von klein auf gespeichert wurden, und treten in den Vordergrund, um die Aufmerksamkeit des Meditierenden auf sich zu lenken.

Der Meditierende muss daher bei jedem Schritt der Meditation extreme Wachsamkeit walten lassen, um ihr Eindringen zu verhindern. Diese „königliche Schlacht" wird schließlich durch Beharrlichkeit in der Praxis gewonnen.

> 51. „Wenn *Dhyana* gefestigt ist, kann es nicht mehr aufgegeben werden. Es wird automatisch fortgesetzt, selbst wenn du mit Arbeit, Spiel oder Vergnügen beschäftigt bist. Es wird auch im Schlaf fortbestehen. *Dhyana* muss so tief verwurzelt werden, dass es einem natürlich vorkommt." 371

Anmerkung: Wenn *Dhyana* den Geist fest im Griff hat, dann errichtet es eine meditative Strömung, die unaufhörlich auf das Herz gerichtet ist wie die Magnetnadel, die immerwährend auf den Magnetpol zeigt, unabhängig davon, wie sehr man sich mit anderen Dingen beschäftigt.

Mit dem „Fortbestehen im Schlaf" ist nicht gemeint, dass die Meditation dann in vollem Bewusstsein praktiziert wird, sondern dass der Fluss des meditativen Stroms als Eindruck in der gleichen Weise fortbesteht, wie die Eindrücke der *Jagrat*-Erfahrung in den Traumzustand übergehen, ob man sich dessen bewusst ist oder nicht. Einige *Sadhakas* versuchen nach der ersten Erfahrung des Selbst im *Samadhi* und bevor sie Festigkeit darin erlangt haben, den *Samadhi*-Zustand auch im Traum einzufangen, was ihnen manchmal auch gelingt. Aber sobald ein wesentlicher Grad an Festigkeit erreicht ist, kommen solche Träume nicht mehr vor, außer extrem selten, denn dann hat man sich fast dauerhaft in der Realität gefestigt, die im Wachen, Traum und traumlosen Schlaf vorherrscht.

52. „Der Unterschied zwischen dem äußeren und inneren *Nirvikalpa* ist dieser: Ersteres ist das Festhalten an der Realität, während man die Welt beobachtet, ohne von innen auf sie zu reagieren. Es ist die Stille eines wellenlosen Ozeans. Das innere *Nirvikalpa* beinhaltet den Verlust des Körperbewusstseins." 406

Anmerkung: Im *Samadhi* wird das Selbst in seiner ganzen Reinheit bezeugt, und es herrscht tiefer Friede. Wie wir bereits in Anmerkung 48 beschrieben haben, bleibt dabei die Welt als höchst zarte Gedanken weiterhin bestehen, die wie hauchdünne Wolken am Mittag vor der Sonnenkugel hängen, ohne jedoch die Wahrnehmung des Selbst zu trüben.

„Die Stille eines wellenlosen Ozeans" ist zugleich ein anschauliches und malerisches Bild. Diese stille Weite ist der empirische Raum, der uns vertraut ist, der aber eigentlich der Äther des Herzens ist, in dem alle Dinge leben, sich bewegen und ihr Sein haben.

Das innere *Nirvikalpa*, *Kevala*, löscht alle Gedanken aus, einschließlich der Gedanken an den Körper. Dies bedeutet nicht den Verlust des Bewusstseins wie im Schlaf, denn dann wäre es nicht mehr *Samadhi*, sondern *Sushupti*. *Samadhi* muss in *Jagrat* erfolgen. Lasst uns diesen Gedanken festhalten und nie vergessen. Die verschiedenen Berichte, die wir in Büchern über *Nirvikalpa* lesen, vor allem von modernen Schriftstellern, beruhen größtenteils auf Einbildung. Einige Anhänger des *Kundalini*-Yoga lassen sich von *Kevala Kumbhaka* mitreißen und verfangen sich in *Laya*, einem tiefschlafähnlichen Zustand, den sie fälschlicherweise für *Nirvikalpa* halten, obwohl sie sich des Selbst nicht bewusst sind, was die Grundvoraussetzung für *Samadhi* ist. (s. Anhang)

Daher meint Bhagavan mit dem Verlust des Körperbewusstseins nicht Ohnmacht oder *Laya*, sondern den Verlust der Körper-Vorstellung oder des Körper-Gedankens, der im äußeren *Nirvikalpa* vage vorherrscht. Der totale Verlust des Körpers und des Weltbewusstseins, wie im Schlaf, findet niemals in *Samadhi* statt, jedenfalls nicht in dem des *Dhyana*-Yoga, denn dann würde das Selbst nicht mehr erkannt werden, was eine notwendige Bedingung für das wahre *Samadhi* ist. *Samadhi*, das möchte ich nochmals betonen, ist das Verweilen im Selbst im Wachzustand, das heißt, wenn die Sinne alle da sind, aber ruhen – oder vielmehr durch Meditation zur Ruhe gebracht werden –

und niemals, wenn die Sinne mit dem Selbst verschmolzen sind und die Welt völlig ausgelöscht ist, wie es im Tiefschlaf geschieht. Wir dürfen auch nicht vergessen, dass es der *Jagrat*-Geist ist, der die Wirklichkeit sucht und sich anstrengt, um sie zu erlangen, und dass das Ziel daher in *Jagrat* erreicht werden muss.

53. „Du sagst, dass der Geist wie ein Korken ist, der nicht untergeht. Was spielt es für eine Rolle, ob der Geist aktiv ist? Er ist es nur auf der Grundlage des Selbst. Halte am Selbst fest, selbst während der mentalen Aktivitäten." 406

Anmerkung: Dies bedarf einer Erläuterung, denn es kann neue Schüler in die Irre führen. Man hat uns wiederholt gesagt, dass die Grundlage nicht bezeugt werden kann, solange sie von mentalen Aktivitäten bedeckt ist, und in diesem Text sagt Bhagavan genau das Gegenteil, nämlich, dass es keine Rolle spielt, wenn die Aktivitäten vorhanden sind. Der Text spricht hier zu einer Person, die das Selbst erfahren, es aber noch nicht zu *Sahaja* gemacht hat. Für einen solchen behindern die mentalen Aktivitäten das Selbst nicht mehr, denn er hat sie bereits als Überlagerungen des Selbst erfahren, sodass er nur noch am Selbst festhalten muss, während er gleichzeitig die Aktivitäten bezeugt, so wie man sich an die Leinwand erinnert, während man den Anblick des darauf gemalten Bildes genießt. Wenn diese Praxis vervollkommnet ist, wird sie *Sahaja Samadhi* genannt und der *Sadhaka* ein vollwertiger *Jnani* oder *Jivanmukta*.

54. „Nur *Vritti Jnana* (der subtile Geisteszustand) kann *Ajnana* zerstören. Völliges *Jnana* steht *Ajnana* nicht feindselig gegenüber." 629

Anmerkung: Das bloße Sein im Selbst in *Kevala Nirvikalpa* beseitigt nicht die Unwissenheit, obwohl es die Befreiung von Geburt und Tod bringt, wenn es in *Sahaja* verwandelt wird. Es ist die Erforschung des Wesens des Selbst und der Welt und die Beziehung zwischen ihnen, was als argumentative Meditation oder *Vichara* bezeichnet wird, das zum Wissen, das die Unwissenheit zerstört, führt. Völliges *Jnana* oder die vollständige Verschmelzung des *Jiva* mit dem absoluten Bewusstsein in *Turyatita* ist zu frei von jeder mentalen Regung (*Vritti*), um während der Meditation etwas zu lernen, um die Unwissenheit zu zerstören. Selbst das Bewusstsein ‚Ich bin dies' ist in diesem Moment nicht vorhanden. Bhagavan nennt dies *Swarupa Jnana*

(Wissen über das eigene Selbst in seinem reinsten Zustand). Es kann auch durch *Vritti Jnana* erlangt werden.

Es darf nicht angenommen werden, dass alle Yogis *Jnana* durch *Vichara* erreichen, wie Bhagavan es tat, aber es ist nicht ausgeschlossen, dass sie *Jivanmuktas* der höchsten Ordnung sind.

55. „Der Tiefschlaf ist nichts anderes als die Erfahrung des reinen Seins." 617

Anmerkung: Das Wort „Erfahrung" kann hier den Eindruck erwecken, dass der Schläfer sich seines Daseins im traumlosen Schlaf gewahr ist. In Wirklichkeit ist er sich dessen nicht bewusst, denn alle Erkenntnisfähigkeiten sind dann in ihn zurückgezogen. Sowohl im traumlosen Schlaf als auch in *Videhamukti* ist kein Erkennen des Wesens möglich. Das ist der Grund, den das *Bhagavata* dafür angibt, dass das Selbst einen Körper annimmt und zu einem *Jiva* wird, sodass der *Jiva* mit der Manifestation des *Antahkarana* (inneren Organs) – *Manas, Buddhi, Ahankara* und *Chitta* (Denkvermögen, Intellekt, Ego und Erinnerung) – sich selbst durch den Körper so wahrnehmen kann, wie er von Natur aus ist, als reines Bewusstsein (*Chit*), und die Glückseligkeit dieser Erkenntnis genießen kann.

56. „Es gibt fünf Zustände für das Individuum. Sie sind *Jagrat, Svapna, Sushupti, Turiya* und *Turyatita*. …Wenn in *Jagrat* das Herz nicht aufgegeben wird, die geistigen Aktivitäten still sind und *Brahman* allein kontempliert wird, nennt man diesen Zustand *Turya*. Wenn das Individuum im Höchsten verschmilzt, wird der Zustand *Turyatita* genannt. … Der hellsichtige Yogi verweilt nur in *Turiya* und der höchste Yogi in *Turyatita*." 617

Anmerkung: Obwohl viele *Upanishaden* nicht von *Turyatita* (jenseits des vierten Zustands) sprechen, wie z.B. das *Mandukya*, das nur von den ersten vier Zuständen handelt, beweisen die Erfahrung und eine Reihe kleinerer *Upanishaden* seine Existenz als einen Zustand, der tiefer als *Turiya* (der vierte Zustand) ist. Dennoch ist *Turiya* allein ausreichend, um *Sahaja* und die Befreiung zu erlangen, was alles ist, was der Yogi anstrebt. Langes Verweilen in *Turiya* gipfelt in der Erfahrung von *Turyatita*, der vollständigen Verschmelzung des Individuums mit dem höchsten Wesen (*Brahman*). Hier ist der *Jivanmukta* eigentlich ein *Videhamukta*, das heißt er befindet sich zu

Lebzeiten bereits in dem Zustand, in dem er sich nach dem Ablegen des Körpers befinden wird. Dies ist das Höchste, was ein *Jiva* erreichen kann.

Kapitel 14: Der Jnani oder Jivanmukta

1. „Ein Kind und ein *Jnani* sind sich in gewisser Weise ähnlich. Das Interesse des Kindes an den Dingen endet mit den Dingen. Sie hinterlassen keine Eindrücke im Geist des Kindes. Dasselbe ist beim *Jnani* der Fall." 9

Anmerkung: Begierden sind die Ursache all unserer Probleme. Wir sehen uns in dieser herrlichen Welt der Vielfalt um, begehren die Dinge, die uns am meisten beeindrucken, und tun unser Bestes, um sie zu bekommen. Wir opfern viel und nehmen um des gewünschten Objekts willen jede Menge Unannehmlichkeiten in Kauf, bis wir es bekommen. Doch unsere Mühe endet nicht mit dem Erwerb, denn neue Ziele und Gegenstände verlocken uns zu neuen Wünschen und zu neuen Bedürfnissen, für die wir uns wieder anstrengen und wieder leiden müssen und so weiter und so fort. So bleiben wir mit Hand und Fuß an die Welt gebunden, ohne Ruhe und ohne Befriedigung. Aber der *Jnani*, der die Wunschlosigkeit kultiviert und erreicht hat, hat nicht das geringste Interesse an der Welt um ihn herum, sodass seine Wahrnehmungen keinen Eindruck auf seinem Geist hinterlassen. Selbst wenn er ein Interesse an einem Objekt zeigt, ist es nur Neugier, ähnlich wie die eines Kindes an seiner Umgebung, die in dem Moment vergeht, in dem es sich von ihr abwendet.

2. „Der Blick des *Jnani* hat eine reinigende Wirkung. Läuterung ist nicht sichtbar. Wie ein Stück Kohle lange braucht, um entzündet zu werden, ein Stück Holzkohle eine kurze Zeit und Schießpulver sich augenblicklich entzündet, so ist es mit den Graden der Menschen, die mit *Mahatmas* in Kontakt kommen." 155

Anmerkung: Dies ist die Antwort auf die Frage eines englischen Schülers – einer der ersten, der drei Monate im Ashram war und noch keinen spirituellen Nutzen für sich selbst feststellen konnte. Der „Grad" des fraglichen Schülers muss sich nicht aus dem „Grad" in der Antwort ableiten, denn Bhagavan versichert uns, dass der Prozess und der Grad der Läuterung nicht einfach beurteilt werden können. Er geht seinen eigenen ruhigen Gang, ohne dass der betreffende Schüler oder irgendjemand anderer direkt davon wissen. Dies war die Erfahrung von fast jedem Einzelnen in diesem Ashram. Selbst an der Schwelle der höchsten Erfahrung ist man sich wahrscheinlich fast nicht bewusst, dass sie unmittelbar bevorsteht. Es ist daher kein Wunder, dass das Oberflächenbewusstsein dieses Schülers sich nicht bewusst war, was in seinen Tiefen vor sich ging. Die Läuterung geht in der Gegenwart des Meisters unaufhörlich weiter, ungeachtet der Unreinheit, die der Schüler mitbringt. Dass der eine Schüler schneller und der andere langsamer *Jnana* erlangt, liegt natürlich in dem unterschiedlichen Grad der Unreinheit, die sie jeweils mitbringen.

3. „Ist die Lehre des Maharshi die gleiche wie die *Shankaras?*"

Der Meister antwortet über sich selbst: „Maharshis Lehre ist nur ein Ausdruck seiner eigenen Erfahrung und Verwirklichung. Andere finden, dass sie mit der Lehre Sri *Shankaras* übereinstimmt. Ein verwirklichter Mensch benutzt seine eigene Sprache." 189

Anmerkung: Dies ist eine autobiographische Antwort, die auf die meisten *Jnanis* zutreffen mag. Die Besonderheit von Bhagavans Verwirklichung besteht in der einzigartigen Tatsache, dass die Verwirklichung zu ihm kam, als er noch in der Blüte seines Lebens stand und noch keinen Kontakt mit der Philosophie oder Metaphysik hatte, weder durch Lektüre noch durch menschliche Führung. Er war mit dem Lernen für die Reifeprüfung beschäftigt, als die Verwirklichung ihn umwarf und aus seinem Lernen herausriss. Als er später seine Erlebnisse erzählte, fanden einige Gelehrte unter den Zuhörern, sie seien identisch mit *Shankaras* Philosophie.

4. „Ein selbstverwirklichtes Wesen kann nicht anders als der Welt zu nutzen. Seine alleinige Existenz ist das höchste Gut." 210

Anmerkung: Dies sollte diejenigen zufriedenstellen, die den *Jnani* als einen nutzlosen Asketen kritisieren, sollten sie das Glück haben, es zu lesen. Die Weisheit, die von seinen Lippen strömt, und die Reinheit seines Lebens und Verhaltens sind leuchtende Ideale, denen die Menschheit nacheifern oder die sie anstreben kann, was keine noch so große Predigt über Sozialismus, Kommunismus und Philanthropie erreicht. Was haben all diese Predigten geschaffen, außer mehr Feindschaft, mehr Spaltung, mehr Eifersucht und damit mehr Hass in der Welt. Wenn diese Prediger es wirklich gut meinen und aufrichtig sind, sollten sie wahre Asketen und selbst Heilige werden, und sie werden den Unterschied zwischen ihren alten Predigten und dem Guten, das sie mit ihrer Heiligkeit und Reinheit durch ihre bloße Anwesenheit bewirken können, sehen. Wenn sie das nicht tun können, sollten sie sich um ihre eigenen Angelegenheiten kümmern und versuchen, sich selbst Frieden und Gutes zu bringen, bevor sie sich vor die Welt stellen und rühmen, anderen Gutes zu tun. (s. Text 7 unten)

5. Über *Jnanis*, die die Welt verlassen, ohne einen Körper zurückzulassen, wie *Manickavasagar*, sagte Bhagavan: „Der grobe Körper ist nur die konkrete Form des subtilen Stoffes – des Geistes. Wenn der Geist zerrinnt und als Licht erstrahlt, wird der Körper in diesem Prozess verzehrt. *Nandanar* ist ein anderer, dessen Körper im flammenden Licht verschwand."

Ein englischer Schüler wies auf den Fall des biblischen Elias hin, dessen Körper auf die gleiche Weise verschwand, und wollte wissen, ob es mit dem Körper Christi dasselbe war.

Der Meister antwortete: „Nein. Der Körper Christi wurde als Leichnam zurückgelassen, der zunächst begraben wurde, während die anderen keine Leichen zurückließen." 215

Anmerkung: Dieser Text sollte im Licht von Bhagavans allgemeinen *advaitischen* Lehren studiert werden. „Wenn der Geist zerrinnt und als Licht erstrahlt, wird der Körper in diesem Prozess verzehrt", so lautet die Begründung für das Verschwindens des Körpers des *Siddha Jnani* bei seinem *Mahasamadhi*, dem sogenannten Tod. Dies hilft uns, die Beziehung des Geistes zum Körper einerseits und zum Licht andererseits zu verstehen, auf das sich der zitierte Satz bezieht. Doch zunächst müssen wir feststellen, dass die Auflösung des Körpers nur durch einen Prozess stattfindet, zu dem einige *Jnanis*, die als *Siddhas* bekannt sind – nicht alle *Jnanis*, – den „Schlüssel" haben, da ihr *Prarabdha* sie dazu berechtigt. Die Vorteile solcher ‚wundersamen' Leistungen einiger *Siddhas* bestehen darin, dass sie eine enorme psychologische Wirkung auf das gemeine Volk haben, indem sie seinen Glauben stärken. Aber die meisten *Jnanis* billigen sie nicht, weil sie zwar die Hingabe der Menschen vergrößern, diese aber zu Leichtgläubigkeit, Aberglauben, Hexerei und Magie neigen, was sie bekämpfen wollen, indem sie die Wahrheit lehren, die ganze Wahrheit und nichts als die Wahrheit.

6. „Gibt es für den *Jnani* keine ‚Ich-bin-der- Körper'-Vorstellung? Wenn Sri Bhagavan zum Beispiel von einem Insekt gestochen wird, gibt es dann keine Empfindung?"

Bhagavan: „Es gibt die Empfindung, und es gibt auch die ‚Ich-bin-der-Körper'-Vorstellung. Letztere ist sowohl dem *Jnani* als auch dem *Ajnani* gemeinsam, mit dem Unterschied, dass der *Ajnani* denkt: ‚Nur der Körper ist ich', während der *Jnani* weiß: ‚All dies ist das Selbst', oder ‚All dies ist *Brahman*. Wenn es Schmerz gibt, dann lass ihn sein. Er ist auch ein Teil des Selbst. Das Selbst ist vollkommen.'

Was die Handlungen des *Jnani* betrifft, so werden sie nur so genannt, weil sie in Wirklichkeit unfruchtbar (gemeint ist ohne Folgen) sind. Im Allgemeinen werden die Handlungen als *Samskaras* (Eindrücke) im Individuum verankert. Das kann nur so lange erfolgen wie der Geist fruchtbar ist, wie es bei einem *Ajnani* der Fall ist. Bei einem *Jnani* wird der Geist nur erahnt. Er hat den Geist bereits transzendiert. Wegen seiner offensichtlichen Aktivität muss der Geist in seinem Fall gefolgert werden, aber dieser Geist ist nicht fruchtbar wie der eines *Ajnani*. Daher sagt man, dass der Geist des *Jnani Brahman* ist. *Brahman* ist sicherlich nichts anderes als der Geist des *Jnani*. *Vasanas* können auf diesem Boden keine Früchte tragen. Sein Geist ist unfruchtbar, frei von *Vasanas* usw.

Da jedoch in seinem Fall zugegeben wird, dass er ein *Prarabdha* hat, müssen auch die *Vasanas* als existent angenommen werden. Aber sie sind nur *Vasanas* für den Genuss und hinterlassen keine Eindrücke, die als Samen für zukünftiges *Karma* dienen." 383

Anmerkung: In diesem Text haben wir einen vollständigen Überblick über den Zustand des *Jnani*: im Schmerz, im Handeln, in der Abarbeitung des alten und der Erzeugung eines neuen *Karmas* usw. Es läuft alles auf folgendes hinaus: Seine Wahrnehmungen von Schmerz und Vergnügen und von der Welt sind genau wie die des *Ajnani*, wie wir in Anmerkung 45 des letzten Kapitels besprochen haben. Er sieht andere Körper und seinen eigenen genauso wie andere sie sehen, aber im Gegensatz zu anderen kennt er die Wahrheit über sie. Ein Bauer, der zum ersten Mal in eine Kinovorstellung geht und auf der Leinwand ein heftiges Feuer wüten sieht, beginnt zu schreien und versucht, aus dem Kino zu rennen, weil er das Feuer für echt hält, während die anderen sich unbeeindruckt in ihren Sesseln zurücklehnen. Genau das ist der Unterschied zwischen dem *Jnani* und dem *Ajnani* in ihrer Wahrnehmung. Beide sehen genau das gleiche, doch ihr Wissen darüber unterscheidet sich gewaltig.

Was die Handlungen des *Jnani* betrifft, so sind sie ebenso produktiv, oft sogar noch produktiver als die des *Ajnani* (das Wort „unfruchtbar" im Text könnte fälschlicherweise als Ineffizienz von Handlungen interpretiert werden, meint aber das Hervorbringen von *Samskaras*), aber sie sind ohne *Vasanas*, obwohl sie erscheinen, als ob sie es wären. Sie ähneln Coleridges wunderbarer Beschreibung „eines gemalten Schiffes auf einem gemalten Ozean". Obwohl Schiff und Ozean real sind, gibt es bei beiden wegen des Fluchs keine Bewegung.[1] Das Gleiche gilt für die *Vasanas* des *Jnani*, die keine Eindrücke in seinem Geist hinterlassen. Die treibende Kraft einer Handlung, die *Karma* hervorbringt, ist ihr Motiv, das bei einem *Jnani* nicht vorhanden ist. Daher gibt es für ihn kein neues *Karma*. Der Akteur ist da, die Handlung ist auch da, aber die treibende Kraft der Handlung ist in seinem Fall automatisch, da sie unpersönlich und *Vasana*-frei ist. Die *Srutis* vergleichen sie mit dem gebratenen Samen, der nicht mehr sprießen kann. Deshalb wird die Handlung des *Jnani* als Untätigkeit betrachtet. Der *Jnani* scheint zu handeln, und auch effizient, aber er handelt überhaupt nicht. Dies ist die Bedeutung von Untätigkeit in der Handlung und Handlung in der Untätigkeit. Der motivlose Geist ist *Brahman* selbst. Dies ist eine der aufschlussreichsten Aussagen Bhagavans.

7. „Der Weise ist durch ewige und intensive Aktivität gekennzeichnet. Seine Stille ist wie die scheinbare Stille eines sich schnell drehenden Kreisels. Seine Geschwindigkeit kann vom Auge nicht verfolgt werden, und so scheint er still zu stehen. So ist es auch mit der scheinbaren Untätigkeit des Weisen. Dies muss erklärt werden, weil die Menschen im Allgemeinen seine Stille mit Trägheit verwechseln. Es ist nicht so." 599

Anmerkung: Bhagavan hat Gründe, diese Wahrheit über den *Jnani* den Kritikern seines „untätigen" Lebens zu erklären. Es gibt keine Aktivität unter der Sonne, die intensiver ist als die des *Jnani*, denn er ist die Fülle, das reine

---

[1] Gemeint ist der Vers "As idle as a painted ship upon a painted ocean" im Gedicht „The Rime of The Ancient Marine" von S.T. Coleridge. (Anm. d. Übers.)

Chaitanya, das der Speicher aller Energie des Universums ist. Daher werden die Kritiker gut daran tun, nachzudenken, bevor sie über die Aktivität oder Untätigkeit des *Jnani* urteilen.

8. „Der *Jnani* ist sich völlig bewusst, dass der wahre Zustand des Seins fest und unbeweglich bleibt und dass alle Handlungen um ihn herum geschehen. Sein Wesen ändert sich nicht, und sein Zustand wird nicht im Geringsten beeinflusst. Er blickt auf alles mit Unbekümmertheit und bleibt glückselig. Das ist der wahre Zustand, der ursprüngliche, natürliche Zustand des Seins. Es gibt keinen Unterschied zwischen dem *Jnani* und dem *Ajnani* in ihrem Verhalten. Der Unterschied liegt nur in ihren verschiedenen Blickwinkeln." 607

Anmerkung: Der vorherige Text spricht von der intensiven Aktivität des *Jnani*. Der erste Teil dieses Textes sagt, dass das Sein unbeweglich ist. Eine Handlung erscheint nur im Zusammenhang mit einer Sinneswahrnehmungen als solche. Um wahrzunehmen, braucht es Energie, mehr noch, wenn ihm Denken und körperliches Handeln folgen. Woher kommt diese Energie? Sicherlich nicht von außerhalb des Wahrnehmenden, Denkenden und Handelnden, sondern aus seinem Inneren, aus seinem eigenen Sein. So ist das Sein die Quelle aller Energie, die Fülle der Energie, ja die Energie selbst. Deshalb ist der *Jnani*, der sich seines Seins stets bewusst ist, der stets mit dem Sein verschmolzen ist, selbst diese gewaltige Energie. Man sagt, dass das Sein inaktiv ist, weil es sich nie verändert, obwohl es immer voller Energie ist. Und weil es immer voller ewiger Bewusstseins-Energie ist, vergleicht der letzte Text es mit dem sich intensiv drehenden Kreisel, der scheinbar völlig stillsteht. So ist der *Jnani* inaktiv wie das unveränderliche Sein und aktiv wie die unendliche Energie selbst. Das Paradoxon ist damit aufgelöst. Die Aktivität der Sinneswahrnehmungen im *Jnani* bleibt als Erscheinung in ihm, wie wir bereits untersucht haben.

Daher ist der *Jnani* buchstäblich *Brahman* in einem physischen Körper. „Bei einem *Jnani* wird der Geist nur erahnt." (s. Text 6 oben) Er genießt die Sinne, ohne von ihnen gefangen gehalten zu werden – seine *Vasanas* sind nur „für den Genuss". Sein Leben ist reines Licht für seine Schüler, ein inspirierendes Ideal für die gewöhnlichen Bewunderer, der Mittelpunkt der Weisheit und des Friedens für die Weisheits- und Friedenssucher und ein stiller Segen für die ganze Welt. Sri *Krishna* sagte von ihm:

„Fliehe und suche bei Ihm Schutz mit deinem ganzen Sein, oh *Bharata*. Durch Seine Gnade sollst du höchsten Frieden erlangen, die ewige Heimat."

und:

„So wurde dir die Weisheit, die geheimer ist als das Geheime selbst, von Mir erklärt. Wenn du darüber nachgedacht hast, dann handle wie du willst."

(*Bhagavad Gita* XVIII, 62-63)

Anhang: Kevala Kumbhaka

Kevala bedeutet allein und *Kumbhaka* Zurückhaltung des Atems, d.h. ohne Ein- und Ausatmen, was hochtrainierte Yogis für eine beliebig lange Zeit aufrechterhalten können. Einige von ihnen können Wochen und Monate, manche sagen sogar, Jahre, in *Kumbhaka* bleiben und mit dem Geist in tiefer Bewusstlosigkeit (*Laya*) verharren, ohne zu sterben. Denn obwohl man annimmt, dass der Atem in die *Sushumna* eintritt und vollständig ausgesetzt wird, bleibt ein Faden der Atmung erhalten, um das Leben im Körper aufrechtzuerhalten. Aber das ist weder eine so verblüffende Errungenschaft wie es scheint, noch ist es ein Hinweis für fortgeschrittene Spiritualität, denn es ist ein rein mechanisches Kunststück, zu dem jede geeignete Person, die sich dem Training unterzieht, fähig ist. Gleichgültig in welchem *Guna* sich der Geist im Moment befindet, bleibt der Atem die ganze Zeit über in dem *Nadi*, das zu diesem *Guna* gehört, in der *Sushumna*, denn es gibt kein *Sadhana*, um ihn in ein höheres *Guna* oder in den *Guna*-losen Zustand zu erheben. Daher ist langes *Kevala Kumbhaka* ohne *Sadhana* völlig nutzlos, außer als Demonstration der Ausdauer. *Sadhana* läutert den Geist, was eine ähnliche Reinheit im Atem verursacht.

Wenn *Kevala Kumbhaka* mit *Sadhana* verbunden ist, ist es von kurzer Dauer und wird oft Yoga *Samadhi* genannt, manchmal sogar *Nirvikalpa Samadhi*, was sich grundlegend von seinem Namensvetter beim *Jnana Marga* unterscheidet, in dem der Geist vollständig in *Brahman*, dem Absoluten Bewusstsein, aufgeht. Dabei wird, wie im zuvor erwähnten *Kumbhaka*, der Atem von seinem eigenen *Guna* in der *Sushumna* gefangen, und der Geist ist ebenfalls komatös, doch haben wir es mit keiner öffentlichen Zurschaustellung zu tun, sondern mit wahrhaftigem *Mukti*. Theoretisch ist *Kevala Kumbhaka* bestens dazu geeignet, die *Gunas* – *Tamas*, *Rajas* und *Sattva* – in der *Sushumna* zu transzendieren. Dieser Vorgang beginnt in den drei äußeren *Nadis*, *Sushumna*, *Vajrini* und *Chitrini*, und setzt sich im innersten *Nadi*, dem *Brahma-Nadi* fort, das *Amrita-Nadi* (nektarreich) genannt wird, weil es ohne *Gunas* und daher glückseligmachend ist. Aber das *Brahma-Nadi* ist streng genommen kein *Nadi*, sondern das reine Bewusstsein, das höchste Selbst. Wenn dies erreicht ist, heißt es daher, dass der individuelle Geist zum kosmischen Geist und der Atem zum kosmischen Atem geworden ist.

Der Vorteil dieser Methode, die im *Laya*-Yoga weit verbreitet ist, gegenüber den anderen *Pranayama*-Methoden, insbesondere der *Kundalini*-Methode, liegt angeblich in ihrer Einfachheit und ihren schnellen Ergebnissen. Denn hier wird die mühsame Arbeit der Erweckung der *Kundalini*, der Bewusstseinskraft, die sich an der Wurzel der Wirbelsäule zusammengerollt hat, sowohl durch *Kevala* als auch durch *Sahita* oder gewöhnliches *Kumbhaka*, das sie von *Chakra* zu *Chakra* bis zum *Sahasrara* bewegt, vermieden, obschon das Risiko des Erwerbs von *Siddhis* und das daraus resultierende Abfallen vom Pfad erheblich größer ist. Aber eigentlich ist dies viel mühsamer, gefährlicher und von weitaus geringerem Erfolgspotenzial als die anderen Systeme. *Gaudapada* und *Shankara* verurteilen *Laya* mit der Begründung, dass seine angebliche Glückseligkeit nichts anderes ist als das lethargische Vergessen des Elends des aktiven Geistes, das auch in *Sushupti* erreicht werden kann, und somit vom Fortschritt, der sich aus einem erwachten *Sadhana* ergibt, ablenkt. *Samadhi* ist dafür eine falsche Bezeichnung. Sie behaupten, dass *Laya-Samadhi* so schädlich wie die Begierde ist.

„Der Geist, der durch Wünsche und Vergnügungen abgelenkt ist, wie auch der Geist, der das Vergnügen des Vergessens (*Laya*) genießt, sollte durch das Streben nach den richtigen Mitteln unter Kontrolle gebracht werden. Denn *Laya* ist genauso schädlich wie die Begierde." (Gaudapada Karika III, 42 mit *Shankaras* Kommentar)

Mit den richtigen Mitteln, meint *Gaudapada*, sei *Jnana Marga* das sicherste, schnellste und vernünftigste aller *Sadhanas*. Wenn das höchste Bewusstsein in *Jnana* durch Leidenschaftslosigkeit (*Vairagya*) und die üblichen psychischen Praktiken, nämlich *Vichara* und *Dhyana*, erfahren wird, wird es spontan und ohne absichtliche Bemühungen erreicht. Das ist der Grund, warum der Atem des *Jnani* sich mit dem kosmischen Atem vereinigt hat. Der *Jnani*, der immer in geistiger Stille ist, ist immer in *Kumbhaka*, was aber mit Recht unsichtbares *Kumbhaka* genannt werden kann, denn sein Atem scheint so normal zu sein wie beim *Ajnani*.

Glossar

Abhyasi: jemand, der eine spirituelle Disziplin ausübt

Adhikara: Reife

Adhikari: der fähige Wahrheitssucher

Advaita: Nicht-Zweiheit, Denksystem des *Vedanta*

advaitisch: der Lehre der Nicht-Zweiheit zugehörig

Ahankara: das Ego

Ajnana: Unwissenheit über das Selbst

Akritopasaka: unreifer Verehrer

Amrita-Nadi: besonderer, glücksbringender Nerv im Yoga

Ananda: Glückseligkeit

Antahkarana: Gesamtheit der Denkprozesse

Anugraha: Gnade

Arjuna: Schüler *Krishnas*, dem *Krishna* in der *Bhagavad Gita* die höchste Weisheit offenbart

Arthavada: Erklärung des Zwecks

Atma Bodha: Werk von *Shankara*

Atmajnana: Selbsterkenntnis

Atman: Selbst, höchstes Wesen, letzte Wirklichkeit

Avidya: das ursprüngliche Nichtwissen

Bhagavad Gita: Gesang des Erhabenen, Lehrgedicht, in dem *Krishna Arjuna* belehrt

Bhagavata Purana: Werk von *Vyasa*

Bhakti: Hingabe an Gott, Gottesliebe

Bharata: Arjuna

Brahmacharya: wörtl.: in *Brahman* lebend; zölibatäres Leben

Brahman: die absolute Wirklichkeit

Brahma-Nadi: das höchste *Nadi*, das Selbst

Buddhi: Intellekt, Vernunft

Chaitanya: das reine Bewusstsein

Chakras: Zentren der Kräfte im Körper beim *Kundalini*-Yoga

Chit: reines Bewusstsein, das Wesen des Selbst

Chitta: Denkfähigkeit, Gedächtnis

Dakshinamurti: Beiname von *Shiva* als Lehrer

Deva: Gottheit

Dharana: Konzentration, Fokussierung der Aufmerksamkeit

Dharma: Pflicht, Tugend

Dharma Shastras: Hindu-Schriften über Gesetze und richtiges Verhalten

Dhyana: Meditation

Diksha: Einweihung

Ganapati: Ganesha, der Glücksgott

Gaudapada: Gelehrter des *Vedanta* im 6. Jh.

Gita: Bhagavad Gita

Grihasta: Familienvater

Gunas: die drei Eigenschaften, die die Manifestation ausmachen: *Tamas* (Trägheit), *Rajas* (Leidenschaft) und *Sattva* (Reinheit)

Halasya Mahima: eine Hindu-Schrift

Ishwara: Schöpfergott

Ishwara Prasad: göttliche Gnade

jada: empfindungslos

Jagrat: Wachzustand

Japa: Wiederholung eines heiligen Wortes oder Mantras

Jiva: das individuelle, verkörperte Selbst

Jivanmukta: der Befreite, der noch in einem Körper lebt

Jivanmukti: Befreiung im Körper

Jnana: Erkenntnis des Selbst

Jnana Marga: Weg der Erkenntnis

Jnana Tattva: Prinzip der Erkenntnis, Erkenntnis der Wahrheit

Jnani: einer, der das Selbst erkennt

Kaivalya: allein, selbstbezogen, Zustand des *Samadhi*

Karma: Schicksal, Konsequenz des Tuns, Arbeit

Kaula: Mitglied einer tantrischen Schule

kevala: allein, ohne

Kevala Kumbhaka: ohne Atem

Kevala Nirvikalpa: Samadhi ohne die Gegenwart der Welt

Koshas: verschiedene Hüllen des Körpers, einschließlich des physischen Körpers

Krishna: bedeutende Hindu-Gottheit, Inkarnation von *Vishnu*

Kritopasaka: reifer Verehrer

Kumbhaka: Zurückhalten des Atems

Kundalini: Schlangenkraft, die Energie, die sich vom Wurzel-*Chakra* bis hinauf zum *Sahasrara* erhebt

Laya: ein Zustand der Bewusstlosigkeit, der dem traumlosen Schlaf gleicht

Mahavakya: ein großer Sinnspruch in den *Upanishaden*

Manas: Denkorgan

Manickavasagar: Tamil-Heiliger aus dem 9. Jh.

Mantra: heiliger Spruch, ein Name Gottes, der wiederholt aufgesagt wird

Marga: Pfad

Maya: Illusion

Moksha: Befreiung

Mouna: Schweigen, Schweigegelübde

Mouni: einer, der ein Schweigegelübde abgelegt hat

Mukta: Befreiter

Mukti: endgültige Befreiung

Muni: Weiser

Nadi: Kanal, Nerv, durch den die spirituelle Kraft fließt

Nandanar: shivaitischer Heiliger

Neti, Neti: nicht dies, nicht dies, das Nicht-Selbst, eine Übung, bei der man alles verwirft, was nicht das Selbst ist

Nirvikalpa Samadhi: im Selbst aufgehen, doch der Welt nicht gewahr sein

Pandavas: die fünf Söhne des Königs Pandu im Mahabharata

Paramatman: das höchste Selbst

Parameswara: der höchste Herr

Para-Nadi: das höchste *Nadi*, das *Nadi*, das direkt zum Herzen führt

Patanjali: Verfasser der *Yoga-Sutras*

Pralaya: Ende der Welt, Auflösung des Universums

Pranayama: Atemkontrolle

Prarabdha: Schicksal (*Karma*), das sich in der Gegenwart vollzieht

Rajas: Aktivität, Leidenschaftlichkeit, s. *Gunas*

rajastisch: leidenschaftlich

Rama: bedeutende Hindu-Gottheit, Inkarnation von *Vishnu*

Ramana Gita: Werk über die Lehre Ramana Maharshis von Ganapati Muni

Rishi: Weiser

Sadhaka: einer, der eine spirituelle Disziplin übt

Sadhana: spirituelle Disziplin

Sadhu: heiliger Mann, Asket, Wandermönch

Sahaja Samadhi: dauerhaftes Gewahrsein des Selbst, auch wenn die Welt gegenwärtig ist

Sahita: Zurückhaltung beim Ein- und Ausatmen

Samadhi: der Zustand, sich des Selbst oder des Seins bewusst zu sein

Samsara: beständige Wanderung von einem Körper in den nächsten

Samskara: geistige Prägungen und Eindrücke, die im Verlauf eines Lebens entstehen

Sanga: Gemeinschaft

Sankalpas: Begierden, Beschäftigungen des Geistes

Sannyasa: Entsagung (der Welt)

Sannyasin: einer, der der Welt entsagt hat

Sat: reines Sein

Satsanga: Zusammensein mit jemandem, der das Selbst verwirklicht hat

Sattva: Harmonie, Reinheit, s. *Gunas*

sattvisch: rein

Savikalpa Samadhi: Samadhi, wobei man ein gewisses Maß an Denken beibehält

Shaktas: Verehrer der *Shakti* (Gemahlin *Shivas*, das dynamische göttliche Element)

Shakti: göttliche Kraft

Shankara, Shankaracharya: bedeutender Vertreter des *Advaita* im 8./9. Jh.

Shastras: heilige Hindu-Schriften

Shiva: einer der hinduistischen Hauptgötter

Siddha: jemand mit übersinnlichen Kräften

Siddha Jnani: Jnani mit übersinnlichen Kräften

Siddhis: übersinnliche Kräfte

Sita: Gemahlin *Ramas*

Sita Upanishad: eine der kleineren *Upanishaden*

Smritis: Gattung von erzählenden Hindu-Schriften

Sphurana: Offenbarwerden, Pochen

Srutis: heilige Hindu-Schriften

Sushumna: der Hauptkanal oder *Nadi*, der entlang der Wirbelsäule verläuft

Sushupti: der Zustand des Tiefschlafs

Svapna: der Zustand des traumhaften Schlafes

Tamas: Trägheit, s. *Gunas*

tamasisch: träge

Tanumanasi: der höchste Wachzustand, bei dem der Geist nur noch ganz schwach vorhanden ist

Tapas: Enthaltsamkeit, Askese

Tapasvin: Asket

Turiya: vierter Bewusstseinszustand, der Wachen, Traum und Tiefschlaf überschreitet

Turiyaga: zum vierten Bewusstseinszustand (*Turiya*) gehörig

Turyatita: vollständige Verschmelzung des Individuums im Selbst, jenseits des vierten Zustands

Upadesa Saram: Werk von Ramana Maharshi

Upadhis: Eigenschaften des Egos

Upanishaden: die philosophischen Teile der *Veden*, die sich ausschließlich mit den Mitteln zur Befreiung befassen

Upasana: Verehrung einer Gestalt

Vairagi: Entsagender

Vairagya: Leidenschaftslosigkeit

Valmiki: großer Weiser, Verfasser des Ramayana

Vasanas: Gewohnheiten des Geistes, Neigungen

Vasishta: ein großer Weiser

Vedanta: das philosophische System der *Upanishaden*, *Advaita*

Veden: Heilige Hindu-Schriften

Vichara: Erkundung, Ergründung

videha: ohne einen Körper

Videhamukta: der Befreite, der seinen Körper abgeworfen hat

Videhamukti: Befreiung ohne einen Körper

Vidyaranya: *Vedanta*-Meister des 14. Jh.

Vira: Held

Vishnu: bedeutende Hindu-Gottheit

Viswamitra: ein Weiser

Vivekachudamani: Hauptwerk von *Shankara*

Vritti: Geistesregung

Vritti Jnana: der subtile Geisteszustand

Vyasa: Autor vieler heiliger Schriften

Yoga-Sutras: Standardtext über Yoga von *Patanjali*

Yoga Vasishta: Dialog des Weisen *Vasishta* mit seinem Schüler *Rama* über *Advaita*

Literaturverzeichnis

Ebert, Gabriele: Ramana Maharshi: Sein Leben, 2. Aufl., Norderstedt, 2011

Ebert, Gabriele: Ramana Maharshi und seine Schüler: Band 2, 2. Aufl., Norderstedt, 2023 (darin Artikel über S.S. Cohen)

Cohen, Samuel S.: Von der Illusion zur Wirklichkeit: Vertiefende Betrachtungen zu den Gesprächen Sri Ramana Maharshis, Interlaken, 1992 (frühere Übersetzung der Reflections von Erich Wilzbach)

Cohen, Suleiman Samuel: Advaita Sadhana or The Yoga of Direct Liberation, Delhi, 2011

Cohen, Suleiman Samuel: Guru Ramana: Erinnerungen an Ramana Maharshi, Norderstedt, 2020

Venkataramia, Munagala: Gespräche mit Ramana Maharshi: vollständige Ausgabe, Norderstedt, 2014